行为金融学：可预测的非理性

谢寓心　唐若华◎编著

西南财经大学出版社

中国·成都

图书在版编目(CIP)数据

行为金融学:可预测的非理性/谢寓心,唐若华编著.—成都:西南财经大学出版社,2023.9

ISBN 978-7-5504-5303-6

Ⅰ.①行… Ⅱ.①谢…②唐… Ⅲ.①金融行为—高等学校—教材 Ⅳ.①F830.2

中国版本图书馆 CIP 数据核字(2022)第 048812 号

行为金融学:可预测的非理性

XINGWEI JINRONGXUE:KE YUCE DE FEILIXING

谢寓心 唐若华 编著

责任编辑:李特军

责任校对:陈何真璐

封面设计:墨创文化

责任印制:朱曼丽

出版发行	西南财经大学出版社(四川省成都市光华村街 55 号)
网 址	http://cbs.swufe.edu.cn
电子邮件	bookcj@swufe.edu.cn
邮政编码	610074
电 话	028-87353785
照 排	四川胜翔数码印务设计有限公司
印 刷	郫县犀浦印刷厂
成品尺寸	185mm×260mm
印 张	12.75
字 数	272 千字
版 次	2023 年 9 月第 1 版
印 次	2023 年 9 月第 1 次印刷
印 数	1—2000 册
书 号	ISBN 978-7-5504-5303-6
定 价	38.00 元

序言——夜航船

    《夜航船》最初是明末清初文学家、史学家张岱所著的一本百科类图书。他为什么要写一本百科类图书呢？在南方水乡，古人出远门大都要坐船。由于船凭风力驱动，日行不远，旅途也就漫长而乏味。当叶落乌啼、明月孤悬、船行江心之时，寂寥的乘客们就好以闲谈消遣。由于乘客一般为文人学士、富商大贾、赴任官员或者投亲的寻常百姓，谈话的内容自然也就包罗万象。张岱在《夜航船》序中讲述了一个他亲身经历的故事，少时我第一次读到，顿觉醍醐灌顶且受用至今。事情大概是这样的：一僧人与一士子同宿夜航船。士子高谈阔论，僧畏慑，卷足而寝。僧人听其语有破绽，乃曰："请问相公，澹台灭明①是一个人、两个人？"士子曰："是两个人。"僧曰："这等尧舜是一个人、两个人？"士子曰："自然是一个人！"僧乃笑曰："这等说来，且待小僧伸伸脚。"

    张岱由此感慨"天下学问，惟夜航船最难对付"，遂编写了一本列述中国文化常识的书，并附言道："余所记载，皆眼前极肤浅之事，吾辈聊且记取，但勿使僧人伸脚则亦已矣。故即命其名曰《夜航船》。"即以此寓意下次谁要高谈阔论，得先看看这本书，莫要在类似夜航船的场合丢了丑、露了短。

    时至今日，我们的知识日新月异，有些争论早已不如《夜航船》中记载的那般一眼就可以明辨。但是，对于听来的知识或者自己的知识时常更新订正，发现错误就"伸伸脚"，永远是获得新知的第一步。而行为金融学之于传统金融学，就是这样一个"小僧"。

---

    ① 澹台灭明，复姓澹台，名灭明，字子羽，东周时期鲁国武城（今属山东临沂市平邑县南武城）人，孔子弟子，孔门七十二贤之一。

　　传统的理论框架假设人是理性的——通俗地讲，经济学家认为生活中我们面临的各种决策都是可以通过计算来得出最优选项的。如果一个人选错了，那没关系，市场和竞争会让他付出代价，然后迅速把他拉回到正确的决策上。基于这些假定，一代代学者推导出了可以绕着地球转圈的各种公式和结论，从税收到医保政策，从商品服务的供求到金融产品的定价。

　　然而它们没有一个是准的。不准到什么程度呢？经济学（金融学）还是不是一门科学，倒成了一个开放性的问题。

　　这并不稀奇，因为这条逻辑主线上的每个节点都是有待商榷的。真正令人不解的是，"深入理解经济的运行只需要理性人假说和竞争优化就足够了"这一信条并不仅仅局限在一部分学者群体，而是基本上成为所有人的共识。而显而易见的事实是，人的理性极其诡秘莫测，具有惊人的主动性和适应性。这造就了丰富跌宕的社会万象，却与经济学的方法论之间产生了冲突。经济学的模型方法本质上具有和数学一样的机械性，要用这种机械性的模型来解释人的行为，其间必然会产生错配。例如，基金经理的代理问题、交易员追买热点股的问题、上班996"内卷"的问题，其实都包含了大量人类主动性引发的多维度博弈，而传统理论对这些是忽视的。此外，如果充分的竞争可以神奇地消除非理性和偏误，那么为什么顶级赛事的不少运动员依然抽烟喝酒泡夜店？为什么资产的价格经常存在周期性的泡沫和崩盘？为什么毫无生产力支撑的加密货币能卖到几万美元一枚？要知道，竞技体育和交易的世界中大家都是真金白银地进场，利益攸关，成王败寇，竞争不可谓不充分。

　　如果传统经济学继续假定人类在智力和认知上具有无可比拟的一致性，假设人就是如他们所规定的那般去理性和优化，那么，且待小僧"伸伸脚"。

　　毫无疑问，传统经济学和金融学的成果已经凝聚了人类在探寻经济规律过程中大量非凡的尝试。但我想要强调的是，不加鉴别就默认一个假说为真的态度在其他科学领域是非常罕见的。怀疑和循证的精神在金融研究中被弱化了。例如，物理学家所接受的训练就是从不盲目相信各种"夜航船"上的内容，任何假设和理论都要经过反反复复的实验来仔细比对。每一次科学的进展无一例外均来自对既有认知的更新和完善。几乎所有的物理学家对数据的信任程度都远高于任何已有的理论——

如果实验结果跟理论的预测不一致，那么研究人员会因为实验观测给一些重大的理论蒙上乌云而兴奋不已，不管这个理论在逻辑上多么令人信服，在美学上多么优雅，在数学上多么方便处理。

在很多介绍行为金融学的材料中（尤其是科普类的）总是流行一种四平八稳的解读，即行为金融学是传统金融学的补充——因为传统金融学是主流，而主流不可能有大问题。但我们承认主流可能不那么完美，在主流框架不能解释的地方，我们允许行为金融学的观点去打一些补丁。每年，在我的行为金融学课程结课的时候，我都会收集学生写的课程感悟。其中，有一种观点非常具有代表性。学生们常常写道："世界不是非黑即白的，人有时候是理性的，有时候是不理性的，行为金融和传统金融可以互相补充，共同发展。"

诚实地说，每每读到这类"正确的废话"，我总是隐隐感觉，我的课程是失败的。承认 A 说得有道理，B 说得也有道理，对于获得更好更准确的答案其实毫无帮助。但只要我们进一步发问，什么时候 A 有道理，什么时候 B 又有道理，你要怎么同时结合 A 和 B 的道理去获得更好的解释或者预测？你就会立马发现，大量的似是而非的细节呼啸而来，撞在脸上呼呼生疼。

因此，我希望本书能够帮助读者从根本上重新审视，到底是什么在真正驱动你和其他人的经济决策？大部分情况下，我们通过展示内容广泛的实验和实证成果来唤起你的反思，在呈现案例的时候，我们尽量做到描述十分有趣，注重事实且不带有预设的倾向性。一旦你看到某些偏误或者非理性的发生是系统性的、可预测的，你就会开始接受这些更细碎但又更真实的观测角度，并且逐渐洞悉之前被遗漏的逻辑和细节。你将不再觉得行为金融和传统金融是互相补充的，更不会觉得行为金融仅仅是传统金融的拾遗补阙。金融的本质是在不确定环境中给出定价的过程。而一个公司到底值多少，利息到底该给多少，终究是人说了算，人的非理性和异质性也理应被充分地承认和研究。只有这样，我们的公共政策、财富管理或者投资者教育等才能更好地做出针对性的调整，继而帮助个体和总体获得更大更长远的福祉。这个道理其实很简单，如同汽车、飞机或者公共交通之所以会出现继而形成产业，是因为本质上我们早已接受了人类在行动能力上的不足。

从这个角度说，金融学自始至终都应该关注"行为"，我实在想象不出一个没有深入考虑人类生物局限性和思维偏误的金融学模型如何能有效地解释人类在金融市场中的行为。

这本书的初衷就是想要引发你的思考，帮助你在经济决策中获得更强的辨识的力量。毕竟，你要知道，夜航江面的船上，常有士子雄辩滔滔，鲜有小僧伸伸脚。

谢寓心

2022 年 5 月 21 日

目录

第一章　引论

1.1　什么是行为金融学

什么是行为金融学呢？也许目前最为普遍的定义是：行为金融学是金融学的分支，它对传统金融学的一些定义和假设做出了修改。但我对这个答案并不太满意，正如我在序言中提到的，知道两个物体的关系显然并不能增进太多我们对于它们的了解。我更喜欢的一个版本是：行为金融学是对现代经济学或者金融学的一系列诚挚的反思，反思的根本出发点就是为了获得更好的解释力。归纳起来，行为金融学主要从三个方面对传统模型提出了挑战，以使新的理论更适用于描述人类的真实行为。因为从本质上讲，金融研究的对象就是人的决策和行为，我们并不能先验地把数学上最优化的决策跟人的决策画等号。这一点在传统金融学中，令人吃惊地没有得到足够的区分。那么行为金融学主要做了什么呢？第一，它提出了一系列更为真实的假设——特别是，人们不以完全理性的方式更新他们的信念。这导致他们并不能总是基于概率论或者贝叶斯法则来获得最优化的决策。第二，行为金融学探索了关于个人偏好更符合我们直觉的假设。例如，人们应该从什么地方获得效用以及获得效用的真实形式。第三，它尊重人在认知和计算层面存在的限制，即人们不太可能接受并立即处理所有与他们财务状况相关的信息。值得指出的是，任何反思肯定是针对一个特定的问题，而许多金融市场中出现的异象本身就是在不同的时间以不同的速度渗透到我们眼前的。这在客观上使行为金融学没有围绕一个明确的主线发展。因此，行为金融学也常常被许多同行打趣为：“一本字典，创造一个新词，解决一个问题。”许多来自标准（经典）金融阵营的学者和从业人员认为人类的情绪和认知偏误对金融决策的影响是能够被忽略的。即使他们承认人类会犯错误，他们也不认为这些错误能够对价格带来系统性的影响，主要的原因有两点：第一，不理性的人的想法各异且不稳定，因此在宏观上各种噪声会互相抵消；第二，存在认知偏误且不思悔改、全力践行的交易者几乎就是给理性的交易者“送人头”。长线来看，这种毫不利己、专门利人的活动是不可持续的，所以非理性的影响势必会消亡或者处于弱势。然而，行为金融学的学者们百分之百相信，人本身的认知偏误是生物性的，持有错误信念的投资者能够不自觉地抱拧成一股绳，自信得一塌糊涂，在市场中搞风搞雨而不自知。所以人类的偏误值得深入地研究，理解这个群体对于理解市场真实的运行和波动至关重要。值得注意的是，本书大部分内容并非想要让读者相信行为金融学会是这场辩论的最终赢家。基于此，我们希望用自己的视角向读者展开近30多年来在行为金融学和现代金融学之间发生的争议和引发争议的相关证据。毫无疑问，其中有些争吵在当时是尖锐的，甚至双方都有鸡同鸭讲之感。然而，许多不愉快的碰撞在事后都成为有趣的故事，正是这些故事让行为金融学渐渐壮大——在本书动笔的2021年，我们似乎可以小心翼翼地下结论：行为金融学（经济学）正在从经济学教材中的边缘走向主流，并逐渐被越来越多的人了解和认同。

1.2 经济人和智人

长久以来，我对于经济学理论中“理性人”的假设都感到一丝困惑。令我困惑的不是这个假设的内容，而是，我们居然在这样长的时间里默认了一个如此严苛的假设。即使在我接触行为金融学之前，这对我来说都太不可思议了。信息的自由流动让人无所不知；每个人都拥有无穷的算力；使用一个神奇的效用函数就能知行合一；在没有新的信息的时候，人们不信谣不传谣，不与人交流互动，不胡思乱想，不阅读任何大V评论；坚定的长期投资者，不到退休绝不轻易把资产变现……

如此天下大同，你信吗？

稍有社会经验的读者会立刻发现：人在喜好、习性、知识水平、认知能力以及价值取向上的差别之大实在是太刺激了——给定任何一个新闻事件，信息和观点在网上只要那么一搅动，立刻就是一锅粥，各方意见参差不齐，几乎不可能从这些嘈杂声中还原出真相。那么我们怎么能相信，在经济运行的领域，在切身利益面前，信息和观点在市场中的碰撞就能够变得其乐融融、阴晴有序呢？

正如 Richard Thaler 将人分成"homo economicus"（经济人）和"homo sapiens"（智人）——这暗示了心理学和经济学研究的似乎是两个完全不同的物种。对于心理学家来说不言自明的是：人是自私且情绪化的动物，他们的一切喜好都不稳定，因为喜好的生理基础本身就是不稳定的——我们引以为傲的"理性"以及任何决策的依据都建立在"传感器—处理器"这样的协同之下。换言之，任何一个生物眼中的世界完完全全都是经过大脑塑造出来的幻影。我们也没有办法阻止或者编辑大脑对于信号的处理和塑造，我们感知的世界仅仅是藏在大脑之后的一组映射。并且，令问题更加复杂的是，大脑也在实时地创造内容。这使得我们脑中的世界比真实世界的映射还要广阔和多姿多彩。

匪夷所思的是，当尊重人的多样性已经成为社会生活的主流认同，人具有一致性和逻辑性在经济学家看来似乎仍然是天经地义的——现代经济学的大厦也正是基于对人类真实行为的漠视而存在的。没错，曾经被用于火箭科学的数学分析被广泛引入经济学中，很多经济现象的建模和描述在逻辑上更是极端优美。经济学成为社会科学中的王冠和智力的高峰很大程度上源于这样一个事实，即经济学有一个统一的核心框架，其他的一切几乎都是以此为基础通过逻辑和演算自然生长出来的。如果你说"经济理论"，人们马上知道你的意思，而其他的社会科学都没有类似的基础——鲜有人知道政治学理论的主要观点是什么，心理学理论的主要观点又是什么。其他社会科学中的理论往往有许多的前置条件和适用场景——它们只能解释在特定环境下发生的事情。这往往被认为是学科落后的表现，这也是为什么经济学家经常把他们的研究领域比作物理学。例如，物理学中的一些公式已经可以跟现实观测对应得严丝合缝，这是经济学理论一直向往和追求的。但是经济学的理论对于现实的解释和预测一直都非常挣扎。哪怕是一些看起来不那么困难的问题，如我们到底应不应该实行最低工资率，答案是不知道。金融学的情况也是类似的。耶鲁大学著名的行为金融学教授 Nicholas Barberis 在谈到市场是否有效时，有过一段非常有代表性的评述：

市场有效是一个具有重要历史意义的基本概念。然而，这个术语现在很少在学术会议上使用。原因是"有效市场"和"无效市场"的术语过于宽泛，无法抓住当今金融研究前沿的争论。今天正在进行的争论不是在"有效市场"和"无效市场"这样宽泛的概念之间，而是在那些具体定义的模型之间。

很显然，任何一位科学家提出一个理论，在一开始都是希望它尽可能"宽泛"的。因为单一的理论越是能够解释丰富的现象，越是说明它具有普遍的适用性。Barberis 之所以指出有效市场"过于宽泛"，是因为我们既能举出大量的事实来证明市场是有效的，同时我们又能举出大量的反例来展示它是无效的。换个角度讲，发展出类似物理学中丝丝入扣的理论来容纳这些观测中的反例似乎遥遥无期。而行为金融学家的态度是让我们尊重真实的观测，针对具体的情况，在智人的世界退而求其次，看能不能得到一些不那么野心勃勃的论断。

1.3　为什么传统的框架不那么让人满意

你是否难以相信，60 多年前人类已经能算出去月球的轨道，旅行者一号已经飞离地球 220 亿千米，而大萧条中的欧美国家却还在生产过量的牛奶然后倒进密西西比河。经济学家就那么"笨"？其实不是的。经济学家大都绝顶聪明，而问题出在研究对象实在是太狡猾多变。经济学研究常常直面幽微的人性，其间存在太多的例外、变化和互动，存在太多太多的意料之外但又情理之中，在我看来，这比将一个铁盒子发射得很远很远要棘手得多。正如著名的"美国故事汇专家""人类非理性行为辞典总编纂"Richard Thaler 的名言："行为经济学研究是混乱不堪的，传统经济学研究则是完全错误的"。

我们依次来说一说这到底是为什么？

首先，经济学、金融学理论的核心思路是假定人们的行为符合约束下的最优解。在这个思路下，描述人的决策过程就变得简单了。因为最优解常常意味着"唯一"，"唯一"意味着大伙儿都会这么干。只要我们找到了最优解，我们就能预言人们的行为会如何收敛，达到"均衡"。"均衡"之后，供需平衡，价格（收益）也就能计算出来。尽管套用的概念和数学分析工具在持续进展，但经济学理论中"优化 + 均衡"这一主线从来没有改变。这套一招鲜是其他任何社会科学所没有的，经济学家也因此嘲笑其他的社会学科根本不是科学，而是博物学。使用这种规范分析来预测和解释实际行为是有一定道理的。首先，人们在追求自己的目标时有动机和机会从经验中学习和分析，因此将决策描述为一种效用最大化的过程似乎是合理的。其次，竞争的确有利于将采取不合理行为的个人和组织淘汰出局，而那些采取最优决策的个人和组织则增加了其在竞争环境中生存的概率。最后，将人的选择公理化对于研究人员有很强的吸引力，这使得从这些公理中进一步衍生出新理论变得有迹可循。

然而，现实中的决策真的是优化的结果吗？

假设一份毛肚的成本是 10 元，那么火锅店需要卖多少钱让毛利最高呢？为了给你讲解供求的原理，经济学教材会帮你假设一条曲线作为已知条件。比如，你会知道如果你卖 50 元，销量会是多少；卖 40 元、30 元、20 元，销量又是多少。然后你只需要把需求和价格的函数求导，使得一阶倒数的方程等于 0 的价格就是最优。可是，在现实中这条价格曲线本身也是模糊的——没有人知道，降价之后需求增加的具体数值。因为除了价格，大量别的因素也在实时影响这条需求曲线。这让需要依赖确定输入的最优决策变得毫无意义。紧接着，我们需要基于经济理论给出的预测来指导生产，因为仅仅给出趋势性的预测是不够的。哪怕这个预测是正确的。例如，如果毛肚的价格下跌，火锅店知道它能卖出去更多份毛肚。这种预测当然很可能是正确的，但是知道这些并不够，因为它只告诉了我们需求变动的方向，并没有告诉我们毛肚最优的售卖价格。这相当于预测我从比萨斜塔上扔出铁球，这个铁球会向地面运动而不是飞向天空。尽管这个预测是正确的，但牛顿的万有引力定律显然可以对铁球的下落轨迹做出更丰富而精确的预测。另外，在那些充满更多不确定性的场景中，如选择职业或者配偶，银行抵押贷款选择固定利率还是浮动利率，企业需要升级现有设备还是新建工厂，很难想象我们在这些现实的决策中可以有稳定且迅速的参照去界定什么是最优的。更糟糕的是，我们根本负担不起寻找最优需要的认知成本。当你进入超市买一罐牛奶，你是如何从货架上琳琅满目数十种品牌的牛奶中选出一款的？你的选择真的是你在心里用某个函数计算出来的？

其次，即使基于完全相同的信息和透明的框架，人们的行动也常常无法在宏观上达成一致，抵达所谓的"均衡"。如果你观察路口等红灯的车辆，你会发现，即使这样一个简单明确的动作执行起来也很难统一——"等绿灯亮，起步往前走"。当绿灯亮起，等在第一排的车可能有的起步快，有的起步慢，有的还没有起步，因为那位司机还在玩手机。如果你有过管理人型活动的经验，你就会发现，想要在群体中达成一致并不是一件容易的事情。因为在物理上人和人之间只有松散的联系，语言和文字仅仅能提供极其有限的交流带宽。企业管理中需要组织文化、愿景使命这样的话术体系来保持员工步调一致；一场完美的演出可能需要数年来彩排；一支足球队可能需要数月艰苦的训练才能达成基本的默契。我们对此习以为常，但我们竟然默认共识可以在经济活动中自发地形成。有着不同财富状况、不同知识和技能水平、不同目的和信念的人在世界各地就那么神奇地、渐渐地想到了一起？

此外，经济学模型很难反映出一些我们习以为常的人性，而它们在决策中起到了关键作用——是它们让我们的行为像一个人。如果在理论体系下它们被简化了，那么这个理论描述出来的经济人就一定会让你觉得怪异。例如，一个经济学家吃饱以后，他会毫不犹豫地倒掉没有吃完的波士顿龙虾，因为他认为吃饱之后再消费任何食物，无论多贵，带来的都是负效用。一个经济学家从不相信一见钟情，因为他认为任何小样本都很难代表总体。一个经济学家会对"礼物"的概念感到困惑，他觉得现金才是最好的，因为代理人代为挑选礼物时总是存在信息不对称问题。但除非你也有一位经济学家伴侣，否则长期把现金作为你爱人的生日礼物可能也不是一个好主意。仔细想想，即使你的另一半也是一名深谋远虑的经济学家，我们也不建议你这么做。

最后，让世界变得更加复杂的是人有时候就是不会按照最优的路径去行动，哪怕他清楚地知道这会带来不好的结果。这听起来很诡异，但在生活中类似的矛盾随处可见。假设我更喜欢肥腻的五花肉而不是绿油油的小白菜，虽然我完全同意小白菜对我的健康更有利，但我还是会在买饭的时候让师傅加个肉，我并不觉得这有什么问题。这表明最优和人的偏好可能是不一致的，而且即使人意识到这种不一致，他们也不会做出改变。今朝有酒今朝醉，全世界的烟民恐怕都知道吸烟有害健康，但鲜有一觉醒来就开始戒烟的；所有买盲盒的人都知道这钱花得"九死一生"，但却还是痴迷于开箱那一瞬间的快感。

如果我们把之前的讨论总结起来，显而易见的问题是，由于对人类行为一些不现实的假设，经济学理论跟真实的观测早已分道扬镳，并且还在渐行渐远，以至于一些主流经济学从业者也开始慢慢公开承认（小规模地）或许经济学遇到了一些问题。这其中包括诺贝尔经济学奖得主 Wassily Leontief，他说道："这门学科已经达到了一个临界点，一页又一页的专业经济学期刊充斥着在完全臆想的假设中诞生的精明理论，而这些跟现实又完全不相关"。Milton Friedman 也曾经批评道："经济学理论不再关注如何去解决实际的经济问题"；Ronald Coase 也说："现有的经济学理论体系是飘浮在空中，与现实世界中正在发生的事情几乎没有联系的"。

我们不可能忽视从 1987 年 10 月 19 日开始我们观察到的金融市场的一系列繁荣、泡沫和崩溃。在没有任何实质性坏消息的情况下，这一天全球股票市场由东向西绕地球跌了整整一圈，主要市场的股指平均下跌超过 20%。随之而来的是科技股的泡沫和崩盘，并且迅速演变为房价泡沫，而房价泡沫破裂后又于 2008 年引发了次贷危机。

2011 年 11 月，70 名哈佛大学学生集体退选了著名经济学教授 N. Gregory Mankiw 的"经济学原理"课程。而该教授的同名著作几乎是全球经济学学生入门的"圣经"。在退课的公开信中，学生们写道：

我们发现这门课程仅支持一种特定而又有限的经济学观点，我们相信，这种观点会延续我们当今社会存在问题且效率低下的经济不平等体系……Econ 10① 使得以后的经济学课程很难有效地教授，因为它只提供了一个严重倾斜的视角，而不是其他课程可以扩展的坚实基础……哈佛毕业生在金融机构和塑造全球公共政策方面发挥着重要作用，如果哈佛大学不能让学生对经济学有广泛和批判性的理解，他们的行为可能会损害全球金融体系。过去五年的经济动荡已经充分证明了这一点。

---

① Econ 10 是这门久负盛名的经济学课程在哈佛商学院的课程编号。

我不认为 Mankiw 教授这门课有什么问题，一门课或者一个人提供一个固定的视角也是正常的，并且我也不认为任何五年的经济动荡就能宣判一个经济学理论的死刑。而真正导致学生不满退课的根本原因是这句"特定而又有限"——他们不再认为这门课教授的理论可以帮助他们解决真实世界的问题。相反，如果一个特定的理论非常管用，那么"有限"将不再是一个缺点。

我们的确需要更丰富的视角来开展经济研究，需要一种承认并且容纳人的复杂性的框架。经济学应该成为"人的物理学"，或者说，"人理学"。人的本质就是生物，生物的行为就一定有客观的驱动。我们当然需要用数学的方式去研究它们，但是就像物理学和生物学做的那样，实验和观测永远是主导的，经济学也理应如此。如果理性人假设不再提供符合观测的预言，继续无视非理性的影响那才是不理性的。继续对理性人的理性持有呆板的印象同样是不理性的。正如我们之前提到的，真正的理性人能够从任何预设的理性行为中脱离，这使得他们可以从别人的非理性行为中获利。当然，理性人假设不应该被完全抛弃——假设每个人都是完全不理性的也同样毫无前途。对于更现实的模型来说，理性人假设仍然是有用的起点。在某些特殊情况下，如当人们必须解决的问题很容易，或者当经济中的参与者拥有相关的高度专业化的技能时，经济模型可能提供了对现实世界中发生的情况的很好的近似。但正如我们将要在本书后续章节看到的，这些情况不太多见，理性和非理性之间的界限有时也玄妙易变。

1.4 套利限制

行为金融学自诞生以来就有一个共同话题，即不完全理性的投资者可以影响金融资产的价格。这一观点，一度遇到了来自传统金融学派有力的批判。因为，虽然价格存在失灵的可能，但认为非理性投资者可以对价格产生长期或者系统性的影响依然是难以想象的。其主要原因在于套利者的存在——如果非理性投资者把一家公司的股价推得过高或过低，那么这就为理性投资者创造了一个有吸引力的机会。他们会就错误定价进行积极套利，让非理性投资者为他们的错误买单，直到价格回到正常水平。直到 20 世纪 80年代末，大多数金融学者倾向于认为套利者理论是有说服力的，这延缓了行为金融学的发展。然而，在 20 世纪 90 年代，一系列新的实证研究以令人信服的方式回应了这一批评。简而言之，套利者机制的核心是：出于获利目的的价格纠正。虽然在理论上这完全说得通，但是在操作中会面临一些重大的限制，针对错误定价进行交易并不像看上去那样具有吸引力。因为任何一方，如对冲基金在攻击错误定价时，会面临实实在在的风险和成本。这些风险和成本会导致他们的交易不可能那么笃定和激进，反过来，这又会使错误定价得以长期存在。而错误定价的长期存在又会培育更多的非理性。更糟糕的是，当看到非理性短期不可逆的时候，实实在在的理性投资者也会或主动，或被裹挟着，加入非理性的交易趋势中去，因为他们认为这比尝试纠正错误的价格更加有利可图。

接下来，我们具体介绍，当一个理性交易者想要去套利的时候，他将面对哪些方面的挑战？

基本面风险。假设一只股票的公允价格——基于预期未来现金流的折现总和等于20 美元，但过分悲观的投资者将这只股票的价格压低至 18 美元。如果对冲基金试图利用这一点，那么其会以 18 美元的价格买入股票并寄希望于这只股票很快就能上涨回到它的公允价格，即 20 美元。假如在对冲基金建仓之后，出现有关标的公司基本面的坏消息，那么这会将公允价格从 20 美元拉低至 15 美元。如果股票的市场价格最终趋同于15 美元的重新估值（非理性投资者纠正了他们的错误看法，这种情况最终很可能会发生），那么该基金就会赔钱。如果对冲基金和其他套利者是风险厌恶者，那么这类基本面风险足以使套利者在看不到足够的安全边际之前对错误定价的交易不那么积极。因为，错误定价带来的收益边际可能不足以成为充足的利益驱动让套利者去大量持有一家他们本来没有兴趣、但是出现温和的错误定价的公司。基本面的风险当然可以通过在其他替代资产中持有反向头寸来做到对冲。例如，一家对冲基金因为认为英特尔的股票被低估而买入英特尔的股票，但同时它也会卖空超威半导体公司（AMD）的股票，这可以保护该基金免受有关整体经济特别是桌面芯片行业的不利基本面的影响。然而，从根本上消除风险是困难的。在这个例子中，对冲基金仍然暴露于那些英特尔公司自身的坏消息，而这并不影响 AMD。因为相同行业的公司虽然面对共同的行业风险，但它们彼此之间的竞争关系依然存在。如果英特尔公司的芯片性能在更新换代之际被 AMD 甩在身后，其股价也会有很大的下行压力。这反而为我们做多英特尔同时做空 AMD 的操作引入了双重的伤害。而熟悉半导体行业的读者会发现，这种假设恰恰也是近年来正在发生的。因为杠杆交易引发单日巨亏记录的 Bill Hwang 也是因为持有大量中概股的同时出于对冲目的做空了纳斯达克指数。奈何最后因为中概股集体暴跌但是纳斯达克反而高歌猛进而受到两面暴击，直接穿仓。此外，值得注意的是，一些投资组合或者行业寡头，可能并没有良好的对冲工具供套利者选择，这使得套利行为更是需要三思而行。

噪声交易者风险。套利者面临的另一个风险是，当他们针对错误定价进行交易时，他们不知道错误的定价是否会按照他们希望的方式运动。因为，套利者需要判断其他套利者是否会采取跟他一致的行动——如果其他套利者没有广泛认同或者发现错误的定价，那么少量的反向交易就不足以影响资产的价格，反而会在价格继续上涨时遭受损失。更糟糕的是，错误定价可能在短期内变得更加错误，导致错误定价的非理性投资者可能在短期内获得正反馈，从而变得更加非理性。这让那些管理别人钱的基金经理非常头疼。针对错误定价进行的逆势而行如果在短期带来糟糕的回报，基金的外部投资者很可能会认为该基金经理的水平堪忧继而赎回。而赎回会迫使基金经理在亏损的情况下**被迫平仓**。而平仓又意味着套利者彻底失去拿回应得奖励的可能，这让他们的"英明论断"在不明就里的旁观者看来显得十分愚蠢。如果基金经理认识到这一点，错误定价的吸引力对于机构投资者来说就显得有些鸡肋。再者说，对冲基金对杠杆的使用是十分普遍的，这让噪声交易者的风险变得更加难以忽略。如果一个基金通过杠杆购买一种被低估的资产，而错误定价继续偏离预期让他们的持仓贬值，那么抵押品的价值也会下降，基金依然面临被动平仓的风险。同样，如果基金做空一项估值过高的资产，而该资产的价格随之上涨，资金出借方也会要求额外的保证金。如果基金不能满足这一需求，则空头头寸同样将被赔本平仓。于是我们又回到了这个尴尬的局面，一个能预见到的潜在获利，在兑现之前，基金经理有时候将被迫关上这扇门。因为他们没有无限期的投资期限，他们常常得不到外部投资者的理解，而且还会经常面临各类考核和评估的压力。

交易成本。除了这些风险，套利者还面临纠正错误定价的成本。显而易见的交易成本，包括佣金、买卖价差和卖空费等。但更为重要的是，发现错误定价和理解、利用它付出的时间成本甚至说服风控组签字付出的耐心，都让尝试纠正错误定价的交易显得不像是一门好业务。

到目前为止，上述套利者真实面临的风险和成本已经足以对套利可以纠正价格的说法作出回应。然而，还有另一种批评认为，由于非理性投资者以次优方式进行交易，他们最终将损失大部分资金，自然的优胜劣汰会导致他们逐渐被边缘化直到彻底破产。从长线看，这也可能让非理性行为系统性影响价格的说法不再站得住脚。

针对这种批判的几点回应如下：首先，市场中理性和非理性的群体是在动态变化的。非理性投资者的群体并非没有新鲜血液的持续注入。这不仅体现在每年都会有许多经验不足的新投资者进入金融市场，还体现在理性投资者因为各种各样的原因，也可能变成非理性投资者，这在客观上避免了非理性投资者的"灭绝"。其次，正如我们之前讲到的，真正的理性在看到非理性短期的强势之后，也会尝试从这些不理性中获益，而非刻板地去纠正。因此，我们不得不面对一个事实，非理性投资者作为一个群体，并不是一直赔钱的。例如，Yan[2]指出，非理性投资者可能需要数年甚至数十年的时间才会因为他们的非理性而受到惩罚，而这样的时间尺度，可能已经超过了基金经理管理一项产品的典型周期，甚至超过了他们整个的职业生涯。

至此，我们的讨论集中在套利限制为什么会存在这样的思考上。接下来，我们介绍一些跟这些理论相印证的实证研究。例如，我们发现市场中确实存在一些"孪生股票"，即我们发现两个公司，即使具有相同的现金流，却具有不同的交易价格。[3]又如，"负股权"。因为研究者竟然在真实市场中发现这样的情况：公司股份的市场价值低于公司子公司股份的总价值[4]；一个基金的总净值低于基金持有的资产的总市值[5]。此外，我们还发现，当某一个公司的股票被新添加到标普500指数之后，其价格会异常上涨，尽管被纳入指数这个事件本身并不传达任何利好信息。[6]就我所知，这个策略曾经大量被各个对冲基金利用，并赚取了可观的收益。

总结起来，以上情况证明套利者对于价格错误的纠正是有局限的——否则，这些我们观测到的错误定价肯定不会出现。同时，这些例子也有助于理解造成套利限制的原因中哪一种是最重要的。在孪生股票的情况下，噪声交易者风险是最重要的；对于负股权和指数纳入，基本面风险和噪声交易者的影响同时起作用。

1.5 案例和应用：游戏驿站

2021 年农历春节前后，一家艰难求生的公司阴差阳错为全球的商学院提供了一个经典案例。美国的互联网论坛 Reddit 有一个子版块叫 WallStreetBets，简称 WSB，中文可以译为"华尔街赌赌赌"。顾名思义，这个论坛里的活跃网友们是一群把股市当成赌场来玩的炒股散户。

这个 WSB 论坛里的散户们，从 2020 年年底开始跟风买进了一只快要破产的公司的股票。这只股票叫做游戏驿站，简称 GME。游戏驿站是全球最大的游戏零售连锁店品牌。这些年实体游戏店的生意不景气，2021 年游戏驿站换了新首席执行官（CEO），开始规划战略转型。

但转型还没来得及推进，游戏驿站就已经成了美股中被做空最多的股票之一，其做空比例一度达到了它所有流通股的近 140%。这个比例是个什么概念呢？也就是说，市面上一共就 100 个苹果，但是人们却总计借了 140 个苹果。就算把市面上所有的苹果都用于还苹果，也还有 40 个苹果的缺口。这意味着做空机构赤裸裸地不看好，它们盼着你早日关门，好从中渔利。可以想象，游戏驿站的管理层深感压力巨大，对这些做空机构也没有什么好感。

但是，WSB 这个论坛的网友们就认为，游戏驿站还有翻身的机会，于是陆续把它的股价从 3 美元多推高到了 40 美元，而且还买了很多的看涨期权。这就让很多做空它的机构坐不住了。2021 年 1 月 21 日，做空机构开始公开在社交媒体上教育散户，论证为什么游戏驿站只值 20 美元，不值 40 美元，并且嘲笑这只股票的买家必亏无疑——其潜台词是希望你们赚了一点，好自为之赶快离场，不要不识抬举。

这一下，WSB 论坛的网友们给出了非常强硬的回应——大 V 们开始呼吁网友一起做多。令人意想不到的是大家团结之后的效果奇佳——游戏驿站的股价就此一飞冲天。隔天是个周五，股市开盘之后游戏驿站股价气势如虹，被香橼认为只值 20 美元的股价，一天涨到了 76.79 美元。这还没完，WBS 论坛的网友们在之后的几天再接再厉，GME 的股价在 1 月 27 日竟然达到了 347.51 美元！

　　由于香橼的做空期权是要按期交割的，游戏驿站的股价起飞直接把它搞崩溃了。香橼发了个公告，控诉散户们使用"金融暴力"，还表示要把证据提交给美国联邦调查局（FBI）和美国的证监会，并要求监管机构介入管控散户们的作为。值得注意的是，美国证监会在这期间的表述一直是"密切关注，正在调查"，但是并没有什么实质性的动作。不久后，另一家做空机构梅尔文资本也被逼得投降了，梅尔文资本经历了巨额亏损后，清空了全部做空头寸。

　　美国的财经电视媒体美国消费者新闻与商业频道（CNBC）邀请了做多游戏驿站的散户代表 Chamath Pali- hapitiya 来参加电视访谈，其本来是想借机谴责散户们的金融暴力，但没想到，这场电视辩论却成了散户们说服更多人加入的舞台。非理性的情绪继续在市场上蔓延。Chamath 说道，对冲基金有杠杆，散户没有；华尔街有信息优势，散户没有。富人能够通过组织高级晚宴来互通信息，现在通过互联网，我们为什么不能呢？此时，营销鬼才——特斯拉联合创始人、CEO Elon Musk 更是适时前来煽风点火。Musk 说道，如果游戏驿站的股价能冲到 1 000 美元，我就把它的商标（logo）画到我的下一个火箭上，发到太空去。加个 logo 估计也就 10 美元的事情，但是你看这广告效果。

　　在这次事件中，散户们集合起来对抗机构，并且能够冲垮专业对冲基金们的资金壁垒，这样的意义符号和情绪宣泄使得游戏驿站不再是一家公司，而是摇身一变成为了对抗强权的旗帜。在多头暴揍空头的戏码中，在全球吃瓜群众的鼓掌叫好声中，游戏驿站这家公司真正的基本面早就变得不重要了。我们已经无从辨别，这场疯狂的盛宴是真的代表了散户和机构的世纪对决抑或仅仅是一帮有准备的机构精准突袭了另一帮准备不足的机构。但是，我们也的确看到，由于货币超发，过量的流动性和投机性资本让金融市场变得越来越无序，套利者修正错误的尝试也将伴随着越来越大的风险。尽管存在在非理性基础上的泡沫是难以维持的，但是正如我们前文提到的，价值回归的过程可能比我们想的要更加漫长。那些简单抱团的投资者，虽然不能改变定价的底层逻辑，但是这股纠结在一起的力量，让他们的交易也不总是无利可图。在笔者撰写此文的时间点，游戏驿站的股价在经历了大幅回撤之后再一次高速上涨。截至 2021 年 4 月底，GME 的股价仍然在 150 美元徘徊，这仍然是香橼给出的 20 美元估值的 7 倍多。

1.6　为什么市场是不确定的？

　　严肃而得以长期幸存的职业投资人大概都会有这样的感悟——市场在短期内是难以捉摸的，没有任何一种理论或者交易模式可以持续地获得超额收益。如果你承认这一点，转而关注长期的趋势，那么你会发现，击败大部分其他投资人并不需要太高的智力水平，甚至不需要太多的时间投入。因为正常的人性总是倾向于给交易负优化。

那么，为什么市场，尤其在短期，存在本质的不确定性呢？放心，我们不会立刻丢出一千米长的公式来说明这一点。恰恰相反，我们认为这完全可以通过非技术向的解释来让你信服。首先我们要定义什么是市场具有不确定性。其实我们的意思是，作为一个投资者，你自然会研究股票或者其他投资标的物，但你逐渐就会发现，预测它们在未来的价格几乎是不可能的。有效市场假说明确地阐述了这是为什么。但是在这里，我们希望给你一个更加直观但同样富有洞见的答案。

人们记住凯恩斯的主要原因是他对宏观经济学的贡献。我们都知道他坚定地认为政府应该刺激经济，即政府应该在经济衰退或萧条期间使用财政手段来刺激需求。考虑最近几十年全世界央行采取的政策，他的观点即使在现在看来也极其富有生命力。这样一位影响深远的经济学家，在他最著名的著作《就业、利息和货币通论》中的许多非凡的思想却是来自他对于个体行为的观察。作为一名学者和一线投资人，我们都知道他成功地管理了他所在的剑桥大学的投资组合，也是他率先提出了用捐赠基金投资股票的想法。但是鲜有人知道在此之前，他曾尝试利用自己的宏观经济学知识去交易外汇和期货。当时凯恩斯认为，外汇和期货这两种资产和宏观经济学原理的联系最为紧密——只要能研究懂宏观数据，把握好经济周期，赚钱简直是必然的。然而现实却是，他赔得底儿掉，赔得直接被劝退。在一封给朋友的信里他本人是这么解释的：不是我的宏观经济学知识有问题，而是影响宏观经济的因素实在是太多、太复杂了，常人难以掌握。相比之下，寻找那些被人低估的好公司要容易得多。凯恩斯认为情绪或者他所谓的动物精神（animal spirits），在个人决策中扮演着重要的角色，包括投资决策。有趣的是，凯恩斯认为，在 20 世纪初，用现代的话来说，市场更"有效"，当时经理人拥有一家公司的大部分股份，知道这家公司的价值。他认为，随着股票变得更加分散，"那些拥有或打算购买股票的人对投资估值的真正认识在严重下降"。为了支持自己的观点，他指出，冰块制造公司的股价在销售额较高的夏季月份走高。这一事实令人惊讶，因为在有效市场中，股票价格反映了公司的长期价值，而冬暖夏凉的季节效用是公开信息，应该完全反映在价格中，因此公司的长期价值不应该受到季节的影响。

正如我们在上一节中讲到的针对套利行为的客观限制，凯恩斯甚至还怀疑，专业基金经理不仅不会充当价格纠正者的角色，相反，正因为他们极其理性，所以更有可能去尝试从非理性繁荣中获利，而不是与之抗争。也就是说，职业基金经理的智慧将聚焦在猜测他人的行为，他们考虑的重点不再是寻找被低估的好公司，而是去猜测市场主流会认为谁是被低估的好公司。凯恩斯甚至对此有一个绝妙的隐喻，即把挑选出最好的股票的过程比作一场选美竞赛：

假设我们在报纸上刊登 100 位美人的照片，每一个参赛者必须从这 100 张照片中挑选出 6 位他认为最漂亮的佳人，谁的选择最符合所有参赛者挑选出来的那 6 位佳人，谁就会获得奖金。比赛开始之后，所有的参赛选手很快就会发现，为了获胜，最好的决策不是挑出自己认为最漂亮的面孔，而是挑出那些他们认为最有可能吸引其他竞争者的面孔。当所有人都从同样的角度看待这个问题时，这场竞赛最终获胜的显然不是某个参赛者认为最漂亮的 6 位，也不是平均意义上认为最漂亮的 6 位，而是一个嵌套的博弈——因为大家都知道别人都在猜测主流的审美，所以参赛者的智力都会消耗在猜测那个他们认为的主流的审美会是什么样的上面。因此，最终比赛给出的最佳 6 人，实际上是所有参赛者对于主流预期的主流预期。我们还可以继续去实践第四个阶段的博弈，那就是当有参赛者意识到别人也能意识到竞争者给出的是对于主流预期的主流预期，他就可能去猜测对于主流预期的主流预期的主流预期，虽然这个逻辑可以继续推演到第五个、第六个，但我相信很多人已经晕了。最重要的是，在比赛中，并不是每个人都能想到第四层，或者第五层，而这正是比赛真正的不确定性所在。因为你无法判断你的竞争对手理性的程度或者愚蠢的程度，那么判断最终的答案会是一个在第几层博弈的预期就变得扑朔迷离。

可以说，凯恩斯用选美比赛精妙地隐喻了金融市场中你的交易对手方在总体理性程度上的不确定性——认识到一家公司真实而正确的价值并非投资成功的唯一秘诀，你还需要去估计市场上其他人在多大程度上认识或者同意你的看法。Thaler 在 1997 年提出了一个选美比赛的升级版，即用定量的方式向我们展示了定价博弈中不同的人体现出了不同程度的理性，而这种理性的平均又是多么难以捉摸。在他的这个例子中，我们可以更好地欣赏到凯恩斯比喻的精妙所在。

决策

> 从 0 到 100 猜一个数字，目标是让你的猜测尽可能接近所有参与者平均猜测的三分之二。

为了帮助你理解这道题目到底需要我们思考什么，假设有三个玩家分别猜了 20、30 和 40，那么他们猜的平均数就是 $\frac{20+30+40}{3} \times \frac{2}{3} = 20$，所以猜 20 的人获胜。

在继续往下之前，我们鼓励你停下来想一想，然后自己猜一个数。如果你真的深度思考了这个问题，不仅会让这一章的阅读更有趣，还会让你对市场不确定性的理解上一个台阶。

现在，让我们来分析一下别人会采取什么策略来获胜。肯定有一部分搅局者，他会说："我不知道。这看起来需要计算，但我不喜欢计算，我干脆随机选一个数字。"这类人随机猜 0 到 100 的数字，如果他们的基数足够大，我们可以很轻易地想到他们给出的结果平均值会是 50。好了，第一层次的思考者呢？他们会说："其他参与者不喜欢多想，他们可能会随机选择一个数字，平均为 50，所以我应该猜 $50 \times \frac{2}{3} = 33$。"而第二级的思考者会这样说："大多数玩家是一级思考者，认为其他玩家头脑简单，所以他们会猜 33，那么我猜是 $33 \times \frac{2}{3} = 22$。"第三层次的思考者则会说："大多数玩家会辨别游戏的运作方式，并认为大多数人会猜 33，所以他们会猜 22，那么我就猜 $22 \times \frac{2}{3} = 15$。"

如果我们延续这样的模式推演，那么每个参赛者想要猜的数字就会越来越小。有没有一个下限呢？有的，这个下限就是博弈论中的纳什均衡。也就是说，当猜的数字降低到一定程度时，所有人都不会想要再改变自己的猜测。很明显，当且仅当所有参赛者的答案都是 0 时，这个博弈过程才会停下来。

想到这里，下一个需要思考的问题就是：其他玩家是谁，他们中有多少人能够想到纳什均衡？你知道一部分人肯定不会想太多，一部分人能想到 0，一部分人会胡乱猜一个数字。但是问题是你完全没有办法知道这些不同人群的数量和比例。他们对于你来说完全是模糊的，对于任何一个参与的个体都是模糊的。因此，猜数字游戏获胜的秘诀和凯恩斯的选美比赛是完全相同的。优胜者并不是那些知道正确答案的人，而是那些猜出别人在想什么的人。这几乎等同于猜出正确答案的人，就是那些运气最好的人。

1997 年，Thaler 在《金融时报》就这个问题展开了大规模的调查。[①] 优胜者会得到由英国航空提供的两张从伦敦到美国的商务舱机票。根据 Thaler 的统计，最终获胜的猜测是 13，而最为有趣的是观察所有人猜测的分布图。正如图 1.1 展示的那样，许多具有博弈论思维的读者发现了 0 这个纳什均衡，但他们显然忽略了许多人根本意识不到这一点。这恰恰反映了在投资中那些做出正确判断的投资者却还是经常亏损的事实；恰恰反映了为什么尝试对错误的定价去修正却依然存在风险和限制。接下来，我们还看到不少人猜的是 1，他们比猜 0 的参赛者还深入一步，那就是，他们意识到参赛者中除了很多人能想到纳什均衡，还有极小一部分人会意识不到。但是他们严重低估了这些"扰动"的数量，因为他们只是把自己的猜测增加了一点点而已。至于那些猜测 50 以上的参赛者，多少就是赌博的性质了，尤其那些猜 100 的，这几乎不可能获胜，我们会感到他们的存在难以理解。然而，真实世界中同样存在大量让我们无法理解的交易，而所有从 0 到 50 的猜测同样展示了市场难以捉摸的一面。这部分参赛者有可能想到了 33 这一层，有可能想到了 22 这一层，也有部分投资者想到了纳什均衡的同时还想到了别人想不到，因此，他们多半会根据自己的信念来调高自己的答案。

---

① 这个有趣的游戏最初是由巴塞罗那庞培法布拉大学的德国经济学家 Rosemarie Nagel 进行的实验研究。

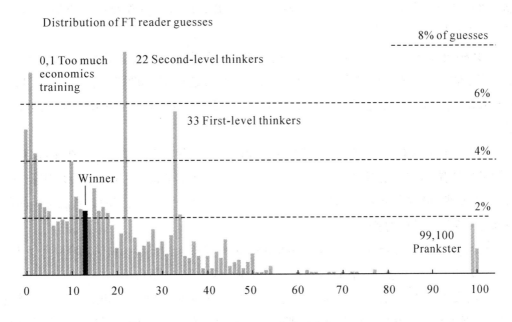

图 1.1 猜数字比赛猜测分布

Thaler 的这次实验明确地向我们展示了为什么市场当下的价格极有可能不是"正确"的,但遗憾的是,实验也同时向我们展示了预测这种"不正确"程度的艰难——我们几乎永远无法知道不同参赛者间确切的比例,正如我们无法去衡量市场中各式各样的投资者。而更让人头疼的是,猜数字游戏中各个参赛者的思考过程都是独立的、静态的。而在各类新闻和观点漫天飞舞的市场中,所有人的观点和思路无时无刻不处于动态的熔炼中——事后你总是可以为任何结果找到合理的解释,因为市场参与者总是在关注层出不穷的新闻和交易逻辑。但是,想要真正理解市场博弈的过程,作出统计显著的预测,几乎是不可能完成的任务。

1.7 案例和应用:老虎基金

如今我们一说到选股大师,最先想到的就是股神巴菲特。但早在 20 世纪 80 年代,整个投资界最耀眼的明星不止巴菲特一个,还有被称作"对冲基金教父"的 Julian Robertson。许多基金从业人员都认为,如果不是因为 Robertson 老虎基金在 1980 年取得巨大的成功,那么对冲基金行业在美国绝对不可能是现在我们看到的规模。

Robertson 从北卡罗来纳大学毕业后在美国海军(US Navy)担任军官,后来成为基德皮博迪(Kidder Peabody)的股票经纪人。他旗下管理的就是曾经大名鼎鼎的老虎基金。这只基金的战绩如何呢？来看 2000 年 3 月，Robertson 给投资者的股东信里，第一段是怎么写的。

"1980 年 5 月，Thrope Makenzie 和我以 880 万美元的资本成立了老虎基金。18 年后，当年的 880 万美元已经增长为 210 亿美元，增幅超过 259 000%。整个期间，基金持有人在扣除所有费用之后，所获得的年回报率高达 31.7%。没有人比我们的成绩更好。"

我们一起来倒抽一口凉气，在绝对的业绩面前任何营销都是多余的。在接近 20 年时间里扣除费用的年化回报率达 31.7%，任何一个基金经理都明白这是个什么概念——"没有人比我们的成绩更好"这句话可不是自吹自擂，而是完全真实的，老虎基金的业绩领先同期所有其他的基金。

奈何造化弄人，这封股东信成为 Robertson 发给投资人的最后一封信。2000 年 5 月，他被迫关闭了老虎基金，一代传奇如烟花般在绚烂中消弭于无形。

当时发生了什么呢？事后我们都知道，美股从 1998 年、1999 年开始刮起了"科技旋风"。那个时候最热门的就是互联网股票，但是那时候的互联网公司没有一个是盈利的，大多数都是噱头，光靠炒概念，股价就能翻好几倍。

在这种环境下，Robertson 显然认为市场的泡沫太大了。于是，他开始做空科技股。但在当时那个市场环境下，再烂的公司股价也是飞涨，整个市场毫无理性可言。

结果由于做空这些股票，老虎基金损失惨重。不仅如此，由于当时所有人都在疯狂追涨科技公司，很多资金从传统经济流向了互联网领域，连传统的价值股也受到了很大的冲击。比如，老虎基金重仓持有的美国航空，12 个月跌了接近一半。

此后，正如我们谈到的来自非理性投资者的噪声风险，当市场疯狂地在泡沫中攫取收益时，Robertson 也无法对抗这股大潮。为了稳定投资者，老虎基金在 1999 年第四季度开始追入高科技股份，先后大力买入英特尔、戴尔电脑等。不想运气也不站在他这边，高位接盘没有多久，市场泡沫开始大面积破碎。

等到 2000 年 2 月底，老虎基金已经跌得不成样子。而基金越跌，投资者也越拼命地赎回。结果仅仅一年多时间，老虎基金管理的资产就从巅峰的 230 亿美元狂跌到 65 亿美元。到了 3 月，Robertson 彻底扛不住了，由于严重亏损，老虎基金已经无法提供足够的利润来维持营运开支和雇员薪酬，Robertson 干脆关闭了基金。

最令人唏嘘的是，老虎基金是在 2000 年 3 月 30 日正式关闭的。而 20 天前纳斯达克指数刚刚创下了历史新高，结果仅仅到了 4 月，整个市场就开始暴跌，一个月就跌了 15%，接下来两年跌了快 80%。

想想如果 Robertson 没有那么敏锐和坚定，做空的时间稍微晚一点，那么他的回报是难以想象的。虽然他的判断是对的，但就是倒在了黎明之前。正如我们本节之前的分析，作为一个坚定的套利者，他没能获得足够的时间等到自己赢得奖励。叱咤风云、显赫一时的 Robertson 在关门之后曾愤愤表示以后不再为他人赢钱，并考虑坐下来写财经类小说。他心头的唏嘘和不甘，可见一斑。

在之后的各类报道和分析中，老虎基金的失败常常被归结为是 Robertson 的独断专行造成的，批评他太执着于自己的投资哲学。这样的评价是否真的合适呢？我们可能永远都不能获得定论。但我们能确定的是"独断专行"和"守得云开见月明"之间只有一条模糊莫测的界限，这条界限的名字叫做成败。

如今，老虎基金已经不复存在，但 Robertson 极富影响力的交易哲学却以他所谓的"老虎幼仔"（tiger cubs）的形式延续了下来。他开始为一些年轻的基金经理提供启动资金，帮助他们建立新的基金，并继续充当他们的导师。两个最著名的幼虎种子包括 Chase Coleman 的 TigerGlobal Management（2007 年该基金的 7 年平均回报率超过 43%）和 Bill Hwang 的 Tiger Asia。此外，对冲基金投资组合复制器 Alphaclone 甚至创建了一个老虎幼仔克隆投资组合，通过克隆所有老虎幼仔对冲基金的头寸，在 2000 年至 2008 年期间平均比标准普尔 500 指数高出 15%。

1.8 系统 1 和系统 2

传统的经济学框架中，人的非理性行为是因为他们没有进行理性的思考。这其实暗含了一个容易被忽视的假设，即人有了理性的思考就会有理性的行为。然而，本书的许多案例都指明这个假设不成立，我们的偏好跟我们的利益最大化在现实中常常就是不一致的。事实是，人完全可能偏离最优化的决策，同时也清晰地意识到这一点。换言之，要做到知行合一是很困难的，知易行难这种普遍的经验反而在经济学理论中被忽视了。

为什么认知和行为可能是分立的呢？目前我们尚无法给出确切的解释。不过心理学界一直对大脑存在两套思维模式的说法保持着热烈的讨论。心理学家 Keith Stanovich 和 Richard West 首先把人类的思维模式分为两个系统，即系统 1 和系统 2。系统 1 可以自主无意识运作，省时省心；而系统 2 需要你对复杂的信息做出关注和处理，并且进行理性的分析或者干预。系统 1 负责产生直觉印象，做出快速反应；系统 2 则负责抑制系统 1 产生的各种冲动以达到更好的自我控制。Kahneman 在他那本广为人知的著作《思考，快与慢》中将这个理论广泛地应用到了对于人类经济行为的描述中。在他看来，系统 1 容易受到成见和习惯的影响，因为成见和习惯的参与是决策迅速的必然代价。而系统 2 的过程则始终需要注意力的参与，而长时间集中注意力是一件痛苦的事情，换言之，系统 2 的工作需要付出持之以恒的努力，而这个过程常常让人不愉悦。但是系统 2 的优势是深思熟虑，能够给出比系统 1 更谨慎和更有远见的决策，因此它对于解决复杂问题的通用性和可靠性都更强。从进化的角度看，系统 1 和系统 2 的分工绝非偶然。通常情况下，系统 1 很善于在熟悉的场景中采取适当的反应，所做出的短期预测也基本准确。例如，辨认朋友的表情和声音，判断迎面而来的篮球会不会砸到自己，看到乌云密布就要去拿伞等。在遇到突发状况时，系统 1 的处置也是迅捷且恰当的。例如，几滴热油溅到脸上之后人会本能地迅速回缩，路遇蟑螂一脚踩扁，路遇猛虎拔腿就跑。但是，我们的生活中不仅仅存在熟悉的环境和简单的因果，有些需要深度分析的状况会让系统 1 的运行变得不合时宜，这个时候就需要系统 2 的介入和支持。例如，预言哪个国家将夺得本届世界杯冠军？$11 \times 13 = ?$ 是好的经济制度带来经济发展，还是经济发展催生好的经济制度？这类问题系统 1 就无法给出答案。另外，当背离常识的事情出现，系统 2 也会被激活，你的注意力也会随之暴涨。例如，路边一只蟑螂有水牛那么大，一只老虎却喵呜喵呜在向你摇尾巴。这个时候系统 1 就崩溃了，表示受不了了，需要系统 2 来捋一捋。

总体而言，系统 1 和系统 2 是一个典型的成本和效率相互平衡的协同模式。

在大部分情况下这是代价最小、效果最好的解决方案。然而，由于系统 1 存在的诸多"预案"，这一系统容易在一些需要系统 2 介入的情况下"冲动"决断，系统性的错误也就随之产生了。

图 1.2 是著名的穆勒莱耶错觉。这幅图看起来平平无奇，只有两条平行的线段和线段两端朝向不同方向的箭头。你认为图中上下两条平行的直线哪个更长？我可以肯定，你的眼睛会告诉你应该是上方那根，它显得很自信，对不对？然而，如果仔细对照，你会发现两条线是一样长的。穆勒莱耶错觉清晰地展示了系统 1 在视觉认知层面的轻率。因为，即使你在用尺子量过之后，你知道这两根线段等长，但当你再次看到这样两根线段时，系统 1 依然坚持认为上方的线段要长一点点。即你处于这样一种状态：你的眼睛一扫觉得这分明就是一长一短的两根线段；而你的系统 2 却告诉你，我知道这其实是等长的，我手里的尺子也能证明这一点。接下来，当有人再问你这两根线段长度的时候，为了展示你的睿智，你会告诉别人这是等长的两根线段。但即便如此，你的感觉仍然还是那种感觉，没有改变。你感受到了一种拧巴，你无法关闭系统 1，它依然喋喋不休地在聒噪："就是上方的线段更长！"因此，我们的直觉思维所导致的错误是无可避免的。因为直觉就是建立在成见的基础上的。更为不幸的是，在更为复杂的经济世界，我们无从找到那把给理性一个清晰凭据的尺子，系统 2 可能对系统 1 的轻率将信将疑甚至毫无察觉。

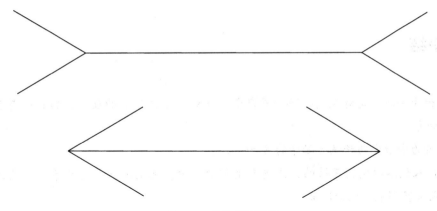

图 1.2 穆勒莱耶错觉

错觉不仅存在于视觉上，在许多认知推定的过程中同样如此。听不懂的术语和公式总是让我们"不明觉厉"；衣着整齐的销售代表常常给人专业可靠之感；长发蓄须的造型师看起来就是品位不凡——在这些几乎是自主产生的印象中，系统 1 是当之无愧的主角。在我行为金融学的授课生涯中，我常常感到，即使同学们对于类似的问题有了经验和自省，希望系统 2 在他们日后的生活中能够恰当介入并且进行强有力的调控也是希望渺茫。因为凡事都保持高度的自我质疑并不是一个具有感召力的生活方式，相反，解放身心来一场"说走就走的旅行"在社交媒体上倒总是一副酷酷的样子。

从进化的角度来看，双系统的决策模式被视为人类对抗生存压力时脑部物理特征演化之后的结果。而当今我们在经济世界判断的失调和错配的根本原因在于人类社会的改变速度远远快于基因演化赋予我们的在生理上做出必要调整的速度，这加剧了系统 1 在复杂环境中的认知不适应。例如，大脑的边缘结构通常与冲动的情绪反应有关，这在一个即时奖励很重要的世界中是合适的。在原始人生活的环境中，基本资源稀缺、食物保存不易、随时可能遇到豺狼虎豹和悬崖峭壁，那么吃饱喝足、及时行乐无疑受到系统 1 的直接鼓励，系统 2 几乎没有话语权，因为在那个时候考虑饮食均衡或者忧国忧民完全无法带来任何的收益。但在现代生活中，人们生活质量的大幅提高放大了暴饮暴食或者胸无大志带来的劣势，这就跟还来不及调整的系统 1 产生了冲突。

最后，需要指出的是，尽管这些听起来顺滑自然，但系统 1 和系统 2 都是人为杜撰出来的概念，它们并不是标准意义上的实体，也不对应解剖学中任何的大脑区域。我们这样划分仅仅是因为这么做可以方便地帮助我们进行描述，从而有利于我们形象地理解直觉和理性思考的错配。

本章小结

1. 行为金融学是对现代经济学或者金融学的一系列诚挚的反思，其目的是获得更好的解释力。

2. 行为金融学与传统金融学的 3 个区别：

（a）人们不以完全理性的方式更新他们的信念，他们不能总是基于概率论或者贝叶斯法则来获得最优化的决策。

（b）探索了更符合直觉的关于个人偏好的假设。

（c）尊重人在认知和计算层面存在的限制，即人们不太可能接受并立即处理所有与他们财务状况相关的信息。

3. 传统金融学令人不满意的 3 个原因：

（a）现实中人们的决策并不符合经济学、金融学假定人们的行为符合约束下的最优解。

（b）人们的行动无法在宏观上达成一致，抵达所谓的"均衡"。

（c）经济学模型很难反映出一些我们习以为常的人性。

4. 套利面临的 3 个风险：（a）基本面风险；（b）噪音交易者风险；（c）交易成本。

5. 动物精神（情绪）是导致股票市场不确定的重要原因，专业人士更可能利用非理性繁荣获利，而非充当价格纠正者的角色。

6. 人类的思维模式分为系统 1 和系统 2，系统 1 负责产生直觉印象，做出快速反应，系统 2 则对复杂的信息做出关注和处理，并且进行理性的分析或者干预。

7. 系统 1 在当今复杂社会环境中认知的不适应是导致我们在经济生活中判断失调和错配的重要原因。

问题与讨论

1. 相比传统金融学研究，行为金融学有哪些特点？

2. 解释概念：经济人和智人。

3. 列举实际投资中套利面临的限制。

4. 生活中有很多"彩民"，他们认为自己购买彩票很有一套，并热衷于研究彩票中奖规律。你认为彩票中奖有规律可循吗？你是否赞同他们的"逻辑"？在网上的论坛，我们经常看到一些"股神"，他们偏爱短期交易，收益率惊人。你认为短期市场可以预测吗？你是否赞同他们的"逻辑"？

5. 试着举例并利用 Kahneman 的双系统概念来分析实际生活中遇到的认知和直觉
行为。

参考文献

[1] BARBERIS N. Psychology-based models of asset prices and trading volume [J]. Social Science Electronic Publishing, 2018.

[2] YAN H. Natural selection in financial markets: Does it work? [J]. Management Science, 2008, 54 (11): 1935-1950.

[3] FROOT K A, DABORA E M. How are stock prices affected by the location of trade? [J]. Journal of Financial Economics, 1999, 53 (2): 189-216.

[4] MITCHELL M, STAFFORD P E. Limited arbitrage in equity markets [J]. Journal of Finance, 2002, 57 (2): 551-584.

[5] LAMONT O A, THALER R H. Can the market add and subtract? Mispricing in tech stock carve-outs [J]. Journal of Political Economy, 2003, 111 (2): 227-268.

[6] GUREL H E. Price and volume effects associated with changes in the s&p 500 list: new evidence for the existence of price pressures [J]. Journal of Finance, 1986, 41 (4): 815-829.

第二章 偏好：人无时无刻不活在比较中

□ 锚定效应　　　　　　　　□ 前景理论、金融市场和投资者决策

□ 禀赋效应与沉没成本　　　□ 模糊厌恶

□ 前景理论

　　任何试图理解和分析资产价格波动或投资者交易行为的模型，都必须假设投资者具有何种偏好，或投资者如何评估交易带来的潜在的收益和损失。在传统的金融理论中，绝大多数模型都假定投资者根据期望效用框架来评估赌博。这一理论的动机可以追溯到 Von Neumann 和 Morgenstern[1]。期望效用函数在满足了几个重要的假定之后规定，人们会使用一种同质化的决策框架来得到最优化的行为指导。由于这个指导是最优化的，常常也是唯一的，为预测人们的行为提供了一个有力的出发点。不幸的是，在这之后几十年的实验研究表明，人们在进行金融决策时系统性地违反了期望效用理论。

　　为了应对这一问题，有关非期望效用理论的研究出现了爆炸式增长，这些理论的核心目的只有一个，那就是更好地匹配从实验和市场中观测到的投资者的选择和行为。在所有的非期望效用理论中，前景理论可能是最有"前景"的应用理论，在接下来的章节中，我们将首先对此进行详细的介绍。我们关注这个理论的原因很简单，因为它最成功地在直觉上捕捉到了实验和现实观测的结果。但前景理论并没有作为一种规范理论被提出，它也不具有成为新的公理所需要的那种数学完备性。相反，它是描述性的，它只是尽可能地捕捉人们面临风险决策时的真实倾向。事实上，这种尊重个体异质性的特征指引了整个行为金融学的发展——时至今日，我们已经掌握的大量证据表明许多偏好和认知局限在特定的环境下系统性地存在。理性的"优化"逻辑很难对描述人们决策的有效性提供太多帮助。正如 Tversky 等[2]指出的，现代风险决策理论不是从对风险和价

值的心理分析出发，而是从对机会博弈的逻辑分析出发——由此衍生的理论仅仅是在描述一个架空的、理想化的决策者应有的行为规范，而不是针对一个真实的人的行为的描述。

2.1 锚定效应

在开始本节内容前，我们先来看这样一个实验。

> **实验**
>
> 问题 1：
>
> 　　猜一猜，联合国组织中，非洲国家的数量是否大于 10？你认为在联合国组织中，非洲国家的数量占比约为多少？
>
> 问题 2：
>
> 　　猜一猜，联合国组织中，非洲国家的数量是否大于 65？你认为在联合国组织中，非洲国家的数量占比约为多少？

在问题 1 的情景下，你会如何作答？在问题 2 的情景下，你对非洲国家数量占比的估计会和问题 1 中不同吗？

Amos Tversky 和 Daniel Kahneman 曾经做了同样的实验[3]：在回答问题前，学生需要先转动一次轮盘。游戏中的轮盘是事先设计好的，虽然轮盘上标记了 0 ~ 100 的数字，但转动后只会停在 "10" 和 "65" 两个数字上。参与实验的学生不了解这一情况，他们转动轮盘后，如果转到 "10"，则回答问题 1，如果转到 "65"，则回答问题 2。

实验结果表明，在分别参与游戏 1 和游戏 2 的两组学生中，对于非洲国家占比的估计有明显的差异：第 1 组的平均估计为 25%，第 2 组则为 45%。

人们对未知事物的数量进行估计前，会先产生一个初始判断，就像抛下一个锚一样①，而之后对事物的估计会非常靠近这个锚所标记的数量，我们将这样的现象称为锚定效应（anchoring effect）。

在现实生活中，锚定效应无处不在，如日常购物的讨价还价中，我们的判断会受卖家抛出的初始价格所影响。又如我们在购置房产的时候，会以所在小区近期的均价作为锚点，根据户型、采光等进行对比来产生心理价位。甚至在网购付款的时候，我们也会以网贷平台给出的 "可用额度" 作为锚点，评估自己的消费能力。

锚定效应对人判断的影响是普遍的，即使是在自己专业的领域。在一项关于房地产

---

　① 这一初始的判断，即抛锚的位置很可能是没有信息基础随意决定的。

投资的研究中[4]，投资者在进行估价前，获得了相同的信息，且都曾看到过报价，不同之处在于，一部分人看到的是较高的报价，另一部分人看到的是较低的报价。这些投资者既包括专业的房地产经纪，也包括业余投资者。结果表明，看到较高报价的投资者倾向于给出更高的估价，而看到较低报价的投资者倾向于给出更低的估价。即不论是专业房地产经纪还是业余投资者都受到了锚定效应的影响，但有趣的是，业余投资者更愿意承认他们受到了影响，而专业房地产经纪却往往不愿承认。

2.1.1 锚定效应的作用机制

锚定效应是从何而来，又怎样左右我们的判断的呢？试想一下你刚从高速公路驶入城市道路的情形——你刚刚结束了飞驰，尽管你是一位遵守交通法规的好市民，尽管你在尽量控制城市道路的行驶速度，但如果稍不留神，还是会超速行驶。寒冷的冬天，你的手冻到冰凉，所以即使把手泡在温水中，也会感到非常强烈的暖意。亲戚家的小孩子在大声外放音乐，妈妈告诉他把音量调低，尽管孩子很听话，但是似乎仍然没能将音量调整到足够低。

Tversky 认为，锚定效应的发生，是伴随着"锚定–调整"这一启发式的过程进行的。面对未知的数量，人们始于某个锚点，然后基于这个锚点进行调整并给出估计。而这样的调整往往在估计开始变得模糊时停止，这时人们不再确信是否还需要进行这样的调整。

Tversky 和 Kahneman 做了这样一个实验[3]：

实验

游戏 1：

5 秒钟内估计下面这 8 个数字的乘积：

$$1 \times 2 \times 3 \times 4 \times 5 \times 6 \times 7 \times 8$$

游戏 2：

5 秒钟内估计下面这 8 个数字的乘积：

$$8 \times 7 \times 6 \times 5 \times 4 \times 3 \times 2 \times 1$$

参与实验的学生被分成了两组，他们分别来玩游戏 1 和 游戏 2。对大多数人来说，5 秒钟的时间是不够完成计算的，仅能够大概估计乘积。实验结果显示，平均而言，参与游戏 1 的学生给出的估计约为 512，而参与游戏 2 的学生的平均估计约为 2 250。尽管两组人的平均估计都远低于正确答案 40 320，但明显参与游戏 1 的学生给出的估计相对更低。

锚定效应给出的解释是，对于第一组同学，他们看到的算式是以数字 1、2……为首的，即在估计乘积之前，学生的初始判断锚定在了较小的数字上；而第二组同学看到的算式则是以数字 8、7……为首的，即在估计乘积之前，学生的初始判断锚定在了更大的数字上。所以，相比而言，第一组同学的判断受到了更小数字的影响，进而给出了更小的估计，而第二组同学的判断受到了较大数字的影响，进而给出了更大的估计。

但总的来说，两组学生的判断都受到了锚定效应的影响，所以所给出的估计都远远低于正确答案，这反映出人们的判断是围绕锚定点进行调整的，而这种调整是不充分的，即调整不足（insufficient adjustment）。这样的调整是有意识的。

在前面的例子中，刚从高速公路驶入城市道路的驾驶员、冬天双手冻僵的人、大声外放音乐的孩子，他们都不同程度地受到了锚定效应的影响，且主动地进行了调整，但都调整不足，所以对相应的估计内容，即车速、温度和音量产生了有偏差的估计。

我们再来玩这样一个画线的游戏：分别拿两张 A4 纸，不借助刻度尺，在第一张纸上从上沿往下画一条直线，直到距离下沿大概 5 厘米的位置为止；而在第二张纸上，从下沿向上画线，画出大概 5 厘米的长度为止。比较一下第一张纸下端空出的长度和第二张纸画线的长度，即在两张纸上你对"5 厘米"的估计是否存在偏差？如图 2.1 所示，一项研究结果表明[5]：人们在第一张纸上对"5 厘米"的长度估计往往要大于在第二张纸上的①。

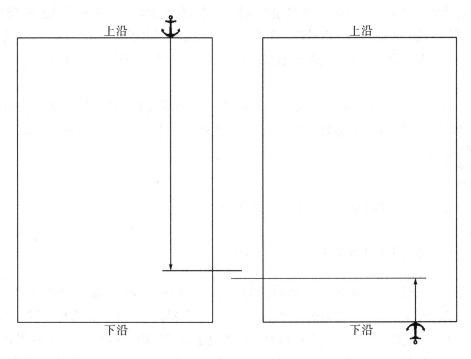

图 2.1 画线游戏

---

① 论文中的实验是以"英寸"为单位的，为了方便操作，这里将长度替换成了"5 厘米"。

　　我们在两张纸上对"5厘米"的估计存在的偏差，也同样反映了锚定效应。一般来说，我们对于"5厘米"的估计是不够精确的，这个长度对我们而言是陌生的，是一个模糊的范围。在第一张纸上，从上沿开始画线，我们初始地将锚"抛"在了A4纸的上沿，尽管在从上往下画线的过程中，我们的大脑一直在尝试调整，但最终停在了心中"模糊范围"的靠上的位置。类似地，在第二张纸上，我们将锚定在了下沿，而最终我们的画线停在了心中"模糊范围"的靠下的位置。这也就解释了为什么，我们在两张纸上会产生高低不一的估计。

　　锚定效应并非仅仅通过"锚定-调整"这一种心理学过程产生。与Tversky看法不同，Kahneman认为，"调整"是一种有意识的行为，而在很多锚定效应发生的场景，人们未必拥有相应的经验。例如本章开头的问题，你对于联合国组织中非洲国家的比例的判断是否受到了"10"或"65"的影响呢？也许你不这么认为，但这个数字的影响的确存在。当你读到该组的第一个问题的时候，或低或高的数字及其联想已经自然而然地在你的心里产生。再到回答该组第二个问题的时候，你的意识中与此问题相关的数字和联想被唤醒，联合国组织—非洲—刚才的数字，这一链条的检索是更易得的，因而会对你的判断产生影响。Kahneman将这样的作用机制归结为启动效应。

　　启动效应（priming effect）指的是当人们受到某种刺激后，会无意识地影响到对后续刺激的反应。例如，当我们看到一个词"金融"后，再出现"文学""经济""地理"等词汇时，与"金融"相关的联想被激活，所以"经济"一词往往是被第一时间注意到的。

　　心理学家Thomas Mussweiler和Fritz Strack通过一项实验证明了锚定过程中体现的启动效应[6]。实验参与者被划分为两组，第一组回答问题1，第二组回答问题2。

> **实验**
>
> 问题1：
> 　　德国年均气温是否超过了18℃（65℉）？
> 问题2：
> 　　德国年均气温是否超过了4℃（40℉）？

　　答题结束后，所有人共同参与词汇判断任务（lexical decision task）。词汇内容包括几类，夏天相关的词汇，如温暖、游泳、海滩；冬天相关的词汇，如寒冷、雪、霜冻；中性词汇，如吃饭、散步、老虎；以及一些随机字母组成的"词汇"。实验结果表明，第一组的人更倾向于认出夏天相关的词汇，而第二组的人更倾向于认出冬天相关的词汇。

　　对于第一组人，较高的温度值使得他们脑海中关于高温的联想被激活，而第二组人脑海中关于低温的联想则受低温数字的影响被激活，因而在词汇判断任务中，体现出了基于不同锚点的锚定效应。

2.1.2　锚定效应的度量

尽管我们已经了解到锚定效应无处不在，但究竟人们在某个场景下会呈现出多大程度的锚定效应呢？ Karen Jacowitz 和 Kahneman 提出了一种量化锚定效应的方法[7]。首先，与我们检验锚定效应是否存在的过程类似，学生被分成了两组，每组学生需要分别回答一份问卷。

> **实验**
>
> 问卷 1：
>
>   你认为最高的红杉树是否能超过 1 200 英尺（1 英尺 = 0.304 8 米）？
>
>   你认为最高的红杉树的高度最有可能是多少英尺？
>
> 问卷 2：
>
>   你认为最高的红杉树是否能超过 180 英尺？
>
>   你认为最高的红杉树的高度最有可能是多少英尺？

根据锚定效应，我们不难猜测，回答问卷 1 的同学所给出的平均估计是会更高的。问卷结果显示，参与问卷 1 的同学给出的平均估计为 844 英尺，而另一组给出的平均估计为 282 英尺，差距非常明显，且较高组与较低组的估计之差为 562 英尺。我们定义较高的锚点为 A_H，较低的锚点为 A_L，高锚点组对应的平均估计为 E_H，低锚点组对应的平均估计为 E_L，则平均的锚定效应指数（anchoring index）为高、低锚点组估计之差与高、低锚点之差的比例：

$$AI = \frac{E_H - E_L}{A_H - A_L}$$

在这个问题中，A_H = 1 200，A_L = 180，E_H = 844，E_H = 282。那么，对于红杉树的判断，学生们体现出的锚定效应指数为：

$$AI = \frac{844 - 282}{1\ 200 - 180} = 55.1\%$$

特别地，当人们完全不受锚点影响时，高锚点组的估计值等于低锚点组的估计值，即体现不出存在锚定效应，AI = 0；当人们完全受到锚点影响时，给出的估计恰好等于锚点，AI = 100%。

2.1.3　锚定效应与金融市场

在金融市场中，锚定效应也是普遍存在的。例如，市场价格作为全部金融市场参与者的共同估价，是非常常见的锚点。我们都难免锚定在市场价格上，这其中有合理的部分，但如果这个锚点价格已经背离了基本面呢？20 世纪末的互联网泡沫似乎可以警示我们，市场参与者都锚定在市场价格上，是十分危险的。因为在当时，并非所有人都抱着"击鼓传花"的博傻心理[①]（greater fool），有相当一部分人对于虚高的价格有着自己的"解释"，如互联网的时代来临了，计算机与互联网技术的进步可以提高效率并且带来持续的高盈利。

> **思考**
>
> 时下常见的虚拟货币价格，是否背离了其基本面价值？

"锚定-调整"的过程是符合人类认知习惯的，但这样的思维方式也同样暗藏危机。锚定于历史数据，会使得我们习惯于相信通过历史预测未来（extrapolation），而忽视调整不足带来的隐患，这就带来了信念粘性（sticky belief）。关于这些认知偏误的详细内容，将在"认知偏误：生物学算法的错配"这一章节中进一步展开。

2.2 禀赋效应与沉没成本

2.2.1 禀赋效应

Rosett 教授是一位芝加哥大学的经济学教授，是一位坚定的传统经济学理论的支持者。Rosett 教授同时也是一位葡萄酒收藏家。在他的窖藏中，有一批曾以 \$10 购入的葡萄酒，其当时（1975 年）的市值就已经超过 \$100。Rosett 教授表示，他会在一些特别的场合开一瓶来喝，但他不会再以 \$100 的价格买入新的同款葡萄酒，同时他也不会以 \$100 的价格卖给葡萄酒商人。

这种想法就很违背理性了：如果 Rosett 教授选择留着自己喝，而不以 \$100 的价格卖出，那么在他看来，喝一瓶珍藏多年的葡萄酒的价值是大于 \$100 的。那既然如此，既然喝酒是更舒适的，那为什么他不愿意以相同的市价再次买入同款的葡萄酒[②]呢？作为经济学家，Rosett 教授自己也意识到了自己的非理性行为，但他也无法控制自己的这种行为。

Richard Thaler 将这种对于自己拥有过的商品赋予更高价值的现象归结为禀赋效应（endowment effect）。在这个故事中，Rosett 教授曾经拥有了这批葡萄酒，且心中对这些酒赋予了更高的价值，因此，不愿意以市价 \$100 去出售。而对于没有拥有过的同款葡

---

① 尽管你已经感受到了价格是不合理的，但你依旧以不合理的价格买入，因为你认为还有"更傻"的买家出现，在今后以更不合理的价格卖出。

② 这里的同款葡萄酒指的是，同一年出产且经历了同样年份窖藏的葡萄酒。

萄酒，在他的心中并没有那么高的价值，甚至还不到现在的市价，所以 Rosett 教授也不愿意以市价 $100 来购买更多相同的葡萄酒。

根据类似的想法，学者们展开了越来越多的有关禀赋效应以及其他风险决策行为的实验，其中较为典型的一个是由 Daniel Kahneman、Jack Knetsch 和 Richard Thaler 共同完成的[8]。

实验

参与实验的学生被随机分为三组：消费者、选择者和销售者。其中，销售者手中拥有马克杯（市值约为 $6）作为商品出售并给出能接受的最低售价（willingness to accept，WTA），消费者需要拿自己的现金来购买商品并给出能接受的最高买价（willingness to pay，WTP），而选择者则可以选择收到现金或者马克杯中的一个，并给出心中的无差异价格（equivalent gain，EG），即收到多少现金时，他们收到现金和马克杯的满足程度恰好是相同的。

实验结果如下，在三组受试者中，给出价格的中位数分别为：

销售者：$7.12

选择者：$3.12

消费者：$2.87

可以看到，相比不曾拥有马克杯的群体——选择者和消费者，销售者对马克杯赋予的价格明显更高，即 WTA 与 EG① 和 WTP 之间存在显著差距。这一现象是无法通过传统的经济学理论来解释的——在传统的经济学观点看来，当我们得到（失去）一个马克杯的时候，其给我们带来的效用增加（减少）应该是一样的，即 WTA = EG = WTP，但显然，这与实验结果不符②。

禀赋效应展示了 WTA 与 EG 和 WTP 之间的显著差距：对于销售者，他们曾经拥有过马克杯，所以心中会赋予更高的价格，而对于选择者和消费者，他们不曾拥有过马克杯，所以马克杯在他们心中的价格更低。传统的理论只关注了禀赋的状态，但没有关注产生这一状态的过程。

三组学生为何会给出不同的价格？我们可以试着用禀赋理论中的要素来解释，即他们选择了不同的参考点。为了方便讨论，我们这里假设参与实验前，所有学生都持有相同的禀赋 c。对于选择者，他们的禀赋没有发生改变，所以参考点是 c，即不论选择获得马克杯，还是效用相同的现金，对他们来说都是一种收益。基于两者效用的无差异，下面的分析中，将马克杯"金钱化"为 EG。

---

① 在一些研究中，也称作 choice equivalent，记作 CE。
② 需要说明的是，实验中的受试者是被随机分组的，不可能恰好销售者组都是一群更加偏爱马克杯的人。

对于销售者，他们的禀赋是初始禀赋 c 加上马克杯的价格，也就是说，销售者的参考点是 $c+EG$，即出售马克杯，意味着损失。禀赋效应告诉我们，人们对于损失更为敏感，因此销售者需要更高的价格作为失去马克杯的补偿，即至少要满足 WTA > EG。非常有趣的是，实验结果表明，WTA 约为 EG 的两倍，这与禀赋理论中，典型的损失厌恶系数大致相当。

对于消费者，尽管其禀赋都是 c，但他们对损益的判断可能有两种情况。情况 1，消费者已经认定要拿出这部分钱来进行消费，只要价格在可接受的范围内。Nathan Novemsky 和 Kahneman 的一项研究中提到了意图（intension）的重要性[9]，即当人们对商品或金钱有明确的交易意图时，不会将它作为损失对待。购买者购买马克杯时，不再需要更多的收益来补偿对损失的敏感倾向，与选择者对于马克杯的态度相同，即 EG = WTP。

情况 2，消费者并没有类似的购物经历，也没有事先就准备好要消费，那么他们的参考点是 c，即购买马克杯，意味着损失金钱。出于对损失的敏感，消费者要求马克杯带来的价值要高于这笔现金 WTP，即 EG > WTP。

从实验结果来看，本实验是属于情况 1，消费者将花钱当作一种既定的选择。但在实际生活中，两种情况应当都会出现。比如，我们日常要花 20 元买菜，就更像情况 1 的情形。其实当你走到菜市场门口的时候，口袋中的 20 元钱已经不是你的了，而是相对应的菜品了，你的消费并非一种损失，内心不会寻求额外价值的补偿。

而当我们购买某件很陌生的商品时，更符合情况 2 的情形。比如，我们没有抱着特定的消费目的来逛街，看到一个马克杯，标价 20 元。同样的 20 元，此时的消费对我们来说会是一种金钱上的损失，因此我们要求商品的质量足够高才能弥补我们对损失的敏感倾向。

神经科学上的证据也证明了 WTA 与 WTP 之间存在差距[10]：相比收益，人们对于损失更为敏感。在出售商品时，人们大脑中关于痛苦和厌恶的部分会被激活。而在购买商品时，当价格比较低的时候，人们会体现出舒适；但当价格过高时，人们会将其当作是一种损失，痛苦和厌恶被激活。

2.2.2　对禀赋效应的一个解释：锚定效应

我们可以通过锚定效应来理解禀赋效应。Kahneman 等人的研究中，介绍了这样一个关于汽车保险的案例[8]。

> **实验**
>
> 新泽西州和宾夕法尼亚州都有两套汽车保险方案供驾驶员选择。
> 方案 1：价格便宜，但赔付条件严格。
> 方案 2：价格较贵，但赔付条件宽松。
> 新泽西州为驾驶员默认提供的是方案 1，而宾夕法尼亚州默认为驾驶员提供方案 2。现在可以改变保险方案，即新泽西州的驾驶员可以通过支付额外的费用来换取宽松的赔付条件，宾夕法尼亚州的驾驶员可以少花钱但要面对较为严格的赔付条件。
> 然而，新泽西州只有不到 23% 的驾驶员选择了改变方案，而在宾夕法尼亚州，有超过 53% 的驾驶员选择保留现有的保险方案。

两个方案之间选择的差异显然不是对保险方案本身的偏好。如果民众普遍喜欢方案 1，即表现为新泽西州只有不到 23% 的人愿意选择方案 2，那为什么在宾夕法尼亚州，又有超过 53% 的人喜欢方案 2 呢？反之，如果民众喜欢方案 2，那在新泽西州也不会只有这么少的人选择改变方案。

在这个案例中，人们表现出一种愿意维持现状，而不愿改变状态的倾向，我们把这样的倾向叫作安于现状偏差（status quo bias）。而安于现状偏差的背后正是对于现状的锚定，并且调整有所不足，即锚定效应。在实验中，新泽西州的驾驶员锚定在了方案 1 上，而宾夕法尼亚州的驾驶员锚定在了方案 2 上，人们的心理调整不足或者选择存在一定程度的粘性，因此不愿意考虑新的方案。

如同本章开头的葡萄酒的故事，Rosett 教授面对同质的葡萄酒，既没有打算购买更多，也不打算卖出现有的窖藏，而是安于持有当前葡萄酒的现状，这也体现出一种调整不足，出于认知的成本，不愿接受新状态的倾向。

2.2.3 商人的禀赋效应

然而禀赋效应并非总是存在的。比如，我有两张 50 元钞票，来和你换一张 100 元钞票。你会认为你的 100 元比我的两张 50 元更有价值吗？此时，我们还能看到禀赋效应的存在吗？答案当然是否定的。我们交易的双方，都不会感受到损失厌恶，也都没有觉得自己手中同面值的钞票会更有价值。这是为什么呢？

List John 的一项实验中，也出现了类似的现象[11]。这是一项在棒球卡片交流会展开的实验，受试者包括非常有交易经验的商人和没有任何交易经验的普通人。

将价值相同，均为 $6 的马克杯和巧克力棒随机分发给受试者。这样，根据持有的禀赋，就天然形成了四个分组——仅仅拥有马克杯的人、仅仅拥有巧克力棒的人、两者都拥有的人以及什么都没有分到的人。

现在通知受试者，仅拥有马克杯（巧克力棒）的人可以选择保留手中的马克杯（巧克力棒），或者与他人交换巧克力棒（马克杯）。而同时拥有马克杯、巧克力棒的人和两手空空的人必须通过交易，使得自己手中要么仅仅持有马克杯，要么仅仅持有巧克力棒。

实验结果如图 2.2 所示：横轴代表根据初始禀赋不同形成的分组，纵轴代表不同群组中在交易过程选择了马克杯的比例。浅色代表普通参与者，深色代表有丰富交易经验的商人。首先我们看到，对普通人来说，是可以体现出禀赋效应的。初始仅持有马克杯的人当中很少有人愿意再去换取巧克力棒，愿意的人仅占 19%。而仅持有巧克力棒的人中有超过 77%的人都愿意继续持有巧克力棒。作为对照，一无所有的人和同时拥有马克杯、巧克力棒的人，各有约 50%的人选择马克杯，这说明这个实验并非恰好选中了某群特别偏好马克杯或巧克力棒的人。

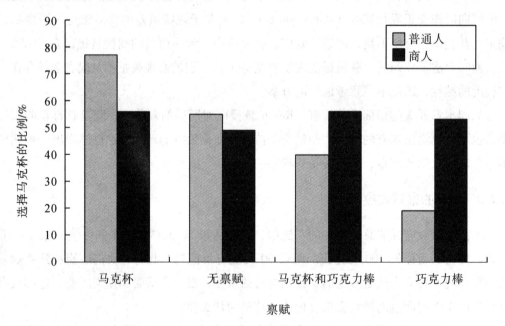

图2.2　交易中选择马克杯的比例[11]

有趣的是，对于那些富有交易经验的商人来说，禀赋效应似乎并不明显。四个组中，选择马克杯的比例大致都为 50%。根据 Novemsky 和 Kahneman 的研究[9]，用于交易的商品不会展示出损失厌恶。所以对于商人来说，他们手中的马克杯也好，巧克力棒也罢，都已经在心理上被视为了用于交易的商品。出售这样的商品，商人们不会产生损失厌恶，进而也不会体现禀赋效应。

2.2.4　沉没成本

想起曾经的一次远途旅行：一行人来到泰山脚下，准备连夜爬山，赶上明早的日出。但山上的天气发生了临时的变化，云雾与降水情况表明当时非常不适合游客爬山，连夜爬山更是伴随着不可估量的风险，但旅行团中的一位老哥表示："来都来了，上吧，能有啥事呢？"

幸运的是，他最终安全地从山上下来了。事后我问他，如果没有"来都来了"，而是看着天气预报，提前选择登山日期和时间，他还会冒着这样的风险去登山吗？他表示绝对不会再这样冒险。

我们将那些与当下和未来决策无关的、已经发生的费用称作沉没成本（sunk cost）。传统的"理性人"看来，在这次旅行的经历中，抵达泰山脚下前所耗费的时间和金钱已经发生，应当与是否连夜登山的决策无关，是一项沉没成本。但事实上，我们都是正常人，有时很难冷静、理智地进行决策。

不仅仅是远途旅行，我们在生活的方方面面都可能因为不忍放弃沉没成本，而蒙受更大的损失或是承担不必要的风险。"来都来了"，可能让已经支离破碎的婚姻关系勉强维持，可能让朝气蓬勃的职场新人在领导的"职场精神控制（PUA）"中蹉跎青春，可能让意气风发的研究生在已经失败的研究项目上无止境地"补救"，最终延迟毕业，错失寻找工作的最佳时机。

为什么我们难以摆脱沉没成本的思维？因为我们不愿意承认错误。承认错误意味着后悔过去所做的，而我们天生就会去规避那些让我们感到后悔的结果。

所幸的是，在充分了解沉没成本的概念后，人们可以在一定程度上减弱它所带来的负面影响。研究表明，学习了"沉没成本"这个概念的经济学和商科研究生更愿意放弃那些已经失败的研究项目，及时止损。[12]

2.3　前景理论

前景理论（prospect theory）最早是 1979 年由 Daniel Kahneman 和 Amos Tversky① 在 *Econometrica* 发表的一篇论文（Prospect Theory：An Analysis of Decision under Risk）中提出。这篇论文有两个划时代的贡献：首先，它在实验环境中给出了令人信服的证据，这

---

① Tversky 在 1996 年 6 月不幸去世，享年 59 岁；否则，他几乎将肯定跟 Kahneman 一同获奖。

些证据表明，人们会系统性地违背预期效用理论的预测。其次，论文还提出了一种新的整合的风险态度模型，该模型简洁而优雅地解释了为什么人会系统性地违反预期效用函数。多年过后，前景理论依然被广泛认为是人们在实验环境中评估风险的最佳描述，并逐渐成为行为金融学的核心理论。Kahneman 也因此获得了 2002 年诺贝尔经济学奖。在本节中，我们首先回顾构成前景理论的四个要素，然后再将它们作为一个整体来看看其是如何表达出一个更为真实的偏好的。虽然前景理论对人在感知风险和决策过程中的表现提出了很多更为符合直觉的洞见，但时至今日，应用这些洞见仍然具有挑战性。因为前景理论在实质上依然是一个描述性的理论，而很多定义在数学上是开放的。尽管如此，我们会在证据和案例的章节进一步了解到基于过去几十年实证积累的证据，即前景理论的一些见解的确能够解释广泛的市场现象和投资者行为。在正式给出前景理论的模型之前，我们首先在概念层面阐述它主要的四个构成要素，它们分别是参考点依赖、损失厌恶、敏感度递减和主观概率赋权。

2.3.1 参考点依赖

我们首先来说参考点。今天的历史书把哥白尼日心说描绘成先进的、科学的，把地心说描绘成落后的、不科学的，但其实这样的看法在科学上是不成立的。因为地心说和日心说都是基于特定时代把数学工具运用到极致的理性探索，它们唯一的区别是把谁看作静止不动的参照物。虽然宇宙本身不会因为观察者更换参照物而发生任何变化，但是观察者选择的参照物不同，画出的星图就必然是迥异的。

跟我们观测宇宙如出一辙，参考点的变化会导致人主观体验发生变化。换句话说，人们生成的体验或者说效用的产生从来都不是基于绝对的结果，而是把绝对的结果跟一个参考点进行比较。例如，当你年终奖拿了 10 万，正在开心，却突然发现隔壁桌摸鱼的同事竟然拿了 15 万，你心里能不起点波澜？从生理上讲我们的大脑就是这样设计的，神经递质的冲动与否就是看你在跟谁比。在无处不在的生存压力中，这样的机制帮助我们的祖先保持稳定的心态、昂扬的斗志，并且也让他们不至于大喜大悲、胡乱发挥。从结果来看，这的确带来了生存优势，因为"比较"最后就成了人性的主流。由于从比较中评估结果的行为根深蒂固，很多教材和学者也把这个倾向称为"参考点依赖"。

参考点的使用在前景理论中有着核心的地位。并且参考点的选取可以是非常灵活的，它可以是别人的收入、别人家孩子的考试分数，也可以是你的收入、你对孩子预期的考试分数。最为重要的是，不同的参考点会改变一个人偏好的顺序，带来不同的效用。这在很大程度上启发了商家，他们会去刻意做一些操控我们参考点的事情。从这个角度看，你就能理解日常生活中的一些常见的商业策略。比如，如图 2.3 所示，当你进入大型超市或者电商页面时，映入眼帘的除了琳琅满目的商品，还有琳琅满目的价签。特别醒目的是那些正在打折的商品，它们通常反复提醒你原价是多少、现价是多少、你可以省多少。这种促销策略非常简单，操作成本极低，但同时，它的普遍性证明了这种朴素的手段是极其有效的。很多时候，即使我们知道原价经过了商家的蓄意抬高，但是谁真的在乎呢？"满减""8.5 折""299/399"这类的话术足以唤起我们的冲动，敦促我们速速清空购物车。因为让你感到愉悦的不是省钱，而是让你觉得省钱了。

图 2.3 生活中无处不在的参考点

这种利用参考点的技巧在我们的社交中也是十分普遍的。比如，我们会刻意给亲朋好友制造惊喜。这就意味着我们认可一个规律，那就是得知一个好消息，事前不知道比事前知道更惊喜；而当我们想要告诉别人一个坏消息，我们反而要尽量避免给别人制造突然的惊吓。因为我们也认同，得知一个坏消息，有铺垫地告知比瞬间告知更容易被人接受。或许你会觉得，怎么这么啰嗦，这不很正常吗？没错，你越是觉得这个逻辑不言自明，越是说明参考点其实就是人类镌刻入心的决策机制。我们的体验和行为从来都不是客观独立的，但是一个信息包含的事实是独立的，它不会因为告知的方式或者比较对象的变化而变化。扪心自问，我们总是在有意无意地利用参考点来操纵自己或者别人的看法和感受。在很多时候这样的倾向是如此顺理成章，若非刻意反思，我们可能根本意识不到。按照 Kahneman 的名言，这样的反应就是启发式的（heuristics），是属于我们的"快系统"（fast system）。在后面的章节中，我们将通过丰富的实证证据来阐述参考点依赖这样的现象在金融和投资领域也是十分普遍的。

2.3.2 损失厌恶

还记得禀赋效应吗？Richard Thaler 在发现以禀赋效应为代表的一系列"非理性行为"时，曾经一度苦苦寻求禀赋效应的理论化描述，直到某一天他看到了提出前景理论的论文。如 Thaler 所说，"通读这篇论文我只花了 30 分钟，但它却永久地改变了我的一生"。因为之前被他津津乐道像是故事会一般信手拈来的"非理性行为"，恰好可以在前景理论，尤其是"损失厌恶"这个概念上得到很好的解释。

那么什么是损失厌恶呢？假设现在我有两种方式给你发一个苹果：一种是直接给你一个苹果；另一种是给你两个苹果，然后我当着你的面拿走一个。你更享受哪种方式呢？几乎所有人都会选择第一种。原因是显而易见的，因为第二种方式包含夺走我的东西，我是很不开心的。如同禀赋效应描述的那样，人的天性是许进不许出的。

损失厌恶描述了我们在风险决策中的一个底层偏好，即相同单位的收益带来的正效用是一定小于相同单位的损失带来的负效用。你也可以说我们对损失更敏感，相同的收益带来的快乐不足以抵消相同损失带来的忧愁。老话说人生不如意，十之八九，就是损失厌恶的体现。因为生活中的不如意，远远没有十之八九。你想想你五次洗完车，就有四次马上下雨；黑暗中你盲穿五次衣服，有四次都穿反；一周去五次食堂，有四次肉都卖完了，如果一直这样你早就崩溃了，对不对？其实没有那么多不如意，只是你对不如意很敏感，容易念念不忘。需要注意的是，损失厌恶与风险厌恶可以同时出现在一个人身上，甚至还是正向的关系，但是它们在概念上却又是完全不同的。风险厌恶的对象在于不确定性，而损失厌恶的对象仅仅针对可能出现的损失。你可以理解为，在一个可能出现亏损的风险决策中，决策者实际上既产生了对风险的厌恶，也产生了对预期出现损失的厌恶。这使得我们对风险的态度更加丰富和强烈。举一个量化的例子，考虑一下下面这两个风险决策（相信我，本书所有的例子都值得思考，你会发现很多乐趣）。

决策

> A. 50%获得 50 元以及 50%获得 150 元
>
> B. 50%获得 300 元以及 50%亏损 100 元

在 A 和 B 之间，你倾向于选择哪个呢？虽然它们的期望收益同是 100 元且都存在不确定性，但由于 B 选项存在损失的可能，因此它实际上给决策人带来了双重的厌恶。大量的问卷研究发现倾向于 B 的人是少数。由于风险厌恶和损失厌恶有着本质的不同，传统的、仅仅假设人具有风险厌恶的期望效用理论无法解释决策者损失厌恶的行为。根据哈佛大学行为经济学家 Matthew Rabin 早年著名的推导[13]，期望效用理论在面对一些特定的风险前景时，对人类的行为产生了荒唐的预测。例如，Matthew 指出，任何具有财富凹效用函数的个人，如果拒绝"50%的机会损失 100 美元，50%的机会获得 200 美元"的赌博，那么他也应该拒绝"50%的机会损失 200 美元，50%的机会赢得 20 000 美元"的赌博。但实际上，很多人可能会拒绝前一种，而几乎没有人相信自己会拒绝后一种。

另外，参考点依赖和损失厌恶的同时作用对于我们理解风险决策过程还有一个重要的启示：在面对不确定性的决策时，我们的偏好很可能出现路径依赖。如果一个人得到1 000 元，然后又失去 1 000 元；另一个人失去 1 000 元再得到 1 000 元，那么根据损失厌恶，他们会从收益中获得正效用，也会从损失中感到更大的负效用，所以效用的净变化是负的。但是，进一步问，你觉得这两个人会感受到同样的难过吗？你似乎很难认可这样的说法，因为你觉得后者可能要稍微好受一点。因为在你先损失了 1 000 元以后，你的参考点可能发生了变化，所以"失而复得"比起"得而复失"要显得更容易接受。

对于上述非常容易被我们认同的现象，传统的基于财富变化的效用理论是无法表达的。因为只要你的财富没有发生变化，我们就认为你个人的幸福感不会发生任何变化。进一步说，只要你的收益和损失相同，你就不应该感受到任何的负效用，并且你的具体效用跟收益和损失的发生顺序也是无关的，而这显然有悖于我们的生活体验，也不符合我们在金融市场中对于投资者的观测。

可以想见，当面对各种选择时，这种更真实的路径依赖会使得审视和预测人类风险决策的任务变得更加复杂。它预示着我们的风险偏好很可能是动态变化的。当一个经济学家尝试追踪和研究动态框架下的决策过程，无可避免地，他首先就需要去搜集关于个人经历的数据，这可能涉及一个人的交易记录、持仓记录、过去收益和损失的记录以及过去的宏观经济、消费、收入水平的数据等。然后，他还需要建模来规定这些数据是怎么被人感知和利用的。也就是，这些过去的"刺激"是基于何种认知的机制来改变参考点或者风险偏好系数的。最后，他还需要为这种机制给出令人信服的数学描述。毫无疑问，这项任务本身是艰巨的，具有很强的跨学科属性。

2.3.3 敏感度递减

我们知道，博彩公司通常有一个设定叫作"cash out"，为了方便对博彩不是很熟悉的读者，我们简单讲一下规则：假设你押注 10 元中国足球队可以战胜巴西足球队，赔率是 1∶500。也就是说，如果 90 分钟比赛结束，中国队气势如虹战胜了巴西队，那么你押注的 10 元会变成 5 000 元。那什么是 cash out 呢，就是在比赛还没有结束的时候，比如上半场的比分 3∶0 中国队领先，这个时候博彩公司已经意识到你建立起了巨大的优势，因为比起 0∶0，3∶0 的比分进入下半场，中国队获胜的概率就已经大幅提高了。为了控制巴西队真的输球给他们带来的损失，他们愿意给你一个额外的选项：关闭你的投注，并且按照 1∶350 的赔率给你兑付。很显然，在你看来，你对五星巴西还是有所忌惮的，足球比赛什么事情都可能发生，要不干脆赚 350 倍就撤了，这可是确定的收益啊。①

但是，假如你买的是巴西队战胜中国队，由于实力的悬殊，你放心地下注 1 000 元，赔率可能是 1∶0.1，也就是巴西队战胜中国队的话，你可以获利 100 元。由于上

---

① cash out 的赔率也是动态调整的，如果下半场开始，中国队继续进球，那么这个赔率会继续接近 1∶500；反之，如果中国队丢球，那么这个赔率就会下跌。

半场巴西队已经 0∶3 落后了，你在巴西队身上的投注就处于非常危险的境地。而这个时候博彩公司可能会为你提供追买的机会，比如只考虑下半场的比分，巴西队战胜中国队，赔率 1∶0.2。也就是说，如果下半场巴西队比中国队进更多球，那么 1 000 元的投注就可以获利 200 元。即使巴西队最终没有能够战胜中国队，你依然可以凭借追加的下注缓解之前的损失并且获利。虽然上面的情况和赔率都是假想的，但理解了规则之后，你会发现真实世界中——对应的例子屡见不鲜。比如，在 2015—2016 赛季的英超联赛中，莱斯特城足球队神奇夺冠，他们在赛季初的赔率是惊人的 1∶5 000。而事实上，根据博彩公司的报道，最初押注的人只有 15% 没有选择 cash out，蹲守了一个赛季最后兑现了 1∶5 000 的疯狂收益。其余大部分人则是在赛季后半段，赔率在 1∶250 到 1∶1 350 的区间就选择了 cash out，拿钱走人。

当然，在很多单场的足球比赛中，也有无数人为了挽回之前投注的损失而追加投注，最后导致血亏。而这就是赌博很难给赌徒带来可持续的收益的重要原因，因为它利用了人性的一个系统论倾向：赢的时候怕输，输的时候不怕输。换言之，在获得一定收益的前提下，我们会变得越来越保守，会有愈加迫切的诉求想要落袋为安，因为额外的收益对我们的吸引力在迅速下降；而亏钱的时候，我们会变得越来越开放，因为挽回损失的诉求会让我们渐渐无视可能存在的更多的损失。我们将这种在收益域对收益越来越不敏感，在损失域对损失越来越不敏感的现象，称为敏感度递减。

让我们通过 Kahneman 和 Tversky 在一篇论文中的访问[14]来进一步证明这个发现。

决策

　　1. 确定得到 240 元以及 25% 的概率获得 1 000 元

　　2. 确定损失 750 元以及 75% 的概率损失 1 000 元

从 Kahneman 和 Tversky 给出的结果来看，在决策 1 中，有 84% 的人选择确定的 240 元，而在决策 2 中，高达 87% 的人选择 75% 概率损失 1 000 元，即通过博一搏运气的方式来尝试规避确定的损失。这在效用理论来讲是不合理的。人们应该追求预期财富增长更大的选项，那么显然 25% 的概率获得 1 000 元应该被大众青睐；同理，在决策 2 中，由于期望损失是一样的，我们应该看到选择这两个决策的人在数量上大体相同而不是大部分人选择继续冒险。同时，这两个例子还让研究人员注意到，人们关心的似乎是具体的得失，而不是财富水平。因为在这两个决策中，我们看到受试人在收益域的风险规避以及在损失域的风险寻求，即风险偏好的转换恰恰是以损失和收益来分界的。这样的洞见直接导致了前景理论的数学描述中产生效用的对象是财富的变化值，而不是考虑了这个风险结果之后新的财富水平。随着你对前景理论的了解越来越深，你会发现这样的转变是划时代的。

2.3.4　主观概率赋权

想象这样一个场景：假设一个疯狂的人挟持了你，逼迫你跟他一起玩"俄罗斯轮盘赌"。规则是一把左轮手枪，手枪最大弹容量6发，目前装了几发未知，然后你们轮番朝自己开枪。现在轮到你朝自己开枪，在这命悬一线的时刻，我们诚挚地希望你冷静下来看看以下几种情况，帮我们回答一下：

> **决策**
>
> 1. 弹仓中有6发子弹
> 2. 弹仓中有4发子弹
> 3. 弹仓中有1发子弹

我们可以收费帮你从手枪中取出一发子弹，增大你的生还概率。那么，哪种情况下，你愿意付出最高的价钱呢？你可以想一下。

从我历年在课堂上收集的回复来看，偏好依次是这样的：情况1（60%）> 情况3（>39%）> 情况2（<1%）。大部分人愿意为情况1倾家荡产，这是完全可以理解的。因为当你挨枪子儿的概率是100%，在很可能命不久矣的情况下，留下任何财富的意义都不大。让我们感到困惑的是，为什么几乎没有人选择情况2？按理说，情况1、2、3都是将你中弹的概率降低了16.67%，那么为什么人们显示出显著的偏好呢？最直接的解释是因为在情况1和3中，我能从必挨一枪的状态解脱出来，或者从小概率挨一枪的状态转换到毫发无伤。但在情况2中，我只是从险象环生的状态变化到依然生死未卜。因此，虽然概率降低的绝对值一样，但是从一个不确定的状态变成确定的状态，在人的心理上是更加突出的，人愿意为此付出更多的钱。图2.4展示了这样一个主观概率扭曲的函数表达，横轴表示的是客观概率的变化，纵轴表示的是我们随着客观概率变化产生的主观概率变化。我们可以看到，四舍五入之后，虽然从50%到33%的距离跟17%到0的距离在横轴上是完全相同的，但是通过一条描述概率扭曲程度的深色曲线，投射到纵轴之后带来的距离变化却是不同的。这是因为这条主观概率曲线在两个极端概率区域的斜率都会变大，导致A*的部分要远大于B*的部分，也就是我在主观上感知到的概率的下降，情况3比起情况1来说要显著得多，我赋予了更大的决策权重。

为了理解稍后描述的应用，读者需要了解关于概率加权的主要观点，即这个特征会导致决策者对于任何尾部的小（大）概率事件严重高估（低估），而这可以解释很多生活中我们看起来比较矛盾的行为。比如阿森纳足球队有一位荷兰传奇球员，叫做 Dennis Nicolaas Maria Bergkamp。Bergkamp 是一个恐飞的人，因此每次远距离打比赛，他都拒绝乘坐飞机转而搭乘地面的交通工具。虽然各个年代的商业飞行统计都明确表明：飞机是世界上最安全的交通工具，如果 Bergkamp 无法忍受搭乘飞机带来的风险，那么他应该对汽车或者火车有更深的恐惧才对。因此，Bergkamp 这种矛盾的行为很可能是因为他自己的某些际遇让他对空难的感知过于鲜活，对特定的小概率事件产生了知觉易得性，从而忽视了其他事实上更为频繁发生的风险。

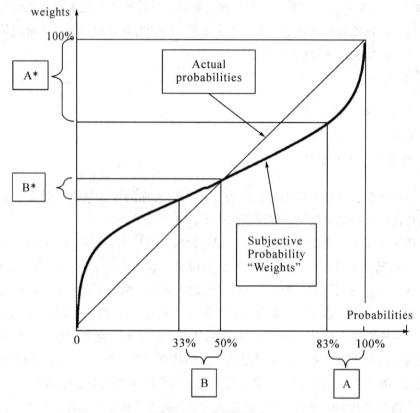

图 2.4　主观概率扭曲

2.3.5　模型描述

在简要介绍了前景理论包含的四个重要的组成部分之后，我们正式介绍一个统一的数学描述来将它们有机地整合起来。在本章的开头我们曾提过，前景理论的最初版本是在 1979 年发表的论文中被提出的。虽然该论文已经包含了我们之前讲到的四个基本要素，但它所提出的具体模型仍然有一定的局限性。比如，我们在给小概率事件赋予主观权重的过程并不是线性的。因为实验的观察结果表明，人并不是对所有小概率事件都赋予更高的权重，而是更倾向于对那些极端事件或者产生灾难性后果的事件赋予更高权重。1992 年，Kahneman 和 Tversky 发表了经过更新的前景理论[15]，我们习惯将其称为"累积前景理论"，其主要的改动就是采用累积决策权重替代了离散的决策权重，从而更好地表达了主观赋权非线性的过程。这个版本成为最为流行的版本，也是本书在此讲述的版本。

我们考虑以下风险情景：

$$(x_{-m}, p_{-m}; \cdots; x_{-1}, p_{-1}; x_0, p_0; x_1, p_1; \cdots; x_n, p_n),$$

每一个分号之间都是一个对应的风险情景，我们用 x 表示这个风险情景可能带来的投资结果，p 表示这个投资结果发生的概率。注意，x 可以为正表示受益，也可以为负表示损失。这样我们就得到了一组基本的风险情景，如 $\left(-100, \frac{1}{2}\right)$ 表示有 50% 的概率损失 100 元。我们把所有可能的结果按照从小到大的顺序进行排序，并且用右下角的下标来区分它们，x 越大，那么它被分配到的角标也越大，所以当 $i < j$，则有 $x_i < x_j$，以及划分收益和损失的零点 $x_0 = 0$。在期望效用理论中，个体衡量一个风险前景的机制是加总所有可能结果所对应的效用：

$$\sum_{i=-m}^{n} p_i U(W + x_i),$$

其中，W 表示目前的财富水平，$U(\cdot)$ 是效用函数，且是单调递增的凹函数。与之对应，如果使用前景理论的效用函数来衡量同一个风险情景的总效用，那么可以被表示为：

$$\sum_{i=-m}^{n} \pi_i v(x_i) \, \text{。}$$

首先，正如我们在敏感度递减的章节提到的，最为明显的改动就是效用函数作用的对象不再是期望效用函数中使用的财富水平（$W+x_i$），而是直接作用于每一次风险投资的结果（x_i）。这样的改动不仅放大了单次决策对效用带来的影响，更重要的是让我们更加方便地根据不同的参考点来定义损失和收益并分别进行处理。同时，$v(\cdot)$ 也得以更好地适应实验观测到的现象——个体在收益域呈现出风险规避，在损失域呈现出风险追逐。

其次，假设个体评估风险结果的参考点是 0，也就是当一个人在获利时产生正的效用，亏损时产生负的效用[①]，那么前景理论的价值函数就可以分段表达为：

$$v(x) = \begin{cases} (x - 0)^\alpha & x \geq 0 \\ -\lambda\left[-(x-0)\right]^\alpha, & x < 0 \end{cases}$$

其中，价值函数的曲率由 α 控制，且有 $0<\alpha<1$，很明显，当 $x \geq 0$ 时，$v(x)$ 是一个凹函数，当 $x < 0$ 时，$v(x)$ 是一个凸函数。它带来的边际效用的变化表达了人们倾向于

---

① 虽然这样的划分听起来是天经地义的，即赚钱的时候我们自然是高兴的，亏钱的时候我们自然是不高兴的。但是，在实践中这一点其实经常不成立。因为人的评估不是建立在绝对的结果之上的，而是建立在比较上的。比如，你投资于股票型基金，那么当你得知去年的投资收益是 4%，而投资于债券类基金的业绩平均达到了 4.4%，那么你对这一年的投资结果就会持有负的评价。虽然你是获利的，但是这个结果仍然无法给你带来正的效用。类似的，在金融危机时，所有类别的资产都大幅下跌，那么即使当年你投资的基金收益是 0，这个结果依然会令你万分满意，产生正的效用。

在收益域变得更加风险厌恶，而在损失域变得更加风险追逐。

第三，v（·）还引入了损失厌恶系数 λ，且有 $\lambda > 1$ 来实现损失厌恶的概念。即损失（即使是很小的损失）产生的负效用会经过这个系数得到线性放大，这让价值函数曲线在损失域变得更加陡峭。因此，v（100）的绝对效用要显著小于 v（-100），这也解释了从事实上为什么大多数人拒绝（- 100 元，110 元；50∶50）这样的风险情境。如果我们不引入这样的修正，在预期效用的框架中是很难解释这一事实的。因为相对于典型的财富水平，一次风险决策带来的财富数额的变化可能非常之小，以至于在预期效用下，赌局基本上是以风险中性的方式被进行评估的。鉴于（- 100 元，110 元；50∶50）拥有正的期望，因此其对于持有期望效用函数的决策者有着绝对的吸引力。然而，对于厌恶损失的人来说，若其他条件不变，而损失 100 元的痛苦远远超过赢得 110 元的快乐，他就很有可能拒绝承担这样的风险。

最后，主观概率扭曲函数 π_i 的引入，体现了前景理论的第四个组成部分——主观概率赋权。正如前文提到的，人们通常不是用客观概率 p_i 来为结果赋权，而是用转化的概率重新赋予决策权重。例如，对于给定事件 i，π_i 可以被表示为：

$$\pi_i = \begin{cases} w^+ \ (p_i + \cdots + p_n) \ -w^+ \ (p_{i+1} + \cdots + p_n) & 0 \leq i \leq n \\ w^- \ (p_{-m} + \cdots + p_i) \ - \ w^- \ (p_{-m} + \cdots + p_{i-1}) & -m \leq i < 0 \end{cases} \text{for}$$

这个式子乍看之下比较晦涩，但它表达的意思是非常简单的。即在损失或者收益域，它计算的是一个累积概率的差。而这个"差"的经济含义正是事件 x_i 发生的（主观）决策权重。因为显然事件（x_i, $\cdots$, x_n）累积发生的概率恰好比事件（$x_{i+1} + \cdots + x_n$）累积发生的概率要多出 p_i。而累积前景理论的改进就在于主观概率扭曲函数是针对累积概率来进行的（w^+（$p_i + \cdots + p_n$）），而不是针对每个事件的单独概率（w^+（p_i）$+ \cdots + w^+$（p_n））。接下来，Kahneman 给出的主观概率扭曲函数可以表示为：

$$w^+ \ (P) = \frac{P^\gamma}{(P^\gamma + (1 - P^\gamma))^{\frac{1}{\gamma}}}, \ w^- \ (P) = \frac{P^\delta}{(P^\delta + (1 - P^\delta))^{\frac{1}{\delta}}},$$

利用公式 w（·），图 2.5（a）中的实线表示主观加权之后的决策权重，虚线对应客观的累计概率。对比之下，前景理论中描述的决策者对于实际发生概率在 0.4 以上的事件，主观上分配的决策权重是低于 0.4 的，而对于实际发生概率在 0.4 以下的事件，主观上分配的决策权重是高于 0.4 的，并且这个决策权重扭曲的程度是非线性的——越是接近极端的概率，在主观上被高估或者低估的程度就越大。

这就解释了人们为什么喜欢彩票——即使获奖的概率非常低，但花 2 元瞎蒙一个 500 万元的机会，对于很多人来讲简直划算得不行。另外，在损失端，如购买航空人身保险的决策中，考虑到航空失事的概率极低，购买保险在数学期望上几乎跟送钱没有区别，然而这种灾难性的后果对人的冲击非常突出，往往让人为其赋予更高的决策权重。

　　值得注意的是，Kahneman 和 Tversky 强调转换概率 π_i 的过程并不代表决策者持有错误的信念，它仅仅代表决策权重分配的不平衡。在前景理论的框架下，有 0.000 1 的机会赢得 5 000 元，且决策者完全知道 0.000 1 的概率意味着什么。然而，在决策的时候，决策者本能地觉得这个极小的概率对他有更大的诱惑（决策权重）。

　　最后就是关于 v（·）和 w（·）中涉及的参数集（α, λ, γ, δ）取值问题，在前景理论提出后的几十年中，这个问题逐渐成为一个活跃的研究领域，大量的研究人员尝试利用实验和市场数据给出参数具体的测度。基于演示的目的，我们利用 Tversky 等[15] 论文中给出的参数来画出前景理论的价值函数：

$$\alpha = 0.88, \lambda = 2.25$$
$$\gamma = 0.61, \delta = 0.69$$

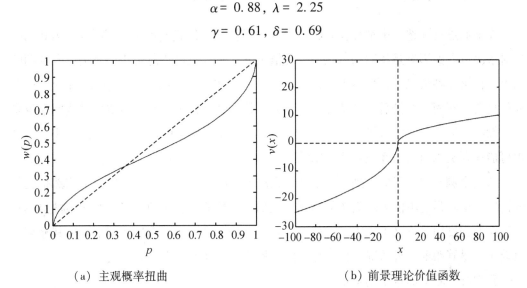

(a) 主观概率扭曲　　　　　　　　(b) 前景理论价值函数

图 2.5　主观概率扭曲函数和前景理论的价值函数

［曲线基于参数集 $\alpha = 0.88$, $\lambda = 2.25$, $\gamma = 0.61$, $\delta = 0.69$ 绘制。在图（a）中，横轴代表累计概率，纵轴代表主观赋权之后的决策权重。在图（b）中，横轴代表风险情境可能产生的损失和收益，纵轴代表经过前景理论效用函数转换之后获得的对应效用］

　　基于给出的参数，图 2.5（b）描绘了不同的损失和收益（x 轴）带来的效用（y 轴）。此函数图像体现出我们之前讨论过的前景理论的全部要素：①由于损失厌恶的作用，负的效用被放大，使得函数曲线在损失域更加陡峭。②在收益域的"凹性"让收益的边际效用减少，决策人在获得收益之后变得更加风险规避；在损失域的"凸性"让损失的边际惩罚也在减少，决策人在经历损失之后变得更加风险追逐。③结果产生正的效用还是负的效用是由参考点决定的，这也让价值函数变得不连续。④根据主观概率加权，通过价值函数得出的效用会被重新赋权最后加总形成决策者对风险情境的最终看法。

2.3.6 前景理论的局限和挑战

尽管前景理论为描述人类如何做决策提供了非凡的洞见，但是它尚不能解释一些特定风险决策中我们展现出来的行为偏好，例如：

> **决策**
>
> 1. 0.1% 的概率赢得 100 万美元，99.9% 的概率什么都没有
> 2. 80% 的概率赢得 10 美元，20% 的概率什么都没有
> 3. 80% 的概率赢 100 万美元，20% 的概率什么都没有

在上面这三项选择中都存在着收益为 0 的可能性，但我们很难说不同收益为 0 的结局对于决策者的影响是相同的。在第一种情况下，没有赢得任何东西是完全符合预期的结果。在第二种情况下，虽然也觉得不走运，但无伤大雅，因为只是错过了赢得 10 美元的机会。然而，在最后一种情况下，对大多数人来说，运气不好的结果对他们来说是毁灭性的，因为这是错过了一夜暴富的机会，而且这个机会的可能性本来还不小——你很可能在开奖以前就已经把购物车塞满了。

从这个例子中，我们看到，前景理论无法解释决策者没有任何损失但是依然很受伤的情况，也就是它不能处理失望的影响。正如第三种情况表述的，当你的期望被引诱到了巨额的程度而最终又不可得，这就令人非常沮丧。这样的沮丧显然带来了极其显著的负效用，尽管跟前两种情况一样，你其实压根儿没有任何损失。

我们继续看下面这个场景：

> **决策**
>
> 场景 1：
>   A. 90% 的概率赢得 100 万美元，10% 的概率什么都没赢
>   B. 100% 收到 10 美元
>
> 场景 2：
>   C. 90% 的概率赢得 100 万美元，10% 的概率什么都没赢
>   D. 100% 收到 20 万美元

试想一下，在 A 和 B 方案中，如果你选择了 A 但是一无所获，你会有什么感觉，是不是觉得痴心无悔？而在 C 和 D 之间，如果你选择了 C 但是一无所获，你会有什么感觉？是不是觉得曾经有 20 万美元摆在我面前，我没有珍惜？前景理论也无法在这种一无所获的情况下分配负效用。也就是说，它不能解释遗憾。在后一种情况下，一无所获是如此痛苦，几乎等价于你损失了 20 万美元。因为人们面对的现实是，他（她）本

可以得到这一大笔钱，但是因为他（她）的选择而错失了。尽管这种遗憾导致同样的一无所获，但是 C 带来的负面影响就要比 A 带来的要显著得多。

此外，关于参考点的确定是前景理论在金融领域应用所面临的又一困难之一。这个挑战在于如何定义价值载体的"收益"和"损失"。请注意，在现有的研究中，参考点的选择总是外生的。投资者可以从资产的绝对收益中获得效用，也可以从相对于特定指数的超额收益中获得效用，还可以从相对于他们的预期的超额收益中获得效用。这些不同的假设可能都有很好的理由，但是会导致不同研究的量化结果无法进行直接比较。更重要的是，作为前景理论表达偏好的核心基准，我们显然无法接受这样缺乏验证性的描述。我们需要一种更加确定的框架来指导金融研究者和从业人员，在一个特定环境下应当怎么去区分收益和损失。毫无疑问，寻找这样的理论是一个非常重要且急迫的任务。

2.4　前景理论、金融市场和投资者决策

至少在实验环境中，早期的行为经济学研究证明了前景理论能够比预期效用理论更准确地描述决策者的风险态度，因此在最近的二十年，它也促进了我们对资产价格和投资者行为的理解。在本节中，我们将回顾前景理论根据金融市场上大量事实做出的可验证的预测。这对我们思考金融资产的平均回报以及过度波动特别有帮助。在接下来的两个小节中，我们将分别讨论为什么博彩型股票总是能够得到投资者的青睐，以及损失厌恶是如何帮助我们解释观测到的风险溢价的。

2.4.1　魅力无限：金融市场中的博彩型的资产

为什么一些金融资产的平均回报率高于其他资产？主流的回答是资产间平均回报的差异是由风险的差异造成的。在横截面收益的基准模型中，实践中最广为人知的是资本资产定价模型（capital asset pricing model，CAPM），资产的风险是用它对应的 beta 来衡量的。然而大量的实证研究给出了非常强的证据表明 CAPM 的预测并不能符合现实观测。后续的 fama 三因子模型进一步拓展了对于风险的描述，他们指出除了 beta，一些公司级别特征的加入（市值、账面市值比）在横截面上能够更有效地解释股票回报率的差异[16]。在前景理论诞生以后，很多学者很自然地问：如果资产的回报率跟风险因子有关，更真实描述风险决策过程的模型是否可以帮助我们更好地理解横截面上股票收益的差异呢？

首先，为了理解偏度对资产回报分布的具体影响，我们依次用正态分布、右偏斜正态分布和左偏斜正态分布随机生成三组，每组一百万个假想的资产回报，并且三组回报

的均值和标准差都分别为 0.1 和 0.2。在基础的期望效用理论看来，这三个资产的价格
应该是一样的，因为他们的收益和风险的关系是一样的。图 2.6 依次给出了这三组分布
的直方图。

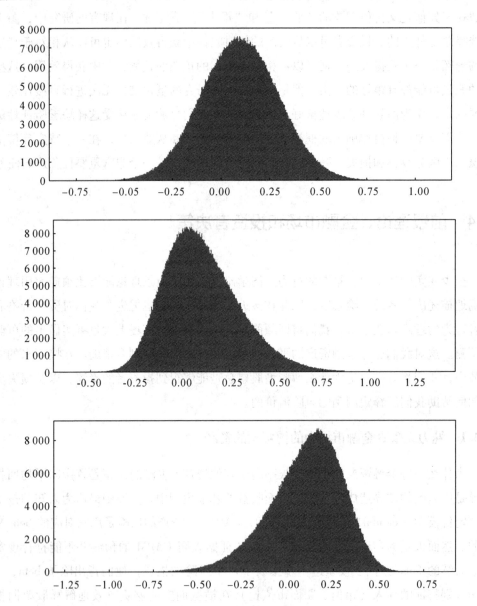

图 2.6 三种偏度的资产回报直方图

（从上到下，图 2.6 画出了正态分布、右偏正态分布和左偏正态分布的直方图，并且三组随机分
布的期望和标准差完全相同。横轴表示回报，纵轴表示该区间的收益发生的频率）

从上往下，图 2.6 分布依次是正态分布、右偏以及左偏的正态分布。我们可以直观地感受到，相比正态分布，如果资产回报是右偏的，那么说明这个资产能够提供更大的但是概率较低的正收益，而代价是小额的负收益的概率显著增大①。同理，如果资产回报是左偏的，那么该资产有更大的概率获得小额收益，但是极端损失的规模就要远远大于右偏的。在前景理论中，决策者是损失厌恶且对极端概率会进行主观赋权的，因此，比起效用理论来说它能够表达出更丰富的偏好。比如，在右偏的资产回报中，因为获得损失的概率更大，比较小的负效用会更频繁地被损失厌恶放大，同时，对于低概率事件赋予更多决策权重会导致小概率的极端收益被愈加重视，生成更多的正效用，那么，这两个对立的影响最终让右偏资产变得更加有吸引力还是相反呢？Barberis 等[17]在均衡条件下讨论了这个问题。他们发现，具有前景理论偏好的投资者会对有右偏分布回报的股票产生额外的偏好，这导致均衡状态下，该类股票被过度持有，价格被高估，因此其长期的收益率甚至低于无风险利率！对于小概率大奖励事件的偏爱也在实验研究中得到证实。例如，Gonzalez 等[18]的研究表明，为了获得一个 5% 概率获得 100 美元的投资机会，受访者最多愿意支付 10 美元，是这个投资机会期望收益的两倍。与此形成鲜明对比的是我们对于大概率小奖励事件的漠然，如一个 90% 的概率获得 100 美元的投资机会，受访者最多愿意支付 63 美元。

此外，对于右偏的额外偏好还能用来解释异质波动率之谜②。由于主流的实证研究更加倾向于过去特质回报波动率高的股票的平均回报低于过去特质回报波动率低的股票。对此前景理论的解释建立在这样一个事实之上：过去特质波动率高的股票在随后的回报中具有更高的特质右偏度，因此更容易被高估。在预期效用理论的框架下，这解释了为什么这些股票的平均回报较低。Boyer 等[20]提出了支持这一观点的证据，在往后的研究中，Stambaugh 等[21]研究也发现在被高估的股票分组中，特质波动率跟随后回报显著负相关。

2.4.2　资产回报溢价之谜

从图 2.7 我们可以看到，在资本市场最为成熟的美国，股票整体的收益是远高于国债的（可以被认为是无风险资产）。而且，收益的差额经过时间的积累，溢价可以大到令人瞠目结舌：1 美元股票从 1927 年投资 2019 年，获得的终值财富是同期投资债券的16.5 倍。当专业人士"得知"这两种资产在收益上巨大的差异之后他们做了什么呢？没错，他们继续大幅持有债券：在 2005—2012 年，OECD 保险基金持有的债券和股票

---

① 对于不熟悉直方图或者微积分基本思想的读者，可以简单理解为，直方图在给定横轴区间为底，标定的深色面积就是概率。

② 异质波动率之谜首先由 Ang 等[19]提出，他们发现异质波动率高的股票在未来预期收益更低，二者之间呈现负相关。由于后续的研究发现这个关系有时候是正的，有时候不存在，故而称为异质波动率之谜。

的价值比例约为 46%、21%①。你可能会说，保险基金存在内部投资限制，不能过多持有股票。这个解释是完全正确的。但是，保险基金作为长期投资，稳健固然是一个考虑因素，但是保险基金的很多资产是用来远期兑付的，因此基金是有能力承担一定程度的波动的。此外，尽管我们感觉股票是一个被频繁讨论的话题，但是根据 2019 年万德数据库的统计来看，我国家庭投资者持有的股票市值约为家庭可投资资产的 15%，而储蓄和理财的市值则占到了约 65%。我们可以通过表 2.1 进一步确认，不仅仅是美国，一个多世纪以来，全球各个地区的股票的风险溢价都远高于债券②。

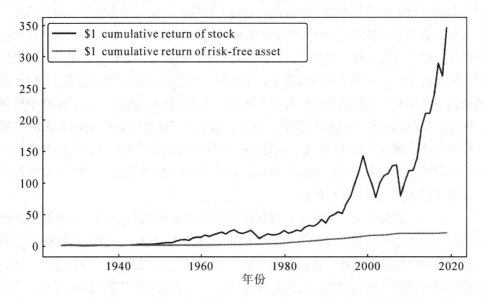

图 2.7 1927—2019 年 1 美元股票指数和 1 美元无风险资产累积收益对比

（数据来源：Ken French's Data Library）

表 2.1 世界不同地区的风地险区溢价

地区	风险溢价
非洲	16.60%
亚洲	11.59%
澳大利亚和新西兰	8.96%
加勒比海地区	12.68%
中北美	13.79%
东欧和俄罗斯	12.38%
中东	12.24%

---

① 数据来自 Global Pension Statistics。

② 风险溢价是一个多样化的股票投资组合在无风险资产预期收益之外的预期收益。

表2.1（续）

地区	风险溢价
北美	6.01%
西欧	8.10%
总计	12.34%

数据来源和具体风险的溢价计算方法参见 Damodaran[22]。

那么，为什么专业投资者和个人投资者这么不喜欢股票，以至于要求如此巨大的回报来补偿持有股票的风险呢？这个问题首次正式提出来自 Rajnish Mehra 和 Edward Prescott 在 1985 年发表的论文[23]。在 2006 年，Mehra 系统性地回顾了自论文发表之后近20 年的新数据，并且强调这个溢价很难被系统性风险解释[24]。简单解释一下，为什么Mehra 谈到的这个问题值得被广泛讨论呢？因为这就是最诡异的地方：毫无疑问，股票比起债券或者无风险资产有更多的风险。那怎么劝说人持有股票呢？那就是让他们得到补偿。所以，股票提供风险溢价并不是问题所在，股票本来就应该比风险相对较小的其他资产提供更多的回报。问题是：这个回报高到多少才合适呢？我们在现实中观察到的风险溢价似乎都太高了，高到经典的以风险厌恶为基础的定价理论都无法解释。

为了便于理解，我们先阐述风险厌恶是怎么解释风险溢价的。由于投资者都喜欢确定的回报，显然，只有到手的收益才可以转换为最终的消费。由于股票的未来回报是不确定的，那么投资于未来的股票在未来带给你的消费就是不确定的。同时，由于投资者把今天的钱都投入了金融产品，他也理应因为延迟消费得到补偿。基于这两方面的原因，预期回报对于决策者来讲就需要打一个"折扣"。而决策者越是厌恶风险，就越是希望及时行乐，他要求的这个折扣就更大。如果我们建立一个包含风险厌恶系数的效用模型，输入可信的风险厌恶系数，就可以比对模型给出的风险溢价和现实的观测。通过计算，Mehra 和 Prescott 在选择了合理的参数之后发现，模型建议的风险溢价仅仅为0.35%，远远低于实际的情况。如果要匹配观察到的风险溢价，那么人的相对风险厌恶系数必须要膨胀到惊人的 30~40。而大量实验和实证的研究都表明相对风险厌恶系数应该在 2~10。如果参数的对比还不够直观的话，我们再通过一个具体的风险情境加以阐述。

> **决策**
>
> 50% 的概率获得 5 万
>
> 50% 的概率获得 10 万

现在，如果我提供给你一个确定的收益 x，那么这个 x 起码需要多大，你才会觉得，比起上面这个风险投资，你选哪个都可以（无差异）？对于一个相对风险规避系数为 30

的人来说，x 只需要达到 5.12 万你就会放弃选择上面的风险决策。这显然是荒唐的，因为这个风险决策最差的结果也是获得 5 万，可是他能够有一半的机会获得 10 万。很难想象在现实世界中人们会如此害怕风险。

关于风险溢价的解释目前仍然是一个开放的、进行中的话题。而前景理论是众多较为活跃的解释之一。如果在股票上涨时获得的快乐不足以抵消股票下跌带来的痛苦，人们就有更大的动力去避开股票：即使长期回报丰厚，沿途的痛苦也是难以承受的。换言之，考虑到具有损失厌恶的投资者在承受风险厌恶之外还承受了额外的厌恶，那么资产自然地在风险溢价之外，还要提供来自额外痛苦的溢价。因此，风险厌恶系数也就不再需要高到离谱的程度了。由于损失厌恶在心理学文献中积累了非常明确的证据，从直觉上也可以很好地解释股票溢价之谜，结合后续章节会讲到的"心智账户"，我们会再次回到这个问题，并且讨论前景理论对于其他市场异象的解释力。

2.5　模糊厌恶

我们来玩局扑克：在你的面前有两副倒扣的牌，两副牌背后的花色一模一样，且都有 52 张牌①。第一副牌为刚拆封的全新扑克，而另一副则是由多副一样的扑克拼凑而成的 52 张牌。因此，从期望来说，旧牌中红色牌的数量是均匀分布的。我们的游戏是选择任意一副扑克牌，充分洗牌并从中抽一张牌，若抽到红色牌则可以得到 100 美元，否则没有奖励。

很显然，第一副牌中红色和黑色牌的数量均为 26 张，所以我们有 50% 的概率得到奖励。而对于第二副看起来一样的牌，尽管同样是 52 张，我们却不知道这副牌中红牌和黑牌各自的比例如何——可能这副牌中没有一张红色牌，也有可能全都是红色牌。对于这样的游戏，你会选择刚拆封的新牌来玩，还是选择拼凑而成的旧牌？

2.5.1　模糊与风险

在讨论模糊厌恶之前，我们首先需要了解，什么是模糊？在我们日常生活中，面对信息或决策，往往只将它们区分为确定的与不确定的（有风险的）。例如，太阳东升西落是确定的，商业项目投资的成败是不确定的。

但事实上，一些"不确定事件"也并非完全的不确定。掷一枚骰子，结果是不确定的，但出现的六种可能以及每种可能的概率是非常确定的，都是 $\frac{1}{6}$。然而，同样作

---

① 为了方便讨论，我们的扑克牌没有小丑牌。我们将红心和方块花色的牌定义为红色牌，将黑桃和草花牌定义为黑色牌。

为"不确定事件"，纳斯达克指数的涨（跌）幅大小是不确定的，同时涨跌的概率我们也不得而知——这两种"不确定"之间有明显的区别。

为了明确讨论的前提，我们沿用经济学家 Frank Knight 在一篇论文[25]中对"不确定性"与"风险"的解释，将可以度量的"不确定性"，即概率分布已知的不确定条件定义为风险（risk），而对于不可度量的不确定条件，我们定义为模糊（ambiguity）。

回到刚才的扑克游戏，如果我们选择第一副牌来进行游戏，尽管我们不确定我们抽到什么颜色的牌，但我们知道获得奖励的概率是 50%。如果我们选择了旧牌，虽然同样是不确定的，但我们无法了解获得奖励的概率，而这副牌对我们来说，就是模糊的。面对 50%概率的"风险"与完全不知道概率的"模糊"，你会选择哪一个？

多数人会选择第一副牌，宁愿承担确定概率的风险，也不愿面对模糊的风险。人类对于模糊厌恶的研究，Daniel Ellsberg 的一篇论文[26]非常具有影响力。

论文当中他提到这样的罐子游戏（urn game）：现有一个罐子，装有 90 颗球，其中 30 颗为红球，而其余 60 颗球则由黑球和黄球组成，各自的数量未知，现从这个罐子中随机抽一颗。

> **实验**
>
> 罐子游戏
>
> 分别在游戏 1 和 2 中选择更可能发生的情况。
>
> 游戏 1：
>
>   A. 抽到红球
>
>   B. 抽到黑球
>
> 游戏 2：
>
>   C. 抽到红球或黄球
>
>   D. 抽到黑球或黄球

对于这两个游戏，你又会分别做出怎样的选择呢？很显然，这个选择需要你略作思考。

在 Ellsberg 的实验中，受试者需分别对两个游戏经过谨慎的思考后做出选择。按常理来说，如果我们在游戏 1 中选择了 A，那说明我们认为更可能抽到红球，即红球数量（30 颗）超过了黑球数量，换言之，我们认为在其余 60 颗球中，黑球的数量小于 30，黄球比黑球多。那么对于游戏 2，红球和黄球的数量之和（大于 60 颗）应当是超过黑球和黄球的数量之和（60 颗）的①，即 C 选项更可能发生。同理，如果你在游戏 1 中选择了 B，那在游戏 2 中理应选择 D。然而，结果并非如此——多数的人在游戏 1 中选

---

① 因为球的总数为 90 颗，红球为 30 颗，那剩下的黑球和黄球一共为 60 颗。在游戏 1 中如果你选择了 A，则说明你认为黑球数量不超过 30 颗，那么剩下的红球和黄球数量之和将大小于 60 颗。

择了 A，而在游戏 2 中选择了 D——这体现了明显的决策不一致！Ellsberg 将这样的前后不一致归结为模糊厌恶（ambiguity aversion）。在模糊厌恶的人看来，游戏 1 中 A 选项发生的概率为 $\frac{1}{3}$，而 B 选项的概率分布不可知，是模糊的；游戏 2 中 C 选项的概率分布是模糊的，而 D 选项发生的概率为 $\frac{2}{3}$，是不模糊的。所以对于模糊厌恶的人来说，在游戏 1 中更偏好 A，在游戏 2 中更偏好 D。我们需要强调的是，在游戏中没有一定正确的选择，因为你可以认为黑球大于 30 颗，也可以认为黑球小于 30 颗，重要的是，你对于黑球的认知无法与游戏 2 中你做出的选项一致，而原因就在于，当面对模糊和风险，你本能地倾向于风险，因为起码，知道结果的概率分布让你更有安全感。

回到我们的扑克游戏，在 50% 概率获胜的新牌与模糊的旧牌中，如果你选择了第一副牌，我们称这体现了模糊厌恶（ambiguity aversion）；如果你选择了旧牌，我们则称这体现了模糊追逐（ambiguity seeking）；而如果你觉得无所谓，选哪副牌都一样，我们称这样的态度为模糊中性（ambiguity neutral）。

2.5.2 对模糊厌恶的解释

为什么多数人会呈现出模糊厌恶呢？这样的厌恶从何而来？现在我们离开牌桌，走进你的专业或所熟知的领域，如金融领域。我们再来玩个游戏：

> **决策**
>
> **黑猩猩的决策可信吗？**
>
> 预测你所熟知的一只股票明天的涨跌情况，如果预测准确，则获得 100 美元，否则不获得奖励。同时，我们邀请了一只黑猩猩来进行预测，它没有分析股票的能力，只会等可能地在"涨"或"跌"中进行随机选择。你可以选择：
>
> A. 自己来玩这个游戏
>
> B. 相信黑猩猩，让它替我做出选择

作为熟知金融领域的人士，你会作何选择？很少有人会选择相信黑猩猩。但我们仔细来看，对于 A 选项，事实上预测股票的涨跌情况对你来说是模糊的，因为获胜的概率分布是不可知的；反观 B 选项，你获胜的概率是确定的，就是 50%。选择 A 就意味着，此时你呈现了模糊追逐。为何多数人在扑克游戏中体现了模糊厌恶，而在这个预测涨跌的游戏中体现了模糊追逐？

因为人们在决策中对待模糊的态度会被对该决策领域能力的判断所影响。具体来说，当一个人自认为有能力对事件结果的概率分布做出判断时，会体现出模糊追逐，因为他会相信自己的判断比被动瞎猜更加靠谱。而当他自认为没有能力时，会体现出模糊厌恶，放弃进行任何主观判断。这一解释源自能力假说（competence hypothesis）：人们打赌一个不确定事件的意愿不仅依赖于结果可能性的精确度，同时还依赖于他们对该事件相关领域能力（competence）的自我判断，包括技能、知识和理解等。

心理学家 Chip Heath 和 Amos Tversky 通过一系列的实验来证明了能力假说[27]，他们发现：人们不仅可以通过打赌来获得可能的金钱回报，还会同时从自我评价以及他人的评价中感受到精神收益（psychic payoff），包括满足和尴尬，而这种荣辱感与结果的正确性相关。有能力会使得人们在结果正确时得到认可（credit），而能力不足会让他们在结果错误时面对责备（blame）。因此，在面对自认为有能力判断结果的打赌时，人们往往倾向于追求认可，选择相信自己的判断而非赌运气；在面对自认为没有能力判断结果的打赌时，人们往往倾向于规避责备，选择赌运气而非相信自己不足的能力。

这就很好地解释了，为什么在玩扑克游戏和预测涨跌的游戏时，多数人选择新牌：因为他们认为自己没有能力判断旧牌中红牌和黑牌的比例，但基于披露的信息他们知道新牌中他们的胜率就是一半。关于人们对能力展示的偏爱以及展示能力所带来的可能隐患，我们将在"过度自信"这一章进一步展开。

接下来，我们不禁会想，那人们对于熟悉的事物是否会有偏爱呢？答案是肯定的，因为在面对熟悉的事物时，人会天然地感到舒适，产生好感，而面对模糊，人们会感到不安，这跟进化中我们害怕黑暗、不喜欢陌生的生活环境是类似的。在日常生活中，我们对于熟知品牌，会自然而然地更为青睐，并选择再次购买同一品牌的产品；对于熟悉的菜肴，我们往往会时常牵挂，尽管有时这些菜肴的做法并不正宗。这样的心理正是源于人们会对熟悉的事物更为偏好，即熟悉偏好（familiarity bias）。

事实上，"熟悉"甚至可以被人为地引导。单纯的曝光效应由心理学家 ZajoncRobert 提出，他发现仅仅是更为频繁地向人展现某些事物，就会使得人们对于这些事物增加好感，而这种好感并非基于客观事实①。

Robert 通过一系列的心理学实验来证明单纯曝光效应[29]。例如，给完全不懂中文的实验参与者展示了一些汉字，其中有的汉字重复出现了多次，而有些汉字仅仅出现了一次。在这之后，参与者需要猜想这些汉字所表达的意思是积极的还是消极的。实验结果表明，多数参与者认为，那些重复出现次数多的汉字更具有积极的含义，而对于很少出现的汉字，大家普遍认为它们表达了消极的含义。即通过单纯地曝光，使人们毫无理由地对陌生的文字产生了积极的看法。

在金融研究中，熟悉偏差或单纯曝光效应强化的熟悉可以用来解释很多现象。例如，投资集中（under-diversification）——人们倾向于将资产配置集中于本国甚至本省的股票，即本土偏好（home bias）；集中于自己公司的股票（own-company stock）；集

---

①　如果你对所呈现的事物第一印象就不好，根据研究[28]，多次的呈现反倒会加深你对它的厌恶。

中于总部设于本地的公司的股票。因为熟悉，所以投资者的资产配置对其总是有所倾斜，而这些都是毫无根据且有悖于分散投资的基本理念的。

奇妙的是，有时模糊厌恶与单纯曝光效应会指向相反的预测。这侧面体现了我们行为的复杂性，尤其是当我们尝试用观察行为的方式来解释和预测行为时。我们来思考一个问题：

> **思考**
>
> 如果你同时拥有 A 股和美股的账户，并且资金充裕，你会如何配置你的资产，会更偏重投资哪个股票市场？

在模糊厌恶的观点看来，投资者会更偏重投资美股，因为总体而言，尽管 A 股的监管、结构等各方面都日趋成熟，但美股市场目前的信息披露和各类数据呈现都更为完善和丰富，即 A 股市场的运行和前景对于你是相对模糊的。而对于中国投资者来说，他们会更倾向于投资 A 股，因为 A 股的相关信息在他们面前曝光得更为频繁和充分，这也会激发他们对于 A 股的偏爱。

2.5.3　模糊厌恶的度量和应用

当我们参与风险投资时，哪怕是购买银行提供的理财产品，都会被要求完成一份风险评估，甚至每年年初，我们还必须重新完成风险评估，以保证金融机构能够及时了解投资者的风险态度变化，继而根据我们的风险偏好和风险承受能力推荐合适的金融产品。然而在现行的风险评估中，问卷内容主要集中于了解投资者的风险偏好。通过对前面章节的学习，我们了解到在投资者被观测到的"风险偏好"中，除了包含对于风险本身的厌恶程度，还应包含对于损失的厌恶程度以及对于模糊的厌恶程度。而问卷中往往没能覆盖关于损失厌恶尤其是模糊厌恶的调查。这就意味着，理财经理可能无法充分了解客户真实的风险偏好，进而不能给出恰当的资产配置建议。

因而，我们有必要了解一下，投资者模糊厌恶的程度该如何度量。Stephen Dimmock 在一篇关于家庭金融的文章[30]中提出了一种基于问卷形式的度量方式。

为了得到模糊厌恶程度，投资者需要重复回答一系列类似的问题，以逼近模糊厌恶程度，直到得出结果为止。这个问题和我们的罐子游戏非常相似：在形状和大小完全一样的箱子 K 和箱子 U 中，分别放有 100 颗球，这些球除颜色外完全一样。

如图 2.8 所示，在箱子 K 中，明确地装有 50 颗浅色球和 50 颗深色球，而在箱子 U 中，同样装有总数为 100 的浅色球和深色球，但各自的数目未知。现在任意选择一个箱子，并从中抽出一颗球，若抽到深色球，则获得 15 美元，否则没有奖励。

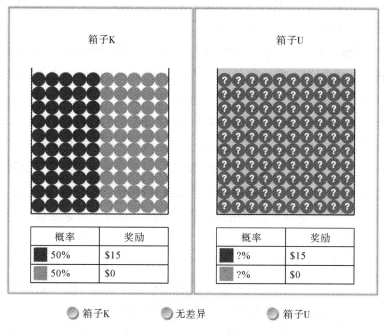

图 2.8 模糊厌恶的度量[30]

如果选择从箱子 K 中抽球，那么获胜的概率很明显，是确定的 50%。但如果选择从箱子 U 中抽球，那么获胜的概率是模糊的，可以是 0% 和 100% 之间的某个值。此时，问卷参与者需要回答，你更偏向于从哪个箱子中抽球？是箱子 K，是箱子 U，还是"无差异"。如果问卷参与者选择箱子 K，则逐个将箱子 K 中的深色球替换为浅色球，降低从中抽到深色球的概率，每次替换后参与者再次做出选择，直到参与者选择"无差异"；如果问卷参与者选择箱子 U，则逐次将箱子 K 中的浅色球替换为深色球，提高从中抽到深色球的概率，每次替换后参与者再次做出选择，直到参与者选择"无差异"；如果问卷参与者选择"无差异"，那么问卷终止。我们定义匹配概率（matching probability）q 为问卷终止时，从箱子 K 中抽取深色球的概率。定义模糊厌恶程度 AA：

$$AA = 50\% - q$$

例如，投资者认为当从箱子 K 中抽取深色球的概率为 40% 时，选择箱子 K 或箱子 U 是无差异的，那此时匹配概率 $q = 40\%$，则模糊厌恶程度为：

$$AA = 50\% - 40\% = 0.1$$

我们不难发现，当第一轮投资者选择箱子 K 时，匹配概率 $q < 50\%$，则模糊厌恶程度 $AA > 0$，即该投资者呈现模糊厌恶；当第一轮投资者选择箱子 U 时，匹配概率 $q > 50\%$，则模糊厌恶程度 $AA < 0$，即该投资者呈现模糊追逐。特别地，当第一轮投资者选择"无差异"时，匹配概率 $q = 50\%$，则模糊厌恶程度 $AA = 0$，即该投资者呈现模糊中立。本章开头提到的扑克牌游戏可以看作是这个问卷只进行一轮的情形。

在 Dimmock 的研究中，有 52% 的投资者呈现出模糊厌恶，10% 的投资者呈现出模糊中性，而另外 38% 的投资者呈现出模糊追逐。

模糊厌恶在金融研究中有着广泛的应用。首先，模糊厌恶可以帮助解释个人投资者不参与股票投资的现象[31]。在一些投资者看来，相比于银行存款或者国债，股票市场的收益更为模糊，如果投资者的模糊厌恶程度够高，那他就不会选择投资股票市场。

类似地，模糊厌恶还可以用来解释股票溢价之谜[32]。在上一章我们提到过，模型建议的风险溢价远远小于实际观测到的风险溢价，即资产除了提供风险溢价外，还应提供额外的溢价，如损失厌恶所带来的溢价。那么，如果投资者同样对于股票回报的模糊性持有厌恶态度，要"劝说"这样的投资者来投资股票，是不是也需要更高的收益来"补偿"他们面对模糊时候的不安情绪呢？所以模糊厌恶对于股票溢价之谜，也同样能构成解释的一部分。

同时，模糊厌恶还可以用来解释投资集中的现象。个人投资者倾向于投资国内股票而非境外的[33]；倾向于投资股票所属公司在当地而非遥远的外地[34]；倾向于投资自己所在公司的股票[35]。这些投资集中的现象可以通过模糊厌恶来解释[36]：对个人投资者而言，境外的、所属公司在远方的和非自己所在公司的股票，都相对而言更为模糊，因而投资者出于对模糊的厌恶而将资产配置集中倾斜。还记得吗？熟悉偏好在这方面的解释和模糊厌恶有所重叠，因为感觉到模糊而产生的不熟悉感是自然而然的。

此外，模糊厌恶还能帮助我们解释金融危机中常见的正反馈机制[37]。当金融危机的信号出现，或是投资者看到负面的财经新闻后，会本能地认为未来的经济运行更加难以琢磨，而这种对于模糊的厌恶会进一步导致抛售，从而继续打压金融资产的价格。

本章小结

1. 锚定调整和启动效应是锚定效应的两种作用机制。

2. Von Neumann 和 Morgenstern 提出的期望效用理论受到了经济学实验的挑战，Tversky 和 Kahneman 提出的前景理论能更好地匹配从实验和市场中观测到的投资者的选择和行为。

3. 锚定效应可以解释禀赋效应，禀赋效应暗含了人们对损失的厌恶。

4. 安于现状偏差是指人们愿意维持现状，而不愿改变状态的现象，其背后的原因是锚定效应。

5. 对于富有交易经验的商人来说，由于商品在心理上已被视为交易用途，商人在出售这样的商品时不会体现出禀赋效应。

6. 理性人的决策不受沉没成本的影响，但真实场景中人们难以摆脱沉没成本的思维。

7. 前景理论主要包含四个元素：

(a) 参考点依赖。(b) 损失厌恶。

(c) 敏感度递减。(d) 主观概率赋权。

8. 参考点依赖在商业营销、人际交往中有广泛的应用，我们可以利用参考点来操纵自己或者别人的看法和感受。

9. 人们在主观为结果赋权时，往往会高估小概率事件，而低估大概率事件。

10. 前景理论的函数图像主要有以下特点：

(a) 由于损失厌恶的作用，负的效用被放大，价值函数曲线在损失域更加陡峭。

(b) 在收益域的"凹性"让收益的边际效用减少，决策人在获得收益之后就会变得更加风险规避；在损失域的"凸性"让损失的边际惩罚减少，决策人在经历损失之后就会变得更加风险追逐。

(c) 结果产生正的效用还是负的效用是由参考点决定的，这也让价值函数变得不连续。

(d) 根据主观概率加权，通过价值函数得出的效用会被重新赋权最后加总形成决策者对风险情境的最终看法。

11. 前景理论在描述人类决策方面仍然存在局限和挑战，如前景理论无法解释失望与遗憾。

12. 前景理论可以解释股票市场投资中博彩型股票总能受到投资者青睐和股票回报溢价之谜的现象。

13. 能力假说与熟悉偏好是模糊厌恶的两种解释。

14. 金融研究中的股票溢价之谜、投资集中、本土偏好和金融危机放大机制等现象都可以用模糊厌恶解释。

问题与讨论

1. 什么是锚定效应？请举例说明。

2. 在出门郊游前，你看到天气预报说今天晴空万里。路上天空的云逐渐密集，但你仍然相信这是暂时的。直到最终降雨，你才承认并意识到自己出来没有带伞。如果出门前你没有看天气预报，还会如此坚信吗？试分析其中的原因。

3. 当下火热的直播带货中，有这样的常见套路："扫码价 1 588 元？我们不接受扫码价！家人们，我说一个数——15 块 8，只有 500 单！家人们赶快上车"。这样的套路看似没道理，但他们单场直播带货的销售额可能远远高出我们的想象。试分析这种套路的成功之处。

4. 解释禀赋效应，并分析其产生的可能原因。

5. 举出生活中体现禀赋效应的例子。

6. 网络上有句很火的话："自己选择的路，跪着也要走完。"你怎么看？

7. 列举前景理论的核心元素，简述该理论的特点。

8. 举例说明前景理论的局限性。

9. 解释模糊厌恶，并分析其产生的可能原因。

10. 参照 Dimmock 的办法，简单了解一下你亲朋好友的模糊厌恶程度。

11. 试分析在综艺节目中植入广告哪怕是没有任何宣传语的软广告为何会为厂商带来收益。

12. 有些人认为，自己在外地上当受骗的可能性更高，当有病症时宁愿回到家乡所在的城市接受治疗而放弃外地更高水平的医疗条件。试分析这一想法产生的可能原因。

参考文献

[1] MORGENSTERN O, VON NEUMANN J. Theory of games and economic behavior [M]. New Jersey: Princeton University Press, 1953.

[2] TVERSKY A, SATTATH S, SLOVIC P. Contingent weighting in judgment and choice. [J]. Psychological Review, 1988, 95 (3): 371-384.

[3] TVERSKY A, KAHNEMAN D. Judgment under uncertainty: Heuristics and biases [J]. Science, 1974, 185 (4157): 1124-1131.

[4] NORTHCRAFT G B, NEALE M A. Experts, amateurs, and real estate: An anchoring-and-adjustment perspective on property pricing decisions [J]. Organizational Behavior & Human Decision Processes, 1987, 39 (1): 84-97.

[5] LEBOEUF R A, SHAFIR E. The long and short of it: Physical anchoring effects [J]. Journal of Behavioral Decision Making, 2006, 19 (4): 393-406.

[6] MUSSWEILER T, STRACK F. The use of category and exemplar knowledge in the solution of anchoring tasks [J]. Journal of Personality & Social Psychology, 2000, 78 (6): 1038.

[7] JACOWITZ K E, KAHNEMAN D. Measures of anchoring in estimation tasks [J]. Personality and Social Psychology Bulletin, 1995, 21 (11): 1161-1166.

[8] KAHNEMAN D, KNETSCH J L, THALER R H. Anomalies: The endowment effect,

loss aversion, and status quo bias [J]. Journal of Economic Perspectives, 1991, 5 (1): 193-206.

[9] NOVEMSKY N, KAHNEMAN D. The boundaries of loss aversion [J]. Journal of Marketing Research, 2005, 42 (2): 119-128.

[10] KNUTSON B, WIMMER G E, RICK S, et al. Neural antecedents of the endowment effect [J]. Neuron, 2008, 58 (5): 814-822.

[11] LIST J A. Neoclassical theory versus prospect theory: Evidence from the marketplace [J]. Econometrica, 2004, 72 (2): 615-625.

[12] LEHMAN D R, LEMPERT R O, NISBETT R E. The effects of graduate training on reasoning: Formal discipline and thinking about everyday-life events [J]. American Psychologist, 1988, 43 (6): 431.

[13] RABIN M. Risk aversion and expected-utility theory: a calibration theorem [J]. Econometrica, 2000, 68 (5): 1281-1292.

[14] TVERSKY A, KAHNEMAN D. The framing of decisions and the psychology of choice [J]. Science, 1981, 211 (4481): 453-458.

[15] TVERSKY A, KAHNEMAN D. Advances in prospect theory: Cumulative representation of uncertainty [J]. Journal of Risk and Uncertainty, 1992, 5 (4): 297-323.

[16] FAMA E F, FRENCH K R. Common risk factors in the returns on stocks and bonds [J]. Journal of Financial Economics, 1993, 33 (1): 3-56.

[17] BARBERIS N, HUANG M. Stocks as lotteries: The implications of probability weighting for security prices [J]. American Economic Review, 2008, 98 (5): 2066-2100.

[18] GONZALEZ R, WU G. On the shape of the probability weighting function [J]. Cognitive Psychology, 1999, 38 (1): 129-166.

[19] ANG A, HODRICK R J, XING Y, et al. The cross-section of volatility and expected returns [J]. Journal of Finance, 2006, 61 (1): 259-299.

[20] BOYER B, MITTON T, VORKINK K. Expected idiosyncratic skewness [J]. Review of Financial Studies, 2009, 23 (1): 169-202.

[21] STAMBAUGH R F, YU J, YUAN Y. Arbitrage asymmetry and the idiosyncratic volatility puzzle [J]. Journal of Finance, 2015, 70 (5): 1903-1948.

[22] DAMODARAN A. Country risk: Determinants, measures and implications-the 2020 edition [J]. Social Science Electronic Publishing, 2020.

[23] MEHRA R, PRESCOTT E C. The equity premium: a puzzle [J]. Journal of Monetary Economics, 1985, 15 (2): 145-161.

［24］ MEHRA R. The equity premium puzzle: a review ［J］. Foundations and Trends in Finance, 2006, 2 (1): 1-81.

［25］ KNIGHT F H. Risk, uncertainty and profit ［M］. Boston: Houghton Mifflin, 1921.

［26］ ELLSBERG D. Risk, ambiguity, and the savage axioms ［J］. The Quarterly Journal of Economics, 1961, 75 (4): 643.

［27］ HEATH C, TVERSKY A. Preference and belief: Ambiguity and competence in choice under uncertainty ［J］. Journal of Risk and Uncertainty, 1991, 4 (1): 5-28.

［28］ SWAP W C. Interpersonal attraction and repeated exposure to rewarders and punishers ［J］. Personality and Social Psychology Bulletin, 1977, 3 (2): 248-251.

［29］ ZAJONC R B. Attitudinal effects of mere exposure. ［J］. Journal of Personality & Social Psychology, 1968, 9 (2,Pt-2): 1-27.

［30］ DIMMOCK S G, KOUWENBERG R, MITCHELL O S, et al. Ambiguity aversion and household portfolio choice puzzles: Empirical evidence ［J］. Journal of Financial Economics, 2016, 119 (3): 559-577.

［31］ DOW J, DA COSTA WERLANG S R. Uncertainty aversion, risk aversion, and the optimal choice of portfolio ［J］. Econometrica: Journal of the Econometric Society, 1992: 197-204.

［32］ MAENHOUT P J. Robust portfolio rules and asset pricing ［J］. Review of Financial Studies, 2004, 17 (4): 951-983.

［33］ FRENCH K R, POTERBA J M. Investor diversification and international equity markets ［R］. Massachusetts: National Bureau of Economic Research, 1991.

［34］ SEASHOLES M S, ZHU N. Individual investors and local bias ［J］. Journal of Finance, 2010, 65 (5): 1987-2010.

［35］ BENARTZI S. Excessive extrapolation and the allocation of 401 (k) accounts to company stock ［J］. Journal of Finance, 2001, 56 (5): 1747-1764.

［36］ UPPAL R, WANG T. Model misspecification and underdiversification ［J］. Journal of Finance, 2003, 58 (6): 2465-2486.

［37］ KRISHNAMURTHY A. Amplification mechanisms in liquidity crises ［J］. American Economic Journal: Macroeconomics, 2010, 2 (3): 1-30.

第三章　认知偏误：生物学算法的错配

人是会被经验影响的。在你意识不到的时候，大脑在不停地进行各种计算来确保你的生存，让你对疼痛和温度的变化、视觉和声音的变化都能在毫无准备的情况下做出迅速且模式固定的反应。比如，一个火球迎面而来，所有人的反应一定是拔腿就跑。固定且迅速的反应是被塑造出来的，因为，显而易见，那些看到火球反而去拥抱的个体留下后代的概率不大。足球场上一个美妙的弧线球并不是在考虑风速、温度、距离等因素之后计算出的击球方式，而是训练有素的运动员上去就是一脚。尽管贝克汉姆不懂任何空气动力学，但是比赛任意球的话，他基本能秒杀任何物理学家。

我们大多数的判断和行为都是基于系统 1 的快速反应，这个过程大部分情况下甚至都没有进入我们的意识。你说不出来自己怎么就看出对方不高兴；说不出来自己怎么能听懂别人说话；说不出来怎么不看键盘就能快速打字。但是你就是能够完成，并且准确率还非常高。所以，印象、认知、方位感，所有这些"直觉"的实现都离不开持续的脑力活动作为基础。在本节中，我们将详细阐述一系列由"系统 1"引发的认知偏误——它们明白无误地证明我们的直觉存在可复现的局限性。例如，我们对熟知的事物深信不疑且抱以天然的好感；我们无法确切了解自己生活中的不确定性；我们对于总结世界的规律有着强烈的冲动却低估当中存在的复杂关系——当我们回顾王朝的更替，复盘他人的成功，由于后见之明，片面的经验总结总是让我们对偶然和运气产生虚幻的因果感悟。

3.1 狭义框架

一家大型汽车制造商最近遭遇了一系列经济困难，可能有三家工厂需要关闭，6 000名员工需要下岗。生产副总裁一直在寻找其他方法来避免这场危机。她制订了两个计划：

> **决策**
>
> 拯救工厂 I
>
> A. 该计划将挽救三家工厂中的一家和 2 000 个工作岗位。
>
> B. 该计划有 1/3 的概率挽救所有工厂和 6 000 个工作岗位，2/3 的概率三家工厂全部破产。

我们再来看另外一个例子。想象一下，你正在为一个小镇的公路安全促进计划提供决策。目前，这个城镇每年约有 600 人死于交通事故。小镇正在考虑以下两个旨在减少这一数字的方案。

> **决策**
>
> 小镇高速安全促进计划 I
>
> A. 每年的伤亡人数降低 30，每年的费用估计为 12 万美元。
>
> B. 每年的伤亡人数降低 100，每年的费用估计为 55 万美元。

请记下你的选择，我们稍后有用。

我小时候，频繁遇到一碗"鸡汤"，相信你也很熟悉："半杯水，乐观的人说哇还有半杯，悲观的人说哎还剩半杯。"不管劝你干"鸡汤"的人如何循循善诱，有一点是无法否认的："鸡汤"之所以能成为"鸡汤"，是因为它在尝试操控我们观察世界的模式。而我们用来观察世界的模式就会影响我们所看到的事实，我们看到的部分事实又将我们限制在某些特定的想法中。但是不管是乐观的人，还是悲观的人，他们的起点往往也只是客观的一个面，尽管客观本身不会因为强调任何一个面而改变分毫。正如影视工作者根据完全相同的素材，呈现出挑选的事实足以讲出一个完全不同的故事。在决策研究领域，研究人员发现决策者对于给定信息和风险情景的"编辑"是广泛存在的，或出于"鸡汤"，或出于回避，或出于自我合理化，这种编辑最终导致了许多在传统经济模型下无法解释，甚至不符合逻辑的行为偏好。

在 20 世纪 90 年代，Daniel Kahneman、Amos Tversky、Colin Camerer 以及 Richard Thaler 是最早一批关注这个问题的科学家。他们首次提出了狭义框架（narrow framing）的概念，即人在做决策的时候倾向于把一系列经济事件孤立地评估，而不是作为一个整体来考虑。这导致对决策问题的不同描述往往会导致不同的偏好，这与理性选择的一致性原则相违背。而这样的违背体现出决策框架在激活和适用的规则上可能并不存在公理性的规范。因此，尽管在预期效用理论中这些规范是必要的，但这也导致了它在描述上是无效的。当然，最为有趣的部分是，什么时候一系列经济事件会被孤立，什么时候不会，以及由此诞生的潜在理论是否能够解释更多的异象，成为一个令人兴奋的探索方向。

基于一些效用函数，选择理论假定人的选择应该独立于我们对于选择本身的描述。还记得那半杯水吗？无论你问我，是要喝居然还有半杯的那水，还是只剩下半杯的水，理性人的回答一定是："随便，都行"。因为信息的呈现方式不应该改变决策者的偏好——这是传统经济学理论框架的基石。然而，在 Kahneman 和 Tversky 1981 年的论文中，我们似乎看到了这块基石隐隐的缝隙[1]。证据表明，决策者的偏好跟呈现信息的方式是有关系的，换言之，万物可鸡汤。

想象一下，假如以下两个决策，决策 I 和决策 II 同时摆在你面前。在以下两个选项中，选择您更偏好的：

决策I

　　A. 肯定会有 240 美元的收益

　　B. 25% 的机会获得 1 000 美元和 75% 的机会一无所获

决策II

　　C. 肯定损失 750 美元

　　D. 有 75% 的概率输掉 1 000 美元，25% 的概率没有任何损失

根据 Kahneman 和 Tversky 统计的结果，84% 的受试者在决策 I 中选择了 A，只有 16% 的人选择了 B，而在决策 II 中，87% 的人选择了 D，只有 13% 的人选择了 C。特别是，73% 的受试者选择了 A 和 D 的组合，也就是说 25% 的机会赢 240 美元，75% 的机会输 760 美元（0.25×240-0.75×760 = -510），这显然是不符合逻辑的，因为选项 B 和 C 的组合显然能带来更好的收益，也就是 25% 的机会赢 250 美元，75% 的机会输 750 美元（期望收益 = 0.25×250-0.75×750 = -500）。这个例子表明，人们不会将决策 I 的结果跟决策 II 的结果整合起来评估其对他们财富造成的影响，而是会对决策 I 和 II 进行孤立地评估。事实上，这在对照组中得到了证实。那些只被问到决策 I 的受试者中，确实压倒性地选择了 A；而仅仅被问到决策 II 的受试者，绝大多数人选择了 D。因此，典型

的最大化自身财富水平的效用函数无法解释实验中人们的选择。因为毕竟，决策 I 和 II 的所有选项，都是同时呈现给受试者的。而他们的决策，跟对照组，也就是仅仅看到决策 I 或者决策 II 的人在趋势上完全相同。因此，我们可以比较稳妥地得出结论，即使同时呈现了多种选项，我们仍然倾向于对他们独立考量，这就是一个狭隘框架的典型例子。

在许多金融决策中，由于结果通常是用数值来定义的，而数值又是可以在不改变信息本质的前提下用多种方式来描述的，这就为我们提供了在真实市场环境中观察狭隘框架的机会。比如，Thaler 和他的学生 Benartzi[2] 就把狭隘框架用于进一步解释股票溢价之谜。这要从他们在南加州大学的一项实验说起。实验招募了一批新聘的非教职员工，员工必须决定如何投资他们的退休基金。在美国，退休金计划通常被称为 401（k）计划，这个术语源于税法中使其合法化的条款。Thaler 和 Benartzi 让每个受试者想象在这个退休计划中只有两种投资选择，一种风险更高，预期回报更高，另一种更安全，预期回报更低。图 3.1 显示了这两个基金过去 68 年的收益分布情况。风险较高的基金是基于美国大公司指数的回报，而安全的基金是基于五年期政府债券投资组合的回报。但他们没有告诉受试者这些以尽可能避免他们可能对股票和债券有任何先入为主的看法。

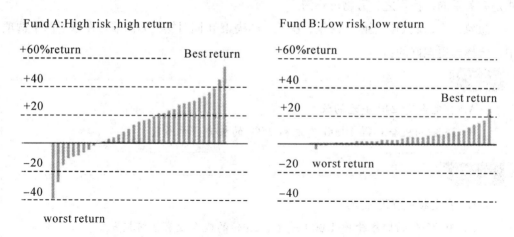

Distribution of average annual returns over 30 years

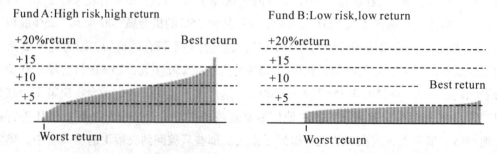

图 3.1 收益分布：根据债券和股票的收益分布生成的不用取样器的模拟分布[3]

　　实验的重点是检测展示回报的方式是否会改变受试者对于相同资产的风险评价。在第一组中，受试者在左右两个图中分别看到的是股票和债券年收益率的分布；在第二组中，向受试者显示的分布为模拟年平均回报率 30 年期的情况。这分别对应了真实情况中，每年检查一次你的退休账户或者是直到退休才检查。注意，这两个图表使用的数据是完全相同。这意味着，在一个传统理性人的世界里上下图表展示的完全是相同的资产，不会对他们的选择产生任何影响。

　　对实验对象来说，数据的呈现产生了巨大的影响。我想，当你上下对比这两张图的时候，你也会产生明确的喜好。根据统计，看到年回报率的员工表示愿意将 40% 的资金组合投资于股票，而那些看到 30 年长期平均水平的员工选择将 90% 的资金投资于股票。这些结果与 Samuelson 发现的悖论非常相似——人们不喜欢单次的风险，而人为地，将单次风险整合再呈现，人们承担风险的意愿显著上升。为什么呢，因为人们越频繁地查看他们的投资组合，损失厌恶就起到了更频繁而深远的作用，投资者就容易产生负效用，你查看得越多，你就会看到更多的损失，你的投资回报就越不平滑。Thaler 等[4]的研究更是为这个理论提供了更明确的证据。在实验中，伯克利大学的学生被指派一项工作，用投资基金的钱为大学捐赠基金进行投资。当然，他们只是假装自己是基金经理，但他们在实验中获取的真实奖励确实取决于他们的投资结果。在不到一小时的时间里，他们的收入从 5 美元到 35 美元不等，所以这对他们来说有着足够的动力。在之前的实验中，受试者只有两种投资选择，一种风险更高但回报更高，另一种更安全但回报更低。在这个研究中，实验人员人为控制受试者观察自己投资结果的频率。一些实验对象在每个模拟的日历年看到他们的结果 8 次，而其他人只看到他们的结果一次或每五年一次。正如狭隘框架导致的投资短视那样，损失厌恶发挥了更大的影响：那些经常看到自己结果的人会更加谨慎。那些一年看到 8 次结果的人只把 41% 的钱投在股票上，而那些一年看到一次结果的人把 70% 的钱投在股票上。

　　实验观察到的狭隘框架还在近年得到了进一步验证。这个自然实验的契机是因为以色列的监管政策发生了变化。2010 年监管退休储蓄基金的政府机构改变了基金报告的方式：以前，当一个投资者检查她的投资时，给定基金的第一个数字是最近一个月的回报。在新规出台后，投资者看到的是过去一年的回报。正如短视导致的损失厌恶所预测的那样，Shaton[5]调查之后发现，在结果呈报的方式改变之后，投资者将更多的资产转入股票。他们的交易频率也降低了，也不太容易将资金转移到近期回报率高的基金。总之，仅仅降低检查投资账户的频率已经足以帮助投资者做出更明智的投资决定。

　　因此，当我们将损失厌恶和狭隘框架的相关证据联系到一起，股票溢价——投资者要求的股票回报率如此之高似乎就有了比较完备的解释：投资者过于频繁地关注他们的投资组合，也就过分强调了资产正常波动时引发的下行风险。基于此，我们可以非常有信心地提供一条投资建议：如果你还年轻，你可以持有极其偏股的多元投资组合，然后尽全力远离一切财经新闻和主播"大V"，放弃一年 10 倍的妄念，任他风口来去，你就是只买不卖。二三十年之后，你的业绩大概率会是同期顶级，尽管可能还不能以股神自居，但是你要知道，股神大多都有非凡的运气①。

还记得我们在章节开头的两道问题吗？为了方便，我们在此复述一下：一家大型汽车制造商最近遭遇了一系列经济困难，似乎有三家工厂需要关闭，6 000 名员工下岗。生产副总裁一直在寻找其他方法来避免这场危机。有别于之前的 A 计划和 B 计划，您的助理制定了两项新的计划：

> **决策**
>
> 拯救工厂 II
>
> C. 该计划将导致两家工厂倒闭，4 000 人失业。
>
> D. 该计划有 2/3 的概率导致所有工厂倒闭，6 000 工人失业，但是有 1/3 的概率所有工厂可以免于倒闭，也不会有工人失业。

此外，关于小镇高速安全问题的决策，假设我们现在有一项新的提议，需要您的回应。

> **决策**
>
> 小镇高速安全促进计划 II
>
> A. 每年的伤亡人数降低 30，每年的费用估计为 12 万美元。
>
> C. 每年的伤亡人数降低 100，请说出执行这项计划，您愿意承担的最大支出是多少？

根据大量受试人的回应，我们可以发现，在拯救工厂 I 中，大部分人倾向于选择 A 计划，而在拯救工厂 II 中，大部分人倾向于选择 D 计划。而事实上，如果您稍加注意，你会发现 A 选项和 C 选项其实是等价的。B 计划和 D 计划也是等价的。区别仅仅在于描述是针对积极的结果还是消极的结果。因此，如果绝大多数人在 A 计划和 B 计划之间选择了 A 计划，也就是"挽救三家工厂中的一家和 2 000 个工作岗位"，那么他也应该在 C 计划和 D 计划之间选择 C 计划。因为这两项计划带来的结果都是一个工厂获救，保住 2 000 名工人的岗位。而事实上，人们在面对拯救工厂 II 的决策中，当题干强调了两种计划的消极面，相比起 100% 接受一个固定的损失，我们变得更愿意通过承担更大的风险来避免损失。这种偏好前后矛盾的现象完全符合前景理论的说法，即在面对收益或者积极面的风险决策中，决策者更容易风险保守；在面对损失或者消极面的风险决策中，决策者更容易风险追逐。而这项实验的重点在于，人们对于风险是追逐还是规避的

---

① 我们会在过度自信的章节详细讨论这个问题。

偏好是可以被人为操控的。客观上完全相同的结果，只要在描述的手段上稍加侧重以激发决策者的狭隘框架，同样的人就可能表现出不一致的选择。

我们再来看小镇安全促进计划。我们发现，在计划 A 和 B 之间，人们普遍倾向于 B 计划，即用 55 万美元来让伤亡人数降到 100。尽管从成本效益的角度稍加计算，计划 B 拯救每名死伤者的需要付出的平均成本要远远高于计划 A。然而，在计划 C 中，如果受试人被要求自己说出经费的具体金额，他们给出的平均数字则要远低于 55 万美元。大部分人在面对 A&B 计划和 A&C 计划时，慷慨程度呈现出显著不同。而这种不同也仅仅是由于询问方式的改变造成的。在计划 C 中，相对于被动地选择，主动说出一个数字无疑给决策者带来了更紧迫的支出感，此时他更偏向于要为自己花出去的公共经费负责。而在计划 B 中，由于决策者无需自己制定预算，减少更多伤亡的正义感在决策中就成为主要的驱动。

3.2 案例和应用：午餐谈话

关于狭义框架的缘起可以追溯到两个经济学家，Paul Samuelson 和 Cary Brown 的一次午餐谈话，这顿饭吃出了一个逻辑问题。故事的大概是这样的：Samuelson 和 Brown 打了个赌。抛硬币，正面的话 Brown 赢 200 美元，反面输 100 美元。正如 Samuelson 所预料的那样，Brown 拒绝了这个赌注，显然，他拒绝的理由很可能是损失厌恶，因为 200 美元的收益产生的快感不足以抵消损失 100 美元带来的痛苦。然而 Brown 说了些让 Samuelson 意外的话。他说他不喜欢 1 个赌注，但愿意接受 100 个这样的赌注。

这引发了 Samuelson 的思考。显然，这不该是经济学家干得出来的事情。从经济学的标准来看，Brown 的偏好是不理性的，也不符合逻辑。如果 Brown 同意连续参加这个赌注 100 次，假设现在他已经完成了 99 次，这个时候，如果我们提供一个选项：可以选择要不要继续下去，Brown 会怎么做呢？他会发现，要不要继续呢，还剩最后 1 次。但是因为他不喜欢赌 1 次，所以他会停下来。但奇怪的是，如果他这么做了，那么他的偏好就变成了他可以接受 99 次连续的赌注，而并不是像他之前声称的那样，接受 100 次连续的赌注。同样的逻辑还可以继续：假设我们在第 98 次赌注后做同样的事情。我们告诉 Brown 最后 2 个赌注也是可选的。Brown 会怎么做？他会发现，第 99 次也是一个单独的赌注，他会再一次拒绝。聪明的读者可能已经意识到，如此递推下去，你会得出 Brown 在第一次就会停下来这个结论。因此，Samuelson 反复强调：如果你不喜欢赌 1 次，你同样不应该喜欢赌很多次。如果 1 次赌注不能打动你，那么 100 个无法打动你的事物加在一起，也不应该打动你。这个逻辑是无懈可击的。如果一件事不值得做，那么这件事也不值得做两次、三次、一百次。

同样的逻辑也适用于投资股票和债券。还记得股票溢价之谜吗？它问的是，如果人们期望股票的年回报率能高出 6%，人们为什么还要持有这么多债券？由于回报率有 6% 的优势，在二三十年的长时间内，股票比债券表现差的概率会很小，获得更多收益的概率会很大。但是投资者美元选择坚定地持有股票。正如 Brown 一样，投资者很可能因为狭义框架表现得过于短视，频繁地检查他们的股票账户，孤立看待股票的短期波动而忽略长期的增长趋势，这样他们就会高估股票的风险。我们会看到大量的实验研究都发现损失厌恶跟狭义框架有着紧密的联系，因为损失厌恶常常就是触发决策者狭义框架的主要原因。

3.3 案例和应用：什么时候你该努力工作？

狭隘框架是如何诱导我们做出次优的生产决策的？比如，你什么时候去工作，什么时候该休息，你认为的正确模式可能是不经济的。当然，我们的讨论不涉及把工作视为福报的正能量"铁人"，我们主要想说一说普通人应该怎么平衡生产生活并最大化自己的收益。由于各行各业都有着自己不同的特点和周期，我们打算通过一个真实的研究来反映这个核心的理念。

假设一个网约车司机，通常会在一家平台性的大公司工作。为了规避自有车辆维护和折旧的复杂计算，我们假设他租用平台的车辆工作，假设他每天租 12 个小时，通常从早上 6 点到晚上 6 点，或者晚上 6 点到早上 6 点。每天运营的成本是固定的车辆使用费、管理费以及燃料费，剩下的就是司机自己的收入。那么，司机应该怎么决定什么时候下班？在拥堵的大城市，连续驾驶 12 个小时是一件并不轻松的工作，尤其是当你还要在各种复杂路况接到似乎不可能接到的乘客。由于乘客较多的时候路况也会变得拥堵，完成每一个订单的时间就会延长。接单数和司机的利润也就不是严格的正比关系。在繁忙的情况下，司机可能会发现有时候还会无利可图。因此，一个容易想到的工作计划是，司机可能会采取目标收入策略。他们会设定一个赚钱的目标，当他们达到这个目标，他们今天就收工回家。

显然，目标收入策略会让你的收入固定，而工作时间不固定。换言之，这带来一个反直觉的事实：在钱好赚的时候司机可能会提前收工，在钱不好赚的时候司机反而会延迟收工。为了验证这一点，我们必须去研究真实的出租车司机的记录。基于研究从纽约市出租车和豪华轿车专员那里获得的数据，这包括接车的时间、目的地和费用、司机还车时间等，Camerer 等[6] 发现一个令经济学家感到震惊的事实：出租车司机在当日的时薪越高，他们就工作越少。

基础的经济学原理告诉我们，工资越高，市场上可提供的劳动力就越多。在这里，我们发现了恰恰相反的结果。重要的是要弄清这些结果说明了什么，不能说明什么。和其他经济学家一样，论文作者认为如果出租车司机的工资翻倍，确实会有更多的人愿意开出租车谋生。即使在特定的某一天，如果有理由认为这一天会更加有利可图，选择休息不开工的司机也会变得更少。即使是行为经济学家也相信，当价格上涨时，人们会减少购买，而当工资上涨时，人们会增加劳动力供应。但是，在当天工作的司机样本中，目标收入策略让他们忘记了自己劳动效率的变化，而专注于单位时间内的劳动结果，这导致了我们观测到的现象。

当然，出租车司机也会通过学习克服这种偏见。研究人员发现，如果根据按照工龄把出租车司机分成有经验的和没有经验的两个样本，在任何情况下，经验越丰富的司机表现得越理智：当工资率更高时，他们工作更多。与之形成强烈对比的是，缺乏经验的司机组看起来的确非常像持有目标收入策略的群体，不论工资率的水平，当他们达到某个收入，他们就回家了。

基于已有的数据，作者估算出，如果司机可以摆脱狭隘框架的影响，以月而非日的周期来评估他们获得的收入，也就是说，假设每个月的工作时长是固定的，如果他们决定把每月的工作时间平分到每一天而放弃目标收入策略，他们的收入就会比真实样本中多 5%。如果他们在顺利的日子里分配更多的工作时间，在糟糕的日子里分配更少的工作时间，那么他们会多挣 10% 的钱。没错，就是这样微小的改变，就能轻易提高收入！

然而，这可能在实践上略有难度。尤其是对于没有经验的新司机，每日收入目标是一个看似合理且很容易遵循的规则。想象一下，如果一个出租车司机回到家，跟老婆说他提前回来的理由竟然是今天钱挣得不多，这位司机将极有可能遭遇一番诚恳而漫长的谈话。除非，他老婆是一位深谋远虑的经济学家。

3.4 心智账户

在 Thaler 的故事本里，关于 Maya 女士有一个广为流传的段子：

Maya 想要买一床被子铺在 1.5 米宽的床上。她去了商店，发现她喜欢的款式正在打折。通常的价格是 2 米的 300 美元，1.8 米的 250 美元，1.5 米的 200 美元。今天，全场只要 150 美元！Maya 无法抗拒，她买了 2 米的。

心智账户是由行为经济学家 Richard Thaler 首先提出的，它指的是人们倾向于在思考、跟踪和评估他们的财务结果时采取不同的认知或评估的方式[7, 8]。Thaler 指出人们的许多行为在传统经济学理论看来有点 "诡异" 和自相矛盾。也就是说，大量的实验发现，在各类受控或者非受控的决策环境中，人们的偏好既不稳定，也非最优。例如，考虑下面这个例子：

> **思考**
>
> 丢失的戏票
>
> 假设你决定去看一场戏，并支付了每张票 10 美元的入场费。当你进入剧院时，你发现你把票丢了。座位没有标示，戏票无法退款。你愿意再付 10 美元买一张票吗？

记住你的回答，然后看下一个场景。

> **思考**
>
> 丢失的钞票
>
> 假设你决定去看一场票价为每张 10 美元的话剧。当你买票时，你发现你丢了一张 10 美元的钞票。你愿意继续付 10 美元买一张戏票入场观看吗？

在基本的经济理论看来，以上两个场景并没有什么不同。你需要做的唯一决定是考虑这部话剧是否值得你再花 10 美元。这 10 美元究竟是以现金的形式丢失，还是以一张戏票的形式丢失，跟你的决定真的没有关系。因为经济理论都是基于"机会成本"这个视角来展开分析的。你需要比较的是 20 美元带来的负效用能不能小于欣赏话剧为你带来的正效用。原则上大部分人都应该这样思考。所以，我们期待的答案应该是，在两种损失 10 美元的场景中，要么答案都是"是"，要么都是"不是"。回答"是"的人表明他们把话剧带来的正效用看得比损失 20 美元导致的负效用要高，而回答"不是"的人，很显然，他们认为话剧带来的正效用仅仅落在损失 10 和 20 美元之间某个数值对应的负效用。然而，在回答第一个问题的受访者中，46% 的人说他们会买一张票；在回答第二个问题的受访者中，这个比例提高到了 88%。

心智账户可以很好地解释这里出现的矛盾。根据不同的场景，人们很可能会对决策的动机进行重要的"脑补"。正如 Richard Thaler 所言："心智账户是一套被个人用来组织、评估和跟踪财务活动的认知操作。"许多人会在名义上把他们的钱放在不同的心理账户里，如支出（食物、住房、娱乐、假期）、财富（支票账户，退休储蓄）或是收入（工资、副业、投资收益）等。人们还会对每一个心理账户分配相应的预期。例如，我预期我的收入是 1 000 元，那么我希望我在食物上的花费不超过 400 元，在教育上的花费不超过 200 元，诸如此类①。回到这两张戏票的问题，当戏票是预先购买时，我们很可能设置了一个"娱乐账户"。如果一切都按计划进行，我们就会用原票观看演出，观看演出的成本就是 10 美元；如果票丢了，再花 10 美元购买一张戏票，由于"娱乐账

---

① 值得注意的是，这些"账户"通常是心理概念，体现的是一种完全的心理倾向。我们大多数人都没有明确的冲动要把这些心理账户实体化为一个一个的银行账户。

户"已然存在，观看演出的成本可能就被认定为 20 美元。而在另一个场景中，丢失的 10 美元可能还没有跟"娱乐账户"建立关联，所以人们会更愿意去购买一张新票——虽然对损失的 10 美元感到不高兴，但人们也没有像建立了"娱乐账户"那样，直观地感受到花在看戏上的娱乐成本为 20 美元。

为什么我们会使用心智账户？即为什么人们认为同样的"数值"不代表绝对的价值？这主要是基于情感的驱动。即心智账户实际上体现了人们倾向于合理化甚至美化自身决策的倾向，从结果来说，这样做能够帮助保持心情的愉悦或者良好的自我控制。而在这个过程中，心智账户的触发和实现常常受到其他认知偏误的共同影响，如参考点、损失厌恶、狭隘框架等。在这里，我们先介绍一些在经济和金融领域比较典型的案例。

例如，你拥有的财富经常会被分成不同的心理账户。在这个层级的最底层是你最想花出去的钱，比如，信用卡上的溢缴款。因为溢缴款不仅无法给你带来利息，你更是会担心自己会忘记这笔钱。其次可能就是现钞。在电子支付的时代，现金的携带保存都是一件略显不便的事情，尤其是一些零钱。因此，花掉小额现金给你带来的不舍可能要小于同等金额的微信支付，你甚至还可能因为处理掉了一些零散的现金而感到释然。而对于支付宝中理财的钱，人们就不太愿意把它取出来了。这可能导致一边小额借贷一边理财投资的奇怪行为。同样是钱，最不可"侵犯"的账户可能就是你用于长期储蓄的账户，比如退休账户或子女教育账户。你可能已经发现，事实上，任何账户上的钱都是一样的，它们都代表和储存了同样的权利，但我们就是希望通过这样的划分来帮助我们达到更好的自我控制和管理。而事实上，这些倾向甚至影响了一些真实财富账户的设计，比如基金定投账户就是一个典型的例子——我们需要针对性地设计出一个分离的账户来帮助我们实施规律的被动投资。

在某些场合，心理账户还会对我们的购买决策产生重大影响。例如，大多数电影观众都认可一杯可乐在电影院应该比路边卖得更贵。即使考虑到运输和经营的成本，一碗蛋炒饭在海岛度假村的标价仍然要比普通饭馆高不少。这主要是因为除了商品本身的价值会影响我们购买商品时对于价格的预期，在什么地方获取这个商品同样会影响价格的预期。这被 Richard Thaler 定义为"交易的效用"。

在 Thaler 开展的一个关于交易效用的实验中，参与者被分成两组，并要求他们想象自己在炎热的天气中躺在沙滩上，渴望喝一瓶他们最喜欢的冰啤酒。一个朋友自愿去附近唯一一个卖啤酒的地方买一些啤酒。实验人员对其中一组说，啤酒的卖家是一家"豪华度假酒店"；接着，实验人员对另一组人说，啤酒是从一家"破旧的小杂货店"买来的。两组参与者被问到愿意出多少钱买啤酒，并说只有当啤酒的实际卖价和他们给出的价格相等或更低时，他才会买。两组回答的数字大相径庭：酒店组回答的中位数是 4.10

美元，而杂货店组的中位数是 1.50 美元①。在经济学家看来，这个实验结果有一种尴尬的"怪异"。在这个假设的场景中，两组人最终都在同一个地方喝同样的啤酒。一般来说，像"豪华酒店度假村"这样的地方可能会辩称它们为顾客提供了一种豪华的"氛围"，从而证明价格较高是合理的——但在这项研究中，即使无法享受那种氛围，参与者仍然愿意支付额外的费用。这说明，人们愿意为享用啤酒的环境付出更高的价格是可以理解的，但是以什么价格购买啤酒竟然也会受到购买地点的影响，即使这个地点跟享用啤酒的地点不一样！为什么受访者关心啤酒是在哪里买的？主要的原因就是人们对于高档场所由来已久的固有印象——在度假胜地的酒店花 6.35 美元买一杯啤酒虽然很烦人，但却是意料之中的事，因为人们知道那些地方就是要贵一点，这就是交易效用的本质。同时，需要提醒的是，这个例子并不是说人们不受廉价商品的影响，而是单看价格本并不足以解释人们对于交易的总体评价。占有一件商品的效用是相对固定不变的，因为消费一瓶啤酒的快乐基本上是固定的。但是交易效用却是可以被操控的。假设汤姆说他只愿意花 4 美元从杂货铺买啤酒，而花 7 美元从度假村买。他的朋友杰瑞为了让汤姆更开心，他可以从超市花 5 美元买啤酒，但告诉汤姆这是从度假村买的。汤姆会畅饮这瓶酒并且为节省 2 美元就能尊享这份奢华而深感满足。

交易效用可以很好地解释许多商品存在"一分钱一分货，十分钱三分货"的现象，有时候我们也称之为"消费升级"。对于那些至少有经济条件来追求交易效用的人，看似"被宰"的消费经历很快会被忘记，但这种交易带来的"专属""尊享"或者"限量"的体验往往能让人大呼人生值得。另一方面，划算的交易效用也会诱使我们购买一些毫无价值的东西。每个人的衣柜里都有一些很少穿但却是"必须买"的东西；每个人的冰箱里都有一些过期的蔬菜瓜果；游戏玩家的游戏库里总是躺着一些基本没有玩的游戏。哦，别忘了，在杂物间或者壁柜的某个角落，还有 Maya 女士 2 米宽的被子。

从上面的例子中，我们还可以观察到参考点的重要性，它帮助我们判断交易效用可能是积极的还是消极的。在 Kahneman 等[9]这项研究中，参与者被要求想象自己将要花 125 美元买一件夹克，花 15 美元买一个计算器。然后，计算器销售员通知买家，同样的计算器在 20 分钟车程之外的另一家分店正在以 10 美元的价格出售。68%的受访者表示，他们愿意为节省计算器上的 5 美元驱车前往。然而，在另一组参与者中，问题变成了：计算器的价格是 125 美元，夹克的价格是 15 美元。计算器在另一家分店减价出售，售价 120 美元。在这种情况下，只有 29%的受访者表示他们会去另一家分店购买计算器。而在这两种情况下，节省的金额其实都是相同的。

很显然，这些不同的行为模式与参考点的介入有关，而参考点的确定又跟心理编辑

---

① 这项研究是在 1985 年完成的，所以这些数字并不像听起来那么低，它们分别相当于 6.35 美元和 3.59 美元。

所依据的"框架"有关，这是 Kahneman 和 Tversky 首先指出的。他们和其他许多人的研究表明，相对于自我激发的心智账户，心智账户的建立也会受到不同的描述方式的影响。在计算机和夹克的例子中，当计算器通常卖 15 美元时，减价 5 美元似乎很具有吸引力，但 125 美元减价 5 美元就让人忍不住要反问售货员："我看起来是那种缺 5 美元的人吗？"

另一个影响我们如何看待得失的因素是我们如何整合或者分离可用的信息。这种整合或者分离可以发生在同一事物但是不同的时间尺度上，也可以发生在同一时间但是不同的事物之间。例如，杰瑞在一张彩票中赢得 50 美元，在另一张彩票中赢得 25 美元，而汤姆在一张彩票中赢得 75 美元，另一张彩票则什么都没有得到。现在，你认为汤姆和杰瑞谁更幸福？

在我的课堂记录中，64% 的同学认为杰瑞会更快乐，22% 的同学认为汤姆会更快乐，14% 的同学觉得他们会同样快乐。尽管两人得到的奖励是一样的，但绝大多数人能够达成一项共识——两次较小的连续的获利会比一次大的获利更让人开心。然而，损失的情况恰恰相反。在另一个假设场景中，汤姆发现他买的股票，周一和周二各自亏损了 2 000 元；而杰瑞没有在周一检查自己的股票账户，他只是在周二收市之后发现自己亏损了 4 000 元。同样，尽管金额是相同的，根据我对学生的访问，大部分人认为汤姆会更难过。

近年来，基于实验和真实世界数据的研究进一步推动了我们对心智账户，尤其是在诸多财务决策场景下的理解。总的来说，证据表明，人们使用不同的编辑规则，从而在他们的内心重塑出完全不同的决策问题，并导致不一致的选择。例如，人们的风险偏好会根据呈现给他们的历史数据的聚集或者分散而变得显著不同。具体而言，如果人们看到的回报是以投资组合为单位进行整合而不是分别呈现单个资产的回报，他们就会变得更愿意承担风险[10-12]；如果人们更多地关注到股票长期的收益，他们也会变得更愿意承担风险[2, 13]。此外，受心智账户影响的决策者可能还会在决策中受到别的维度的影响。例如，Imas[14] 发现，如果投资者延迟兑现他们浮亏，那么他们会在接下来的交易中变得更加风险追逐以挽回损失，相反，如果他们提早兑现浮亏（关闭了一个心智账户），他们则会在接下来的交易中变得更加风险厌恶。

3.5 处置效应

大量的金融市场交易证据表明，无论是机构投资者还是个人投资者，他们往往倾向于出售那些持有期内表现良好的股票而不愿意卖出持有期内表现较差的股票[15-16]。我们将这样的现象称为处置效应（disposition effect）。Terrance Odean 通过个人投资者的交易数据验证了处置效应的存在[16]，并提出了获利兑现比例（PGR，proportion of gains realized）与亏损兑现比例（PLR，proportion of losses realized）：

$$PGR = \frac{兑现的收益}{兑现的收益+账面收益}$$

$$PLR = \frac{兑现的亏损}{兑现的亏损+账面亏损}$$

其中，兑现的收益（亏损）指的是持有期内股票上涨（下跌）后，将其卖出，兑现的这部分收益（亏损）；账面收益（亏损）指的是持有期内股票上涨（下跌）后，尚未卖出，所有的收益（亏损）都还停留在账面的部分。通知，账面损益状况可能发生改变甚至逆转。比如，你曾经持有某只股票，一个月内它下跌了 5%，但你没有卖，这里的 5% 就是账面损失，对你来说损失没有真实发生，可能再过一个月它可以涨回到你的成本价格并进一步上涨 3%。

此时我们对于处置效应的检验，就可以转化为研究 PGR 与 PLR 之间的差距：如果投资者呈现出处置效应，那么他们应该倾向于将收益"落袋为安"；同时继续持有损失的股票，期待账面扭亏为盈，即，PGR>PLR。实证结果表明，投资者在全年，尤其是 1—11 月，PGR 显著地高于 PLR，即呈现出明显的处置效应。而在 12 月则呈现出相反的现象，投资者在年底倾向于卖出账面亏损的股票，同时持有账面盈利的股票，因为兑现盈利会承担一定的税负，而兑现亏损则可以减少税负。因此，在 12 月投资者会呈现出与处置效应相反的行为。

但另一方面，我们应当注意到，1—11 月，投资者出于减少税收的目的，也应该持有盈利的股票而出售亏损的股票，至少税收互换（tax-swap）① 是一个非常不错的策略，为什么还会呈现出处置效应呢？

此外，如果站在传统理论的视角去解释：投资者是理性的，他们出售盈利的股票实现账面的盈利，应当是了解了这些股票在后续的发展中会遇到瓶颈，因此不再是他们投资的首选；反过来说，投资者持有亏损的股票的理由应该是他们认为这些股票在未来还有很大的上涨空间。但进一步的实证数据完全不支持投资者这一理性假说！根据 Odean 的实证数据，投资者出售的盈利股票往往在之后仍旧盈利，持有的亏损股票往往在之后持续地亏损，也就是说，投资者根本不是基于对于信息的理性分析，也没有理性地在全年贯彻基于避税目的的交易策略，而是实实在在地出于某些原因而呈现出处置效应。

Shefrin 和 Statman 为处置效应提供了一些可能的解释，其中，他们着重强调了前景理论[15]。回顾前景理论，投资者以参考点作为考量盈亏的基准，高于参考点的投资结果被认定为正效用，低于参考点的投资结果被认定为亏损。投资者的价值函数——$v(x)$，

---

① 通过出售亏损的股票，同时买入风险相当的其他股票。这样一来，投资者所面临的风险暴露是大致不变的，根据美国国税局（IRS）的相关政策，资本损失可以冲抵税负，所以投资者需要承担的税负减少了。

在收益端是凹函数，在损失端为凸函数。假设投资者以购买某只股票的价格作为参考点，来考虑持有该股票的盈亏。当股票上涨后，投资者呈现出风险厌恶，则更倾向于卖出股票；当股票下跌后，投资者呈现出风险追逐，则更倾向于持有亏损的股票。

比如，你在期初以 50 美元的价格买入了股票 XYZ，假设股票每期有 50% 的概率涨或跌 10 美元。在一个月之后，其价格变成了 60 美元，此时，你有两个选择：

决策

1. 卖出 XYZ，将账面收益兑现；

2. 赌一把，继续持有 XYZ，50% 的概率下一期收获总计 20 美元，50% 的概率回到买股票前的水平。

根据价值函数的特征，投资者在收益端呈现出风险厌恶，也就是说此时你可能更倾向于卖出 XYZ，兑现账面收益。类似地，如果买入 XYZ 后的一个月股票下跌至 40 美元，你在损失端将呈现出风险追逐，可能更倾向于持有 XYZ，等待它扭亏为盈。

但这还不能解释全部，因为投资者还是有理由通过税收互换来减少税负。Thaler 和 Johnson 给出了解释[17]，投资者持有的不同的股票对应了不同的心智账户并且投资者会分别考虑它们的盈亏。税收互换意味着需要关闭一个亏损的账户、实现账面亏损，由于损失厌恶的存在，这样的操作投资者会觉得难以接受。

同时，兑现收益可以带来自豪情绪，而兑现损失将会带来后悔或者负面的自我认知，比如承认投资失败。对于后悔的厌恶使得投资者难以终止并且往往推迟正在亏损的心智账户的止损。从投资的逻辑来说，我们应该减少决策受到情绪的影响，这就需要自我控制（如严格的止损规则），但很遗憾，我们往往很难做到这一点。

尽管在直觉上，前景理论对处置效应的解释是说得通的，但 Barberis 和熊伟的研究显示，基于前景理论的假设，投资者在量化分析中有时无法呈现出处置效应，甚至可能产生相反的投资行为[18]。这是怎么回事呢？首先，作者提出了投资者最优交易策略的模型作为一个讨论的参照，用来展现投资者在不同的投资期限、面对不同的资产价格和收益，给出的最优资产配置策略。投资者的偏好由前景理论的价值函数给出，相应的偏好参数，采用前景理论相关的研究中典型的参数。

接下来，假设投资者的效用在投资期限结束（如一年）之后结算，而在这一年期间，可以有多个交易日，投资者在某交易日可以选择买、卖或继续持有。在这样的假设下，投资者的前景理论偏好由年化的期望收益产生，作者通过模拟投资者的最优交易策略以及投资行为，发现投资者往往呈现出与处置效应相反的行为，即倾向于卖出亏损的股票而持有或买入盈利的股票。

我们来举一个具体的例子，比方说投资者投资期限为一年，并且这一年之间有一天检查了自己的股票账户。也就是说，涉及了三个交易日——期初买入，期中某日检查账

户，期末卖出。为了简化，我们假设投资者仅投资了一只股票，并且在这三个交易日间上涨和下跌的概率都是 50%，每次的涨（跌）幅相等，记为 r_u（r_d）。这里需要注意，$|r_u| > |r_d|$，因为根据前景理论，投资者对于损失更为敏感，因此，要有足够高的预期收益，投资者才愿意在期初购买这只股票。当股票在期中上涨时，投资者持有的股票数量记为 x_u，当股票在期中下跌时，投资者持有的股票数量记为 x_d。记期初投资者买入的股票数量为 x_0，若果投资者呈现处置效应，则有：

$$x_u \leqslant x_0 \leqslant x_d$$

即，投资者在期中看到第一阶段股票上涨的话，选择卖出一定数量的股票，而若看到第一阶段股票下跌，则选择继续持有或加仓。假设股票在初期的价格为 P_0 = \$40，r_u = 0.25，r_d = −0.15，期初买入 4 股该股票，即，x_0 = 4.0，则期中时，股票账户在涨或跌的情形下的财富变化分别为：

$$\Delta W_u = x_0 \times P_0 \times r_u = 4.0 \times 40 \times 0.25 = 39.9$$

$$\Delta W_d = x_0 \times P_0 \times r_d = 4.0 \times 40 \times (-0.15) = -24.3$$

根据最优投资策略模型，当期中股价上涨时，投资者应该增持而非减持使得 x_u = 5.05；而当期中股价下跌时，投资者应该减持而非增持，使得 x_d = 3.06。

当期中股价上涨时，投资者持有 5.05 股是最优的：假如期末股价进一步上涨，增持使得投资者赚得更多，而如果期末股价下跌了，最后的财富变化也是正的。对于以年收益来形成偏好的投资者来说，只要期末的收益是正的，而期望收益又足够高，那么他们将愿意承担风险去赌。期末股价上涨或下跌所对应的财富变化分别为：

$$\Delta W_{uu} = \delta W_u + x_u \times P_0 \times (1 + r_u) \times r_u = 39.9 + 5.05 \times 40 \times 1.25 \times 0.25 = 102.7$$

$$\Delta W_{ud} = \delta W_u + x_u \times P_0 \times (1 + r_u) \times r_d = 39.9 + 5.05 \times 40 \times 1.25 \times (-0.15) = 1.6$$

尽管我们知道，对于前景理论偏好的投资者来说，其价值函数在收益端是凹函数，但典型的参数表明，这个凹的程度并不高，或者说几乎是风险中性的。而在这样的前提下，只要股票的期望收益够高，那投资者就会选择增持。相应地，如果期望收益没有那么高，比如若出现亏损，总财富会低于参考点，那由于投资者的损失厌恶，他们不会对这样期望收益的股票增持。但需要注意的是，这种情况发生的概率很小，因为如果该股票没有很高的期望收益，那投资者在期初就会由于损失厌恶而不去购买这只股票，所以在期中上涨的时候，会选择增持。结合最优投资策略模型的计算，增持至 5.05 股是最优的。

类似地，当期中股价下跌时，投资者持有 3.06 股是最优的：假如期末股价上涨，即使减持也能使得投资者的财富回到参考点之右，即，小赚一点点，而如果期末股价继续下跌，减持也使得最后的亏损不至于太多。对于以年收益来形成偏好的投资者来说，只要期末的收益是正的，而期望收益又足够高，那么他们将愿意承担风险去赌。期末股价上涨或下跌所对应的财富变化分别为：

$$\Delta W_{du} = \delta W_d + x_d \times P_0 \times (1 + r_d) \times r_u = -24.3 + 3.06 \times 40 \times 0.85 \times 0.25 = 1.6$$

$$\Delta W_{dd} = \delta W_d + x_d \times P_0 \times (1 + r_d) \times r_d = -24.3 + 3.06 \times 40 \times 0.85 \times (-0.15) = -40$$

对于前景理论偏好的投资者来说，其价值函数在损失端是凸函数，因此愿意承担一定的风险，去赌股票在期末会上涨，可以涨回超过参考点的位置，因此会持有一定的股票。但不会全部持有或者增持，因为这意味着承担更多的风险损失，而超过参考点部分的风险收益，并没有那么吸引人，此处的边际效用已经显著下降了。结合最优投资策略模型的计算，减持至 3.06 股是最优的。根据这样的逻辑，不同情况下持仓排序应该为：

$$x_d \leqslant x_0 \leqslant x_u.$$

通过量化分析，我们可以看出，前景理论得出的仓位处理规律跟处置效应恰恰相反：价值函数在收益端仅呈现轻微的凹性，使得投资者更愿意增持，而损失厌恶也使得投资者宁愿减少风险收益来降低风险损失，只要财富最终有可能回到参考点。

进一步，Barberis 和熊伟尝试通过兑现收益和兑现亏损来形成投资者偏好，检验如果投资者通过兑现收益或者损失就能产生效用，那么前景理论是否能够重新解释处置效应。在兑现收益和兑现亏损的假设下，投资者不仅仅在期末才形成效用，而且在投资期限内的每一次交易都会产生效用。结合最优投资策略，结果表明前景理论可以较为可靠地解释处置效应。与之前分析的不同之处仅仅在于，通过兑现收益（亏损）产生效用的假设意味着投资者会分别对每一次交易评估损益。在损失端，由于价值函数的凸性，投资者更倾向于将整个投资期限的损失整体考虑；在收益端，由于价值函数的凹性，投资者更倾向于将收益逐个对待，因此更倾向于出售股票，实现收益。

沿着前景理论与兑现损益产生的效用，Barberis 和熊伟通过局部均衡分析，讨论了兑现效用（realization utility）的模型在投资行为和资产定价中的应用[19]，模型假设投资者不仅仅可以从他们的消费或是财富中获得效用，还可以通过对损失或者收益进行兑现来获得效用。结合前景理论，兑现效用模型可以在理论上呈现出处置效应。

具体来说，假设：投资者持有某种资产（如股票），通过出售这项资产，投资者可以得到效用。效用的大小取决于出售价格与当初购买这些资产的价格之差相关，当出售价格更高时，即，兑现了收益，则效用为正。反之，出售价格低于购入价格，兑现了损失，则效用为负。

这样的假设显然更加符合我们认知：首先，投资者对于自己交易过往的记忆并非仅仅是收益，一般包括你买了什么，是多少钱买的，是多少钱卖的。同时，以超过买入价格出售股票会让我们觉得很愉悦，而以低于买入价格出售股票会让我们感到不适。这样认知、回忆和评估交易的方式是非常常见的。比如，我回忆自己曾经以 134.79 元的价格买入了贵州茅台（600519），并且不久之后以 162.67 元的价格清仓。将贵州茅台股票的账面收益兑现，在当时让我很开心，因为我赚了（尽管在现在看来我好像错过了很多）。

一项研究证实了兑现效用假设的可靠性[20]：通过脑功能磁共振成像（FMRI）技

术，我们可以观察到人脑在进行投资决策时的神经行为。通过神经数据，研究展示了人脑中与决策价值相关的区域，腹内侧前额叶的活跃与资本收益有关而与未来回报的期望无关。这说明人们在进行投资决策时，更可能是通过兑现效用理论来实现决策而非期望效用理论。同时，腹内侧前额叶处反映的决策价值信号的强度，与收益兑现的比例相关①。最重要的是，在控制了兑现收益大小的前提下，当受试者实现收益的时候，腹侧纹状体（ventral striatum）中产生了明显的正反馈。这意味着，人们确实通过神经数据观测到了，兑现收益让投资者感到正面的体验。

以 Grinblatt 和 Han 为代表的学者研究了处置效应对资产价格的长期影响。他们发现：如果投资者呈现出处置效应，那么他们的交易行为会加剧动量效应（momentum effect）[21]。假设投资者持有的股票价格经历了上涨，由于投资者们普遍呈现出处置效应，大家更倾向于卖出这些股票，即股价的上涨会受到非理性的卖方行为所影响，导致价格被低估。随着价格低估被逐渐纠正，股票后续的平均价格也会变高。这样一来，我们可以观测到的就是，股票过去的上涨带来了未来进一步的增长，即呈现出动量效应。

此外，处置效用对于动量效用的助推也能在前景理论的框架中获得解释。因为，持有前景理论描述的偏好的投资者也可能在交易中为股票价格带来动量效应：当股票价格上涨时，持有者利用价值函数的收益端衡量效用；当股票价格下跌时，持有者利用价值函数的损失端衡量效用。由于价值函数在收益端呈凹函数、在损失端呈凸函数，按照前景理论决策的投资者更倾向于在股价上涨后出售股票，这也能导致股价被低估。因此，伴随股票价格上涨，后续平均价格也将进一步上升。

后续的研究进一步厘清了前景理论与动量效应之间的联系，当投资者根据处置效应进行决策时，资产回报会呈现动量效应，尤其是投资者效用的敏感度递减的程度②较高时[22]。这也符合在前景理论与处置效应的分析中提到的：投资者只有在敏感度递减的程度足够高时，才会呈现处置效应。

3.6　代表性偏误

为了从生活中获得意义，或者避免不确定性引发的焦虑，人们天生就有对规律进行总结和解释的倾向。宗教和科学其实都是尝试满足这个基本的需求。当人们试图得出某个结论时，根深蒂固的"快思考"模式会敦促我们将事件与我们头脑中已经存在的原型进行比较来评估事件的可能性。这个原型是我们认为与特定事件或对象最相关或最典

---

① 研究并未发现与兑现损失程度有相关关系的神经信号。
② 价值函数的曲率，在前景理论的模型中，通常用 α 代表。

型的例子。然后我们就可以使用一些"捷径"或"经验"来迅速得出判断，这么做的好处是对于时间或认知资源的消耗很少。然而，问题在于这样的思维模式很容易让我们在一些复杂场景下误入歧途：人们往往高估了自己的判断，站在客观和冷静的角度去观察，你会发现生活中许多重要的结论总是显得过于轻率和想当然，在实验心理学中，我们把类似的思维捷径称为代表性偏误。造成代表性偏误的原因主要来自两个方面：

（1）人们由于过分关注部分的规律而忽略更普遍但是不容易察觉和认知的规律。

（2）人们错误地假设小样本数量代表总体（或真实数据）。

虽然代表性偏误产生的时候完全有可能是多个因素同时作用的复杂结果，为了表述的清晰，我们还是通过一些例子来逐个阐述。

3.6.1 一叶知秋？

一片发黄的落叶在凉风中飘舞，我们知道秋天来了，一如两万年前我们洞穴中的祖先。然而，大自然中仅仅靠微小的征兆就能预示出宏大变化的例子在经济生活中并不多见。在现代生活中，人们爱好"管中窥豹可见一斑"的本能非常可能在金融领域造成灾难性的后果。我们首先来看一个简单的例子。如果你的朋友决定抛十次硬币，每次正面我们记为 H，反面记为 T，仔细观察下面三种连续抛掷的结果，你觉得下面的结果，哪种最有可能出现呢？

> **决策**
>
> 抛掷硬币
>
> A. HT HT HT HT HT
>
> B. HH HH HH HH HH
>
> C. TT TT TT TT TT
>
> D. HT TH HH HT HH

你是否认为是 D 呢？如果你稍加注意，让"系统 2"介入，你就能很快发现，四种选项出现的概率其实完全一样！只是你知道，抛掷硬币的结果是随机的五五开，所以你会认为这种"随机"的模式应该会体现在你的观测上。但是事实上，由于每一次的抛掷都是独立的，出现 TTTTT 或者 HTHTH 的概率是完全相同的。

如果我们把这些结果稍微转换一下，你就会发现事情将变得更具迷惑性：现在，假设 H 代表股价上涨 1 个单位，T 则代表股价下跌一个单位，图 3.2 画出了上述四个选项对应的走势曲线图。不明就里的人粗略一看，他可能会觉得左上方的公司正在多空来回拉锯；然后你可能评价右上方的公司如日中天，左下角的公司快要完蛋了急需金主，右下角的公司可能判断为公司震荡上扬，估值逐步显现，长期看好……

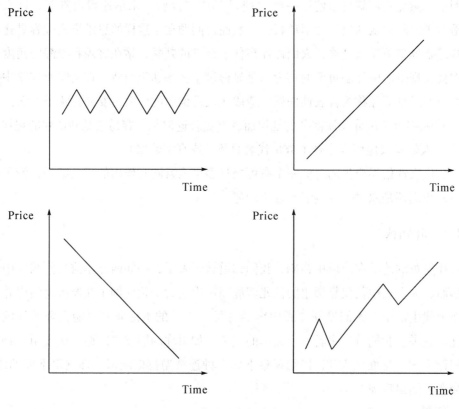

图 3.2　在随机中解读出规律

　　当然，如果你把这四幅图跟之前抛掷硬币的结果一对照，你会发现这些想法都不切实际。因为他们其实都来自抛硬币的结果，全部都是随机的！出现这四种随机结果的概率是完全一样的！

　　虽然这里的例子只是一个玩笑，但它反映了我们人类的一个重要的本性：我们试图在混乱的潮汐中寻找甚至罗织根本不存在的规律。从进化的角度来看，这个趋势是有道理的。想想两个原始社会的采集者，他们在一片依山傍海的平原发现了丰富的食物。一个采集者根据地形模式来预测其他水草丰美的地点可能在哪里，而另一个则没有。如果依山傍海确实跟水草丰美强关联，前者就比后者更有可能找到充足的食物；当时间拉长，你就会发现，喜欢根据地形找食物的个体更容易留存下来，因为地形确实跟食物的储量是有关系的。作为一个进化多年的物种，我们似乎喜欢在可观察到的数据中寻找模式，并从中得出可操作的结论，即使这些模式，在一些更复杂的场景下可能并不真正存在，我们就是无法停止，这种原始的找关联的思维模式。例如，许多交易者通过走势图，技术分析来寻找规律并总结出"上方空间""支撑点位""黄金三角""二八定律"等光怪陆离的辞藻来指导交易策略的建立。但在这种情况下，许多所谓的模式完全是他们的一厢情愿。经济运行在短期存在大量随机扰动，从历史中杜撰出一些规律和理论是非常容易的，但是，这些规律和理论显然无法摆脱随机扰动带来的影响。由于随机扰动的本质就是信息和逻辑的遗漏[①]，期望历史中被我们捕捉到的受随机扰动影响的"规律"在未来还能够继续存在，就真是个小天真了呢。在后续的交易中，持有类似信念的投资者很可能要付出惨痛的代价。

3.6.2 以小见大？

接下来，我们来谈谈人们如何错误地假设小样本数量代表总体（或"真实"数据）的情况。已知我们对一位基金经理业绩的长期观测是这样的：她在所有管理基金的年份里，三分之二的时间都超过了市场基准。请问在以下三个选项中，哪一个最有可能是她真实的近期业绩记录（其中"B"表示"击败基准"，"M"表示"低于基准"）？

决策

> A. MBMBBB
>
> B. BMBBB
>
> C. MBBBBB

你是不是选 A？正确的答案应该是 B。虽然 A 完全符合我们对于该基金经理的长期观测，在六次观测中，有四次击败市场的记录。但是，正确的答案为什么是 B 呢？仔细观测 A 和 B 的区别，由于我们只是统计击败市场的次数，击败市场的顺序跟我们的分析无关，实际上我们可以认为在前五个观测上，A 和 B 是完全一样的。也就是"BMBBB"。在这种情况下，出现"BMBBB"之后再出现一个限定的"M"的概率显然是小于仅仅出现"BMBBB"。因为不论是"M-BMBBB"还是"B-BMBBB"，任何一种情况出现都只是出现"BMBBB"之后的子集。仅仅出现"BMBBB"事实上是同时包含了出现"M-BMBBB"或者出现"B-BMBBB"的情况。因此，虽然 A 选项更加符合我们的长期观测，但是观测样本向真实的情况回归仅仅出现在样本量充足的情况下，而不应该期待仅仅个位数的观测就能体现出这样的规律。

关注小样本的倾向还会影响我们评估基金经理人——我们几乎很自然地认为，短期业绩好的经理人就是水平高，因为水平高的经理总是更容易有好的业绩。然而，这样的认识忽略了一个重要的前提：由于能力普通的经理人在绝对数量上的优势，你看见的短

---

① 对于随机扰动更准确的描述应该是，在真实的世界，事物的发展受到无数的因素推动，但是我们只是记录了凭借我们的生物基础所能看到的、所能听到的、所能感受和理解到的。每天都有大量的中微子穿过人体，你感受不到。紫外线客观存在，你也看不到。低于大约 20Hz 的声波，你也听不到。但是他们是存在的，他们也会跟我们的世界发生交互作用，继而对我们产生影响。对此，我们只能无力地提出所谓的方法论，我们需要分清主次，区分主要因素和次要因素，并且把所有次要的因素归为"随机扰动"。尽管真正的"随机"是否存在依然存在争议。但是能分清主次就很不容易了，因为对应于说不清楚的随机扰动，"主要因素"是我们能给出证据来描述的。

期好业绩，其实会有更大的概率来自那些普通经理人。

此外，认为短期观测就能向已知的长期均值回归也体现在赌徒谬误（gambler's fallacy）上：一个赌大小的赌博者，当他观察到在过去的 10 轮中连续出现"小"的时候，假设这个赌局是公平的，那么他在第十一轮结果揭晓前，他几乎就要认定这次一定是"大"。因为，他知道"大"和"小"出现的概率是相等的，那么连续出现 11 次"小"的概率要远远小于出现"大"和"小"混杂的概率。这本身是没有错的，但是我们都知道，在任何时候，一次赌局的结果都是独立而随机的，之前连续"小"的结果对于下一次结果其实毫无影响，但是赌博者会情不自禁把下次的结果跟之前的结果联系起来。同样的，当我们观测到市场短期上涨或者下跌，我们就会本能地认为接下来就会出现拐点。因为我们对于股市的长期信念是缓慢上涨，因此长期的快速的涨跌都是不可持续的，接下来必然要向均值回归。在长期来看这的确是事实，但是如果我们把观察期缩短到月度或者日度的尺度，你会发现股价像均值回归的规律就要弱很多。

代表性偏误的另一个重要的诱因则是对于概率的错误认知。如果过小的样本不足以支持一个理想的结论，那么足够的样本是否就能够保证呢？答案是有可能也不能。例如，许多人认为，一些有着长期记录的对冲基金必然是真实的能力体现，因为让我们感慨的是："哇，他们已经连续击败市场超过 20 年了"。

然而，这种推演的误区是，即使有人做到了长期击败市场，也无法证明这是能力所致。如果每家对冲基金每年的回报率都有超过一个基准的概率，那么只要对冲基金的数量足够多，完全靠运气投资也能得出跟我们真实观测到的回报"模式"极为相似的结果。这就像我们为什么那么相信有外星人呢？因为我们知道宇宙中恒星和行星的数量实在是太多了，多到任何神迹一般的巧合都可以发生。因此，如果我们的观测视野有 1 024 个基金经理，所有人击败市场的概率都是 55 开，那么单纯从概率来说，我们能够找到 7 个基金经理人，连续 10 次击败市场。而且，毫无疑问的是，这些基金将在最后被甄别出来，成为新闻中的传奇。当人们只看到这 7 只基金的回报时，甚至连这 7 只基金的经理人自己，都很难相信他们仅仅是比其他失意的基金经理运气更好而已。但事实常常就是如此。

当然，良好的业绩表现肯定是基金经理能力的一个积极预示，我们不是说过去业绩表现对于我们的判断毫无参考价值。我们只是想要强调，过往的业绩表现，尤其是短期业绩，没有我们想象的那样，可以成为基金经理人投资能力的有效体现。在一个不确定的世界中，无论是优秀的一面或者糟糕的一面，在短期抽样中都可能被埋没或者被夸大。

3.6.3　案例和应用：代表性偏误

晋惠帝何不食肉糜，桃花源中不知有汉。

根据央视网的报道，2020 年 10 月 1 日，海关总署通报，在从巴西进口的一批冷冻去骨牛肉中 1 个外包装样本的某种病毒检测呈阳性。自 7 月以来，这已经是我国出现的第 16 起冷链冻品某种病毒检测呈阳性的案例。既然多地进口冷链食品上检测到了某种病毒阳性，我们还能不能买进口食品？你是否也有类似的疑问？我想是有的。我们有没有必要刻意不买进口食品，或者督促监管部门限制进口食品呢？先说结论，答案是没必要。我们稍微讲一下为什么，并且谈一谈代表性偏误是如何让我们夸大其中的风险的。

我们买到一块肉然后被感染这种病毒的概率是多少呢？我们可以大致测算一下。我国进口肉类的规模是一个什么水平呢？根据海关总署发布的数据，2020 年全年，中国肉类（含杂碎）累计进口 991 万吨，也就是月均 83 万吨左右的规模。

假设每块零售肉的重量是 10 千克（生活中你几乎不可能一次买这么多，但是保守起见），每个月检出这种病毒的次数平均为 6 次（三个月发现了 16 次，如果分布均匀，一个月平均 5 次多，保守起见，多算点，算 6 次）。再假设 83 万吨的肉全部流向我们的餐桌（这几乎是不可能的，但是保守起见），那么就有 8 300 万块零售规模的肉。粗略一算，随机抽检到一块零售肉发现这种病毒的概率为百万分之 0.072 27，我们再保守一点，凑个整数，算百万分之 0.1。根据《柳叶刀-传染病学》上的研究表明：物体表面传播这种病毒的风险小到可以忽略不计[23]，但保守起见，我们还是假设问题肉在仓储物流的过程中还能扩散给周围 10 块无辜的肉——你可以看到，经过我们这一系列极其不负责任的夸张，你买到一块带有病毒的肉的概率依然是百万分之一这个数量级。

这个概率够小了吧，但你要知道，不是病毒检测呈阳性就会感染人的，100 个阳性样品中大约只有 1 个会带有活病毒。而有活病毒也不能和感染人画等号，在之后的运输、储藏和烹调中，很多活病毒都会失活。那么，就按 100 个带病毒活性的样品里有 1 个会最终感染人。这么算下来，单件进口物品致使人感染这种病毒的概率在百亿分之一这个量级。我们按每人每年要接触 100 件这样的物品计算，被它们传染这种病毒的概率是 1 亿分之一。

这是一个多高的风险呢？

民航客机发生致死空难的概率大约是五百万分之一。而根据现有数据，感染这种病毒的死亡率是 1%左右。所以在一年里，因为进口肉制品感染这种病毒而致死的风险程度，大约相当于发生空难死亡的两千分之一，相当于自己开车出现交通事故身亡概率的四万分之一。再告诉你一个有趣的知识，在一年这个时间长度，全世界平均因为吃饭被噎死的概率大概是 1 200 万分之一。所以，吃一年饭不幸被噎死的风险，比接触进口肉制品导致这种病毒感染死亡的概率还高了 8 倍。那你还吃饭吗？如果吃，为什么要拒绝吃进口肉呢？这也就理解了为什么相关管理部门一直没有出台任何限制进口的法律法规，因为国家大致一算也能知道这个概率。结合至今中国没有一例经过医学检测确认的通过吃了进口肉制品感染的案例，也就确实没有限制的必要了。

看到这里，大家应该稍感释怀，不再那么担心进口牛羊肉能不能买的问题。但是我要说的是，我们得出这个结论在很多人看来，已经经历了长篇大论。不辞辛劳地估算收集数据，估计概率，这在生活中是很罕见的，是反直觉的，因为这属于典型的"系统2"。那些读到媒体上惊悚新闻标题的人会在第一时间被"系统1"统治，他们会在第一时间惊呼："哇，天啊！海鲜、樱桃、牛肉上都是这种病毒，快逃"。

当我们得知进口肉制品可能存在这种病毒，我们几乎在同一时间就忽略了大量进口肉制品不存在这种病毒的事实。基于选择性的样本（被曝光的），我们很自然地远远高估了病毒造成威胁的概率。加剧这一现象的另一原因是可得性偏误。由于进口肉制品没有检测到这种病毒的新闻显然是极其枯燥的，无法吸引眼球，媒体天然地就要报道甚至夸大那些检测为阳性的案例。尽管糟糕的事情确实可能发生，但是选择性地曝光毫无疑问会误导我们的判断，让我们无法客观评估一个负面事件的真实威胁。我们在接种病毒疫苗的时候是否被那些宣传的不良反应吓到呢？是否觉得打疫苗之前这也不能干那也不能干呢？是否觉得变异病毒很恐怖呢？其实，这依然是一个可得性的问题。那些写着不良反应尚不明确的药物，那些基本上不对病毒做基因测序的国家和地区，很可能隐藏着更普遍的风险。

3.6.4　因果性和相关性

如果我说喝茅台可以预防肝癌，你是不是觉得很扯？但是你若真的去比较天天喝茅台的人和天天喝其他酒的人，你大概率真会发现喝茅台的人肝癌发病率显著低于喝其他酒的人。茅台真的护肝吗？我不知道。但是我们应该更能够接受另外一种解释：消费茅台的人财务状况更好，而财务状况更好的人从统计上看有着更好的生活环境；此外，由于茅台很贵，只喝茅台的人长期下来劣质酒精的摄入量肯定显著少于喝其他酒的人。

你看，代表性偏误的另一个结果就是它促使我们误把相关性当成因果性。这是一个特别常见的思维误区。由于信息和计算机技术的发展，研究人员能够使用的数据和算力爆炸性地增长。这意味着，只要你愿意尝试，你总是能发现一些变量之间的相关性。看起来，因素 A 发生之后因素 B 的发生概率也大大增加了——即使是我接触到的很多研究生，在撰写论文的时候也常常认为，统计显著就是一项发现。所以才会有在实践中跪求 $P < 0.05$ 的段子。但真的是这样吗？我经常用这样的例子反驳他们，如果你分别统计喜欢吃草莓的股民和喜欢吃苹果的股民各自的投资业绩，没准儿你也能发现喜欢吃草莓

的股民业绩显著地击败喜欢吃苹果的股民，但你相信这是真的吗？你是马上出去批发几箱草莓还是跟着草莓爱好者炒股？

而且，即使有些相关性可能确实有间接的联系，但是这远远没有因果关系要来得稳固。

思考

因果还是相关？

- 冰激凌销量和鲨鱼袭击
- 电视机销量和肥胖率
- 啤酒和尿不湿的销量

我们有很强的证据表明，在特定的国家或者地区，上述成对的事件都是强正相关，但是他们之间真的存在因果关系吗？为什么爱吃冰激凌就容易被鲨鱼咬？为什么电视机卖得多，就会导致人群肥胖率上升？为什么啤酒卖得好尿不湿就卖得好？真正导致冰激凌和鲨鱼袭击增多的是温度；电视机销售导致更多的人看电视所有户外活动的时间减少，这才导致了肥胖问题。而欧洲的爸爸们育儿负担重，因为他们去买啤酒的时候总是捎带手买尿不湿。

乍一看，这不一样吗，我们确实能说出一个逻辑来证明他们的相关性啊。其实不然，因为两个因素的关联取决于其他因素的情况可能导致这种相关性不稳定。比如，在冬季的时候，冰激凌和鲨鱼袭击也就不相干了；当大家都使用手机和电脑娱乐的时候，电视机销量也就不能预测肥胖率了。有的爸爸们压根没去超市买过几次尿不湿。

同样的，基金经理优良的过往表现就真的是因为他们的投资能力吗？正如上面的例子一样，由于市场本身的不确定性，带来良好业绩的原因实在是太多，我们几乎无法找到一种科学的办法来一一排除，这让判断基金经理能力成为一个世界级难题。

1984 年，为了纪念 Benjamin Graham 和 David Dodd *Security Analysis* 一书出版 50 周年，股神 Buffett 写过一篇长文。其中，谈到投资能力的一段评价非常有代表性。他的主要观点如下：

Benjamin Graham 与 Todd 追求"价值远高于价格且需要有投资的安全边际"，这种证券分析方法是否已经过时？因为，现在许多编写教科书的教授都同意。他们认为股票市场是有效的；也就是说，股票价格反映了所有已知的关于公司前景和经济状况的信息。这些理论家认为，不存在被低估的股票，因为有聪明的证券分析师，他们利用所有可用的信息，确保价格始终合适。那些年复一年战胜市场的投资者只是运气好。"如果价格完全反映可获得的信息，这种投资技巧就被排除了。"一位当今教科书的作者写道。

但是一个客观事实是，你就是可以在市场上找到一些年复一年击败市场的人或者案例。请注意，我们说的是真实的，毫无弄虚作假并且经过仔细审计的投资记录。那么这是否证明，市场的确有迹可循呢，或者说，就是有一些理论或者素质，可以做到击败市场呢？回答这个问题的精妙在于，即使你真的能找到一批这样的人，你也无法论证他们是不是真的因为掌握了优秀的投资能力。

这是因为，当你经过比如 15 年，甄别出那些"股神"之后，你的赞誉就依附于那些指定的，你预先知道的赢家。换言之，那些光彩夺目的投资明星，当你回看他们的记录，你当然会发现他们做对了每一个决策，因为他们对于市场的总结，对于投资的心得，你就听得头头是道。如果没有这个条件，也就是说，我们今天早上刚刚从数千个基金中仔细选出一些我们认为说得最为头头是道的经理人，再过 15 年，他们胜出的概率就会很小了。

让我们假设，有 2.25 亿股民参加一场抛硬币大奖赛。我们要求他们每天都走到阳台扔硬币猜正反面。每个人的本金都是一块钱，在第一天，所有猜错的人都付给猜对的人一块钱然后退出比赛。第二天，猜错的人需要把之前赢到的一块钱连同自己的一块钱都付给继续猜对的人，如此循环往复。经过 10 天 10 次投掷之后，你可以轻易计算出来，2.25 亿参赛者中将有约 22 万人连续十次获胜。他们的资金总额为 2.25 亿元，也就是每人将手握 1 000 多元。

现在这群人可能会开始有点飘了，因为这是人的本性。他们可能对外保持谦虚的态度，但在各类高端酒会上，他们偶尔会跟异性讨论自己猜硬币正反面的技巧，并绘声绘色地讲述他们对猜硬币正反面这件事情的奇异天赋。

再经过 10 天，将有 215 个人连续 20 次猜对硬币的正反面。他们每人出资的 1 元钱将累积到略高于 100 万。到那时，这 215 个人将会彻底绷不住了。他们可能会写一本关于《我如何每天早上工作 30 秒，在 20 天内将 1 元变成 100 万元》的书并且全国大卖。他们可能还会在全国各地参加研讨会和论坛，讨论如何有效地猜硬币正反面，并反驳那些持怀疑态度批评他们全靠运气的古板教授们："如果光靠运气，怎么解释会有我们这215 个人？难道都是好运气？"

但是，某商学院的教授可能会粗鲁地指出一个事实，如果 2.25 亿只猩猩参加这场比赛，结果大致上也是如此——有 215 只膨胀的猩猩将赢得一百多万。

在真实的金融市场中，你会发现，那些连续击败市场的经理不仅仅存在，他们可能还来自同一个公司，宣称同一种投资理念。这让质疑他们的能力变得更加困难——如果我们这 215 个人都是运气，那你怎么解释好运气的密度在某家公司，某个投资理念周围的聚集呢？

然而我们仍然可以粗鲁地回应：如果你去调查从 2.25 亿只猩猩中胜出的 215 只赢家，你可能也会发现其中竟然有 50 只都来自同一个动物园。你会马上去问动物园管理员，他给它们喂了什么，它们是否有特殊的癖好，它们每天都看什么书做了什么运动？

是否嗅到一丝荒唐？

所以，即使是成功者出现了聚集，依然不能排除这不是运气。此外，我们怎么能确定，那 50 只猩猩中的 49 只其实都是在复制他们老大的行为，而老大恰恰又是一只运气奇佳的猩猩？请不要误会我，我不是在抬杠，而这就是基于相关性认定为因果性需要受到的苛责。在科学研究中，很多因果推论确实是从相关性开始的：如果你发现某些结果是由某些因素决定的，你的确应该去那个聚集的方向深入寻找。但仅仅这样是不够的。因果推断需要继续排除其他一切可能的干扰，证明你声称的因素和结果之间存在一一对应的关系。显然，给定任何一名成功的基金经理，我们都无法完全排除随机干扰，也就是运气的影响。尽管从概率来说，对于一位经理人越长的观测，越是能增加我们做判断的信心，但遗憾的是，时间足够长的标准可能是 30 年甚至更久。而即使在美国，拥有几十年业绩追踪的经理人也是凤毛麟角。

读者可能会非常疑惑，为什么需要这么久的时间？5 年、10 年难道不可以吗？通过量化模拟，下面这个例子展示了一些数字，可能对你建立正确的印象大有帮助。

假设有 3 000 名公募基金经理，每人都被分配了一枚金币、银币或铜币。假设其中有金币 1 000 枚，银币 1 000 枚，铜币 1 000 枚。硬币的成色就代表了每个基金经理的真实投资水平。假设金币、银币和铜币正面朝上的概率分布是 60%、50% 和 40%。那么不严谨地说，最好的经理人大概平均能获得 10% 的超额收益，一般的经理人打平市场，最差的经理人每年亏 10%。因为经理人的投资能力不可直接观测，所以我们不知道哪位经理真正被分配到哪种硬币。只有一个办法来进行猜测，那就是观察他们体现出来的投资业绩。现在我们让经理每人抛硬币十次，并记录正面或者反面来模拟投资 10 年的情况。对于每个出现的正面，我们就说他击败了市场，得到 1 美元，对于每个出现的反面，说明没能击败市场，他得到 0 美元。在观测结束时，评级机构根据游戏预期收益的基准对每位经理人进行评估。当然，预期（基准）的水平应该是 5 美元 （1 000×0.60 + 1 000×0.50 + 1 000×0.40）/3。假设我们现在遇到一位经理人，我们观察到他过去的业绩是 10 年赚了 7 美元，来猜一下以下两种情况的概率：

决策

1. 他是一个金牌经理人的概率。
2. 如果他是金牌经理人，在 10 年的观测中，他击败市场基准的概率。

计算的过程我们这里省略，简单说答案。当你发现一名经理人的业绩是 7 美元，那么他真的是一名金牌经理人的概率是 57%。这个概率是不是比你想得要低很多呢？注意，这个业绩已经超过了金牌经理人的期望业绩（6 美元），换言之，即使一个经理的业绩好于金牌经理人的平均业绩，如果我们就此断定他是金牌经理人，有 43% 的概率可能我们的判断是错的。如果一位经理人在过去 10 年只是获得了金牌经理人的平均业绩，也就是 6 美元，那么我们判断他就是金牌经理人的错误率会上升到 55%。值得注意的是，为了演示的方便，我们把金牌经理人的数量设置为了三分之一，而在现实的世界中，真正具有高水平投资能力的经理人的比例很可能低于三分之一，这就让我们把一个随机抽取的拥有好业绩的经理人误判为金牌的概率进一步增大。第二个问题，一名金牌经理人在任何 10 年内，击败市场的概率仅仅约为 63%。换言之，即使在 10 年这个尺度，真正优秀的经理人也有 37% 的可能无法体现出他们击败市场的能力。而当我们把观测期延长到 20 年，我们就会发现，金牌经理人击败市场的概率会猛增到接近 100%。

3.6.5　不以成败论英雄

> **思考**
>
> 你早就知道？
>
> 你昨天并没有在高点套现，因为你判断第二天的市场还能接着涨。不料第二天股市大跌，你捶胸顿足，不理解昨天是怎么想的，已经是高点了为什么还不离场。
>
> 市场已经连续两周下跌，你判断今天是建仓的绝佳时期。但是看到萎靡不振的交易量，你决定再等一等。第二天股市大幅反弹，你捶胸顿足，不理解昨天是怎么想的，已经连续跌了两周了为何还不出手。

在股票交易的经历中，你是否常常不理解自己当时是怎么想的？这种事后诸葛亮的效应是普遍存在的，它显示出人类大脑的一个认知规律：你的大脑会不受控地重构你的部分记忆，让你对之前决策的看法深深地受到结果的影响。一场将要结束的足球比赛，领先的一方换上了后卫王大锤加强防守，奈何王大锤上场后的第一分钟就造成了乌龙。事后的评论就一边倒地批评主教练战术保守——尽管那个球砸中王大锤的脑袋反弹入网纯属偶然，即使王大锤没有上场，那个地方也会有其他本方球员；一项风险很小的外科手术，做手术之前所有人都觉得应该做，但如果手术中不幸出现了意外事故，事后的追责就会倾向于质疑医生轻视了本该重视的风险。这两个例子都体现出，观察者不是依据过程的合理性来评估一个决策的好坏，即使采取了合理的决策，但只要结果是不好的，人们就几乎不可能对当时的决策做出公正的评估。这在许多代理决策中带来了非常恶劣的影响。比如金融顾问、基金经理在积累了足够的超额收益之后会变得过分风险厌恶或者消极复制指数；公共政策的制定者在制定政策时会担心决策一旦不理想被追责的问题，继而他们可能就更倾向于循规蹈矩地保持官僚的做派——即使他们意识到最优的决策就在那里。反过来讲，当鲁莽和冲动带来意想不到的好效果，那些不计后果的领导人也会被贴上果敢、有魄力、积极进取的标签，那些合理的批评和质疑就会被视为愚蠢和墨守成规。

以结果来评价决策的倾向可能导致我们的认知跟真相差了十万八千里，因为这样的行为模式无疑是在鼓励对着结果来凑解释，对于在统计上帮助我们做出更好的决策其实毫无助益。这是为什么呢？我们继续来看一个具体的例子。据统计，在最近的 600 万年里，在东非大裂谷至少灭绝了 11 种原始人类，而有一支习惯了直立行走的原始人幸存了下来。根据这个结果，我们自然而然可以复盘：为什么直立行走让人类统治了地球？因为直立行走的个体更灵活，移动更节能，身体与空气接触的面积更大，受日照面积更小，更利于散热和耐力的保持，并且站得高看得远具有视野优势，所以这一支祖先就壮大了。

听上去头头是道对不对，但实际上，这只是对过往化石证据的转述，因为历史的发展就是人类逐渐站起来了，类似的解释无法说明站立行走必然的演化优势。因为我们完全可以列举出许多直立行走的劣势。比如由于大脑的位置提高了，需要更高的血压才能保证清醒，这就会给心脏造成更大的压力。你蹲下去一会，马上站起来，眼前就会一花，这就是供血不足导致的。直立行走还让脊椎和膝盖相比爬行承受了更大的压力，于是就更容易出现骨折和关节磨损。站起来后，人类的盆骨就不能长得宽大，当妇女分娩时这显著提高了难产的概率。另外，在山川菏泽悬崖峭壁这些地形中，直立起来更难保持平衡。最关键的是，站起来之后隐蔽性大幅下降，其他掠食者会更容易发现你这个行走的餐馆。你看，虽然我们知道直立行走最终的确让我们获得了生存优势，你会觉得我在事实面前无意义地狡辩。但注意，我们知道这件事的时间节点是在几百万年后。如果你穿越回去找到一个站立的祖先，给他讲解这些直立行走的劣势，他可能一听就又趴下了，因为他觉得你说得也很有道理。

可能的原因是，直立行走既带来了好处，也带来了坏处，但所有好处加总的效果大于所有坏处累计的效果，于是最后还是利大于弊，有利于人类的生存和繁衍。可关键是，在制定决策时，我们无法预见一个决策在漫长的时间中带来的所有好处和坏处。这是不可能的。所以，基于一个正确的结果和部分有指向性的解释就根本无法确认，那些我们总结的原因到底是不是决定性的。尽管如此，人类还是本能地想要去简化不确定性。例如，后验之明就总是能给我们带来慰藉。我们都喜欢吃定心丸，喜欢别人来鼓励我们天道酬勤，智慧和勇气一定会带来成功。在我读书的时候，学校总是喜欢邀请一些成功的校友回来开讲座，分享他们成功的经验。大家对这样的活动应该也不陌生。活动组织者和演讲者在绝大部分情况下肯定是善意的，他们诚挚地相信自己能够给后辈提供真正的价值。然而，在认真聆听了多次之后，你会疲惫地发现这也许有些"鸡汤"。即使你完全复刻了他们所传达的精神，比如你要坚毅、勤奋、具备大格局和长期主义，你会发现你依然无法复制他们的成功。同时，在那些成功者的同辈之中，肯定有人也不缺乏这些讲座中提到的一切素质，但是他们最终还是失败了，因为各种各样的原因。不幸的是，他们的失败使得他们消失在茫茫人海，我们没有机会把他们请回来开讲座，从而去观察和分析规律的另一面。因此，我们能够观察到的事实就无可避免地被严重夸大了，我们对于无数在当时可能发生但没有发生的可能性一无所知，而它们当中通常包含了重要的细节。

此外，从结果来选择性地理解过程还容易让人产生一种"必然性"的错觉。让人相信正确的结果必然是因为正确的措施导致的。在成功学不知疲惫地分析和总结中，一个王朝落寞的背影，一个商业帝国传奇的崛起都能被描绘得丝丝入扣，分析得入情入理。经由作者精心的编撰，缜密的洞见，一副清晰的来龙去脉徐徐浮现在读者的脑海。多数时候，当你了解了这些惊心动魄的细节，你会有拨云见日之感，隐隐体会到成就伟业的主人公原来在每个节点都英明神武天命所归；而那些最终灰头土脸的主人公则无一例外智商频频掉线，早早就为自己埋下了祸根。在这个时候，这些事后的指点江山很容易给你带来理解过去并可以掌控未来的错觉，这些错觉让你有非常强的获得感，而这恰恰会产生深刻的认知错觉。谷歌成长为科技巨头的故事就是典型的一例。你能找到大量优秀的纪实文学来为你讲解谷歌成功的秘诀。阅读这些资料的体验是极其享受的。大量引人入胜的细节让你手不释卷，你会感觉自己学到了重要的知识，洞悉了企业成功的秘诀。我们来看看美国"青年企业家协会"（Young Entrepreneur Council）的一群成功企业家总结出的谷歌成功的关键特征。如下是一些节选：

- 内部创业
- 满足消费者和广告商需求
- 持续发问
- 不断创新
- 从专注一项服务开始
- 允许失败的发生
- 员工创造与创新能力
- 工作与生活的平衡
- 简单易用
- 保持创业精神

看看这些词语，几乎任何一个都能成为企业经营的圣经。但是他们真的管用吗？想知道答案有一个很简单的验证方法——你能否根据这些标准来预言出下一个谷歌，或者干脆再去办一个谷歌呢？你不能。当然，你马上反驳：我们不能通过这些概念再次获得成功是因为不是每个人都具备那些传奇管理者高超的职业素质。按照这个逻辑，那些已经公认为成功的公司就应该继续成功——他们的核心价值观没有改变，行业没有改变，公司的核心团队和经营方向也没有重大改变，如果对于成功秘诀的总结是有用的，那些伟大的企业就应该强者恒强。基于这个逻辑，Jim Collins 和 Jerry I. Porras 在 1994 年出版了大名鼎鼎的《基业长青》，这是成功学博主都强烈推荐的畅销书。这本书详细分析了 18 组相互存在竞争关系的公司，每组中都有一家公司比另一家公司更为成功。这些对比涵盖了企业文化，经验策略和管理措施等多个维度。需要特别指出的是，这本书的作者严格秉持了学术研究的心态，他们倾注了大量的心血，做了一切能够做的工作来得出尽可能公正的结论。他们在书中也自信地宣称："世界上每一个执行总裁或者企业家都应该读这本书，读过之后你就能建造一家梦想的公司，基业长青！"

然而，根据《追求卓越》一书的统计，《基业长青》中优秀公司组和对照组在企业盈利和股票收益等方面的差距几乎为零。从 1991—2007 年的统计结果来看，优秀公司的平均年化收益率为 13%，跑输标普 500 的 14%。而对照组公司却创造了 14.6% 的平均年化收益率，同时超过了市场平均和优秀公司组。根据最近 20 年的数据，如果不考虑公司被收购的情况，对照组公司的平均股票收益率依然要比优秀公司组的平均股票收益率更高。也就是说，从公司股价来看，并没有证据表明书中总结的那些优势可以让企业基业长青。鉴于这些优秀的公司已经是作者精挑细选出来的，我认为作者设立的基业长期的标准和预言是难以令人信服的。

事实上，一个人的职业起伏，一家公司的兴盛败亡，一路走来始终与一系列庞杂叵测的随机互动为伴。任何一个微小的变化经过广泛的互动都可能被无限放大从而足以影响结局。我知道这听起来让人难以接受，但是这显然就是我们面对的事实。个人的选择和能力当然会在概率上影响结果，但是在秩序不透明，甚至秩序也不稳定的真实世界中，仅仅依据结果来评价过程的合理性是极其误导的——如果垓下项羽过了江东，如果赤壁那年没有东风，如果滑铁卢的拿破仑比威灵顿更早看到援军，我们的世界将完全不同。

但即便如此，项羽，曹操和拿破仑都是不世的英雄，因为从不以成败论英雄。

3.7 外推偏误

表 3.1 给出了 2020 年我国公募基金业绩最好的前十只。简单浏览之后，请您思考这么一个问题，如果站在 2021 年的第一天，手握 500 万，您会如何在这 10 只基金中进行配置？

表 3.1　2020 年股票型公募基金业绩排行前 10

排名	基金名	基金经理	回报
1	农银汇理工业 4.0	赵诣	1.665 6
2	农银汇理新能源主题	赵诣	1.634 9
3	农银汇理研究精选	赵诣	1.548 8
4	农银汇理海棠三年定开	赵诣	1.375 3
5	工银瑞信中小盘成长	黄安乐	1.347 3
6	诺德价值优势	罗世峰	1.326 0
7	工银瑞信主题策略	黄安乐	1.295 7
8	诺德周期策略	罗世峰	1.291 0
9	前海开源医疗健康 A	曲杨、范洁	1.216 1
10	新华鑫动力 A	刘彬	1.214 3

回报指每 1 元本金在 2020 年整年赚取的收益。

扪心自问，您是否始终无法忽略霸榜前四的赵诣？是否准备在他管理的基金上面多投一些？

基于短期的过去表现来判断未来趋势是人类极端普遍的认知和决策模式。心理学家和行为经济学家把我们的这种倾向称为"外推"偏差（extrapolation）[①]。当你看到房价飞速上涨的时候，你一定迫不及待地想要上车；一个高三学生在选填专业的时候，一定会去关注近年来热门的专业；每一场足球比赛一开打，解说员忙不迭就要念叨两队近期的胜平负关系。

同样的，当你在考虑是否要买入一只股票时，你首先做的就是去查阅股价的近期走势。如果这家公司最近股价表现不佳，一层阴影会立刻蒙上你的心头。由于外推偏差是如此稳固的一个倾向，在投资领域，监管部门不得不明确要求理财产品的承销机构提醒投资者："历史业绩不代表未来业绩"。然而，理财承销人员却总是在实践中发现：历史业绩总是能带来销售业绩。于是，"历史业绩不代表未来业绩"这句无比客观的风险提示在各种营销文案中的字体拧巴得越来越小，取而代之的总是标红、高亮，加粗的各类近期收益和业绩排名。

当然，跟评价基金经理人类似，我们不是要说历史业绩和未来表现就应该是负相关的。我们只是提醒一个事实，人类基于外推做出的判断通常在统计上得不到丝毫的支持。因为，短期的好业绩由于各种因素总是容易被看到的，但是可以持续提供好业绩的

---

① 尽管我始终觉得这个单词的直译让人非常困惑，为了避免跟已有的材料产生冲突，我们在这里依然沿用了这个最广泛的译法。从表达的含义来说，extrapolation 描述的是我们的一种模式性思维，即我们总是倾向于认为过去发生的事情，或者事物过去的某种状态和特质，也会在未来持续下去。

资产或者经理人，却是异常稀有的。作为投资者，我们在情感上普遍都倾向于认为近期表现良好的资产就是好资产，近期表现不好的基金经理人就是不好的经理人。这种确凿的直觉可能会让投资者承受糟糕的投资表现。比如，我们观察到大量的基金即使获得了很好的业绩，持有过它们的基民却没能从中赚到多少钱：根据天天基金网的统计，在行情大好的 2020 年，股票型基金的平均收益为 33.49%，而基民的平均收益只有 14%。

同时，表 3.2 展示了美国近 20 年来按照年度收益率划分的每年表现最好的资产类别。假设你有未卜先知的能力，你会怎么操作？2000 年你会杀入房地产，然后在 2002 年卖出房地产买入黄金，然后从 2003 年到 2007 年，每年在新兴市场和房地产之间来回跳转。在 2008 年持有全球债券躲避金融危机，而在 2009 年复苏的一年，你应该持有新兴市场而不是损失最大最为渴望反弹的美股。如果你沿着这个表单继续收割下去，你最近 20 年的累积收益将达到惊人的 7 000%。这还是假设仅仅一年操作一次的情况。但是不用我说，你也应该发现，要实现这样的收益率实在是太困难了。因为每一年表现最好的资产之间几乎没有什么规律可循。头一年表现最佳的资产类别，在下一年有大概率很难持续强势。甚至，全球所有资产可能在头一年表现优异，却在后续的一年里集体萎靡不振。比如，房地产在 2010 年和 2014 年都经历了大幅增长，而在 2011 年和 2015 年这两个后续年份里面，它们的绝对收益却十分惨淡，尽管房地产已经是当年收益最高的资产类别。如果我们总是去追热点，总是在第二年买入前一年表现最好的资产，我们的收益率将只有可怜的 136%。如果你没有采用这种追热点的模式，长期持有美国大盘股、美国小盘股，新兴市场股指或者美国房地产的话，你的累计收益将分别是 244%、338%、332% 以及 376%。并且，让人意外的是，如果你在这段时间一直持有黄金，你的累计收益将达到 433%，这是近 20 年来单个资产能够提供的最高收益。讽刺的是，在传统的印象中，黄金只是一类防御性资产，长期持有一种贵金属在很多投资顾问看来都是不合理的。

表 3.2 美国从 2000—2019 年各个年度收益最高的资产类别

年份	资产品类	回报
2000	房地产	0.222
2001	房地产	0.107
2002	黄金	0.208
2003	新兴市场股票	0.547
2004	房地产	0.267
2005	新兴市场股票	0.277
2006	房地产	0.318
2007	新兴市场股票	0.336

表3.2(续)

年份	资产品类	回报
2008	全球债券	0.055
2009	新兴市场股票	0.715
2010	房地产	0.266
2011	房地产	0.055
2012	新兴市场股票	0.168
2013	美国小盘股	0.358
2014	房地产	0.293
2015	房地产	0.016
2016	美国小盘股	0.159
2017	新兴市场股票	0.287
2018	全球债券	0.010
2019	美国大盘股	0.285
2020	黄金	0.288

3.7.1 外推偏差的量化描述

在本节中，我们将介绍一个量化描述外推的简单模型[24]，并且基于它来展示外推偏差是如何解释一些常见市场现象，这包括股票回报的中期动量效应和长期反转效应、资产价格的过度波动、资产价格泡沫的形成和破裂。理解这些现象是资产价格研究的重要目标，外推偏差为解决这些丰富的问题提供了一个共同的符合直觉的理论出发点。

假设一个经济体，一共有 $T+1$ 期。在这个经济体中只有两种资产，一个是无风险资产，另一个是风险资产，并且这个风险资产有一个固定的供应量 Q，这个风险资产会在 T 期带来一个股息收入，我们记为 $\widetilde{D}_T$。并且，股息 $\widetilde{D}_T$ 可以被表示为：

$$\widetilde{D}_T = D_0 + \widetilde{\epsilon}_1 + \widetilde{\epsilon}_2 + \cdots + \widetilde{\epsilon}_T \tag{3.1}$$

其中，我们有 $\widetilde{\epsilon}_t \sim N(0, \sigma_{\epsilon_t}^2)$，并且 $\widetilde{\epsilon}_t$ 是独立同分布。在这个设定下，D_0 是已经揭晓的股息，而 $\widetilde{\epsilon}_t$ 表示在 t 时点对于股息的冲击，我们有 $D_t = D_0 + \sum_{j=1}^{t} \epsilon_j$。该风险资产在 t 时点的价格 P_t 在均衡条件下决定。此外，回报的外推模型中通常假设存在两种类型的投资者，第一种投资者是持有外推偏误的投资者，我们把他们简称为外推者。在时刻 t，外推者对风险资产未来价格变化的信念可以被表示为：

$$E_t^e(P_{t+1} - P_t) = X_t = (1-\theta)\sum_{k=1}^{t-1}\theta^{k-1}(P_{t-k} - P_{t-k-1}) + \theta^{t-1}X_1 \tag{3.2}$$

公式 3.2 中包含的一个核心思想是为近期的价格差赋予更高的决策权重，使得近期的价格差更容易影响外推者对于未来的判断。参数 θ 是在（0，1）区间的。上标 e 表示外推者的期望，X_1 表示 $t = 1$ 时外推者关于价格差的信念。考虑到对于价格变化的讨论都能推广到回报率的变化中，在下面的分析中，我们将 3.2 中表示的信念称为"回报率外推"，尽管"价格差外推"可能是一个更准确的描述。

在每个日期 t，外推者的绝对风险厌恶系数为 γ，且使用 CARA（constant abso- lute risk measure）效用函数来追求效用的最大化。为了进一步简化问题，我们假设下一时期的价格变化的条件分布为正态分布，并且方差是 σ^2。在这样的条件下，单位资本对于该风险资产在时间 t 的需求为：

$$N_t^e = \frac{X_t}{\gamma \sigma_\epsilon^2} \tag{3.3}$$

类似地，我们用上标 e 来表示外推者。在公式 3.3 中，外推者对未来价格变化的预期取决于三个因素。首先，如果 X_t 越高，那么他们的需求也就越高；其次，从分母看，外推者的风险厌恶程度越高，或者风险资产的股息不确定性越高，他们对于该风险资产的需求就会越少。

第二种类型的投资者是理性交易者，他们基于基本面做交易。由于他们尝试发现低估或者高估的资产并且通过对应的交易来套利，我们把他们称为"套利者"。为了简单起见，假设这些交易员是有限理性的：他们对外推者的需求没有充分理解；相反，他们相信，在未来时期，外推者持有的风险资产将与他们在所有交易者中的人口权重成比例。在这种假设下，基本交易者在时间 t 时单位资本对于该风险资产的需求为：

$$N_t^f = \frac{D_t - (T - t - 1)\gamma \sigma_\epsilon^2 Q - P_t}{\gamma \sigma_\epsilon^2} \tag{3.4}$$

我们用上标 f 来表示套利者。首先，一眼就能发现的是，套利者对于该风险资产的需求跟价格成反比，跟股息成正比；同时，跟外推者类似，分母表示了他们的需求也跟他们的风险厌恶程度以及股息不确定性成反比。通过在价格相对基本面较低时买入，在价格较高时卖出，这些套利者确保价格不会偏离最终股息折现的现金流太远。就我们的目的而言，有限理性的假设限定套利者不会去"搭便车"，也就是说，套利者可能明知道价格是不合理的，但是他们感觉到市场持续的动量，这个时候真实的理性行为可能就是暂时放弃自己对于套利的坚持，转而跟外推者一起通过进一步推高价格而获利。正如我们下面要解释的那样，套利者的理性其实不仅仅体现在发现价格的错误，同时也应该体现在就错误的定价进行交易继而获利。在模型中我们没有允许这样的情况发生，否则套利者朝着外推者的转换会让错误定价的程度比我们这里设定的简单经济体更大，甚至风险资产的价格会剧烈上涨到无法收敛。

接下来，我们需要规定套利者和外推者所占的人口比例 μ。假设外推者的占比为

$\mu^e \in [0, 1)$，那么套利者 μ^f 的占比为 $\mu^f = 1 - \mu^e$。将公式 3.3 和公式 3.4 带入市场总股数 $Q = \mu^e N_t^e + \mu^f N_f^f$，我们能够得到均衡条件下关于风险资产价格的计算公式：

$$P_t = D_t + \frac{\mu^e}{\mu^f} X_t - \gamma \sigma_\epsilon^2 Q \left(T - t - 1 + \frac{1}{\mu^f} \right) \tag{3.5}$$

其中，$t = 1, \cdots, T - 1$。公式 3.5 右边的第一项表明，资产的价格锚定在最终现金流的期望值。第二项表明价格是 X_t 的正函数，即如果过去的价格变化为正，那么外推者对未来价格的走势将更加乐观，从而推高风险资产的价格。第三项则代表了补偿投资者所承担的风险所进行的折现。

为了演示这个简单的模型是如何抓住上述（1）、（2）和（3）类市场现象的，我们使用公式 3.5 来计算在一个正现金流冲击后的风险资产的价格。具体来说，有 $T = 20$ 个周期，我把 ϵ_1 设为 0，ϵ_2 设为 6（一个两倍标准偏差的现金流冲击）。从 ϵ_3 到 ϵ_{20} 都设为 0。其他参数或者初始变量的取值如下：

$$D_0 = 100, \sigma_\epsilon = 3, \mu^f = 0.3, \mu^e = 0.7, Q = 1$$
$$\gamma = 0.1, \theta = 0.7$$
$$P_0 = D_0 - \gamma \sigma^2 QT, X_1 = \gamma^2 Q$$

图 3.3 的深色线绘制了从 $t = 1$ 到时间 $t = 12$ 的风险资产价格，浅色线表示资产的"真实价值"——如果所有投资者都是套利者，那么资产的交易价格就应该等于其真实价值。在任何时候，资产的真实价值为 $D_t - \gamma \sigma^2 Q (T - t)$。

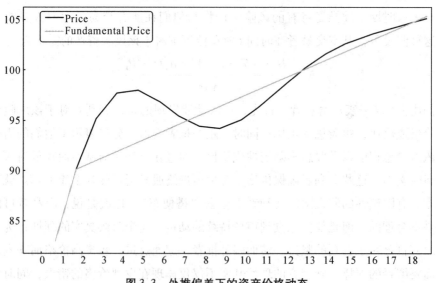

图 3.3　外推偏差下的资产价格动态

[深色线描绘的是在时间 1 时，风险资产的未来现金流出现好消息后的价格。市场中的一些持有外推偏差的投资者（外推者）就形成了对资产未来价格上涨的信念，而其他基于基本面交易投资者（套利者），他们的需求仅仅和当下价格和资产未来现金流的现值之间的差异挂钩。浅色线描绘了在一个所有投资者都是基本面交易者的经济体中风险资产的价格]

　　我们在图3.3中看到外推者对于股价带来的动量效应。从日期0到日期1，套利者对股价做出了反应，因为一个正的股息冲击导致了价格上涨。但是，日期2之后，外推者在观察到从日期0到日期1的涨价之后继续为价格注入持续的上涨动量——日期1的好消息，导致外推者从日期2和日期3都看涨股票，这带来进一步价格的增长。我们可以看到，直到第5日的高点之后，由于好消息冲击的影响减弱，价格由于套利者的影响开始向真实的价格回落，从而体现出价格的反转，随之而来的就产生了估值过高之后的低回报。同时，从整个过程来看，我们可以过度波动的：当日期1的好消息产生，深色线在日期1到6都在浅色线上方，这表示外推者在此期间的股票需求增加，通过他们的积极买入，导致股价在日期5之前都被高估，而在日期6之后，好消息带来的股价上涨的影响逐渐消失，价格下降，这又导致外推者过度卖出，使得股票的价格围着真实价值开始震荡，这种震荡甚至要出现到日期20才和真实价格重新收敛。最后，资产价格在日期1至日期5的快速上涨以及随后的剧烈下跌，也描绘出了资产泡沫的基本特征。如果除了日期1的单一现金流冲击，而是连续出现正的现金流冲击，价格的涨跌将更加剧烈，甚至更容易让人联想到泡沫。如图3.4所示，我们在时间4也增加了一个正的冲击，使得预计的股息再次增加。虽然套利者紧接着就根据利好再一次调高了股票的真实估值，但是正面现金流的消息会引发外推者的新一轮分乐观，他们进一步在下几个日期内看涨该股票并且逐渐把这一信念体现在股价上，带来进一步的价格上涨。然后，在没有持续的正现金流冲击下，外推者的热情随着时间减弱，价格依然朝着真实价格回归，泡沫就开始破灭了。但是由于出现了多次正的利好消息，股息保持了更高的水平，我们可以看到最终图3.4的真实价格也会比3.3的真实价格要高一些。

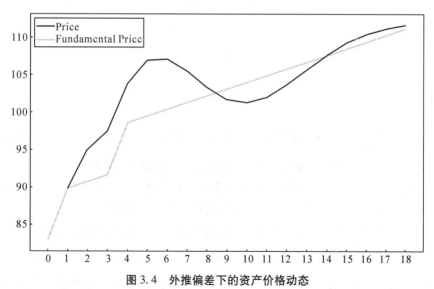

图3.4　外推偏差下的资产价格动态

［深色线描绘的是在时间1和4时，风险资产的未来现金流出现好消息后（正的现金流冲击）的价格。市场中的一些持有外推偏差的投资者（外推者）就形成了对资产未来价格上涨的信念，而其他基于基本面交易投资者（套利者），他们的需求仅仅和当下价格和资产未来现金流的现值之间的差异挂钩。浅色线描绘了在一个所有投资者都是基本面交易者的经济体中风险资产的价格］

在这个简单模型中，我们可以通过调整 θ 系数的大小来控制外推的程度，换言之，当形成下一期价格变化的预期时，θ 决定了外推者给予近期股价多大的决策权重：当 θ 值越小，表示越是久远的信息会被赋予更低的决策权重，所以外推者会对近期的价格变化更加敏感，他们的信念变化的幅度可能就会更加剧烈，市场可能需要更长的周期来平抑外推者对于近期利好消息的额外关注。因此，理解现实世界真实 θ 的值就能解释市场上正在发生的波动，甚至能在一定程度上预测未来可能发生的泡沫。Greenwood 等[25] 研究发现，在季度数据中，θ ≈ 0.9，这表明投资者预期主要受过去两年收益的影响。然而，Cassella 等[26] 使用滚动回归分析之后进一步发现：根据调查数据估计的 θ 值会随时间发生显著变化。例如，根据他们的测算，在 20 世纪 90 年代末的科技股泡沫时期，θ 下跌，表明典型的投资者正在给予更近期信息以更大的决策权重。同样的，基于图 3.3 的设置，如果我们把 θ 从 0.7 替换成 0.6，我们从图 3.5 会发现价格的波动明显变得更加剧烈，并且在一个更长的周期里面围绕真实价格反复震荡。

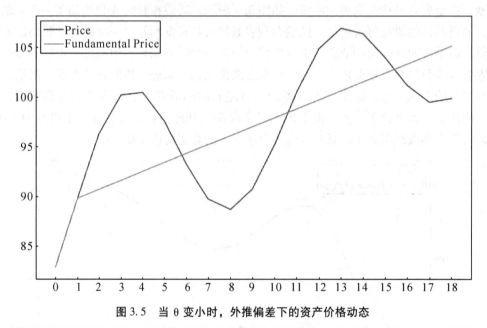

图 3.5　当 θ 变小时，外推偏差下的资产价格动态

［深色线描绘的是在时间 1 风险资产的未来现金流出现好消息后（正的现金流冲击）的价格。市场中的一些持有外推偏差的投资者（外推者）就形成了对资产未来价格上涨的信念，而其他基于基本面交易投资者（套利者），他们的需求仅仅和当下价格和资产未来现金流的现值之间的差异挂钩。浅色线描绘了在一个所有投资者都是基本面交易者的经济体中风险资产的价格］

　　尽管，投资者的平均 θ 具有时变性让关于外推的讨论变得更加复杂，但不可否认的是，θ 的变化的确是符合逻辑的。首先，这可能是投资者信念或者思维的变化导致的。如果投资者认为经济结构，或者经济增长的逻辑发生了变化，他们可能就会开始更多忽略早期的经验，从而 θ 就会变得更小。此外，投资者群体的构成随着时间的推移也在发生变化。在股市大幅上涨后，θ 值较低的投资者很可能就会进入市场，这恰恰是因为他们对近期观察结果的重视。而这在我国资本市场是十分常见的。由于这个原因，投资者的平均 θ 值将会下降。

根据上述的逻辑，外推偏差对于资产回报的可预测性可以提供一定程度解释时间序列的可预测性，也就是说，由于外推者推高股价带来一定程度的泡沫，价格在随后的均值回归中就会带来低回报。平均而言，这也符合我们在股票市场的长期观测，例如，高市盈率的股票紧随而来的通常是低回报。Cassella 等[26]基于外推理论提出了一个新的预测框架，把 θ 和股价水平联系起来，他们发现：当高 P/D① 比率存在并且市场投资者的平均 θ 也在低位，那么其后一年股市的平均收益是要显著低于高 P/D 比率但是市场投资者的平均 θ 偏高的年份的。

既然投资者可能对于公司股价产生外推偏差，同样地，他们也会对公司的其他信息，例如基本面产生类似的外推偏差。例如，一家公司的利润在今年为 30%，很自然地，投资者也会认为在明年这家公司的利润也会是这个水平。投资者在看到短期积极业绩之后就会对未来现金流的增长感到过度乐观。在未来，这样基于基本面的外推偏差就同样会导致较低的收益率。换言之，基于公司基本面的外推模型也预测资产基本面过去的增长将与资产随后的回报负相关。关于这一预测的证据目前还存在争议。一方面 Daniel 等[27]发现，公司基本面过去的增长与公司股票随后的收益无关。另一方面，在对航运业的深入研究中，Greenwood 等[28]表明基本面水平确实预测了较低的后续回报。此外，在公司债券领域，Greenwood 等[29]表明，增长的历史违约率能够预测更高的后续债券的收益率，这一发现与投资者过度解读违约率的猜测是符合的。

综上所述，本节列出的关于外推偏差的简单模型展示了过去价格变化是如何解释资产回报的动量和反转、过度波动，以及泡沫的形成和破裂。正如我们在章节开头所说的那样，在学术界，基于外推偏差产生的各类实证研究都受到了广泛关注（这可能是行为金融中最受尊重和共识度最高的几个理论之一），我们会在后续的很多章节介绍它的进一步应用。

3.7.2 外推偏差的原因

在上一章节，我们讨论了一个简单的假设——投资者基于最近的过去回报或基本面形成对未来回报或业务增长的信念可以解释有关资产价格的各种现象。尽管这令人鼓舞，但它立即引发了另一个重要的问题：投资者为什么要以这种信念看待投资对象？在本节中，我们将讨论一些现有的关于外推偏误两种主要的解释：一种是基于心理学的某

---

① P/D 表示股价和股息的比率，比率越高，说明获得每单位股息，投资者需要付出的价格就更高。因此，更高的 P/D 比率就能代表该股票的估值可能偏高。

些机制，另一种是基于有限理性。

Barberis 等[30]曾验证了一个由来已久的观点：外推偏误源于"想当然"的思维方式①，也就是我们在上一节提到的代表性偏误。这一概念最早是由 Kahneman 和 Tversky 提出的，在很多情况下，这种基于"系统 1"的快速判断会产生良好的正确率。然而，在某些复杂情况下，它会使个体误入歧途。例如，它会导致一种被称为"基础概率忽略"（base-rate neglect）的错误。通过 Kahneman 和 Tversky 在实验中问到的一个非常著名的问题，我们来看看人在很多推断中是多么容易被误导：

下面是一段关于 Steve 的描述：Steve 非常害羞、孤僻，总是乐于助人，但对人或现实世界没什么兴趣。他的内心世界温顺而整洁，渴望秩序，并且非常关注细节。

好了奇怪的问题来了，你觉得，Steve 更有可能是一名销售人员还是一名图书管理员？许多人脱口而出"图书管理员"。他们的判断基于这样一个非常容易想到的理由：对于 Steve 性格的描述更符合我们对于一个图书管理员的印象，而不是对于一个销售人员的印象。羞涩和内向在图书管理员中比销售人员中更常见。然而这种想当然的思维模式会导致人们做出错误的判断：因为他们忽视了图书管理员和销售人员在人口中的基础比率。由于在社会中销售人员的绝对数量远远超过图书馆员，因此即使 Steve 听起来像一个图书管理员，从概率的角度来说他实际上更有可能是一名销售人员。利用贝叶斯法可以更加明确地证实这一认知的误区：

$$\frac{p(\text{图书管理员} \mid \text{性格描述})}{p(\text{销售人员} \mid \text{性格描述})} = \frac{p(\text{性格描述} \mid \text{图书管理员})}{p(\text{性格描述} \mid \text{销售人员})} \frac{p(\text{图书管理员})}{p(\text{销售人员})} \quad (3.6)$$

在公式 3.6 中，我们原始的问题可以等价于根据史蒂夫比较羞涩内向这一性格描述，你会认为等式左边的比例应该大于 1。但是事实上，在等式的右边，虽然图书管理员确实有更大的概率体现出性格内向的描述。也就是说，$\frac{p(\text{性格描述} \mid \text{图书管理员})}{p(\text{性格描述} \mid \text{销售人员})}$ 的确非常有可能是大于 1 的，然而，由于销售人员在人群中天然的数量优势，$\frac{p(\text{图书管理员})}{p(\text{销售人员})}$ 的比例是远远小于 1 的。当一个大于 1 的数乘以一个远远小于 1 的数，他们的乘积也会是小于 1 的。换言之，给定性格内向的描述，史蒂夫是一个销售的概率还是要大于他是一个图书管理员的概率。

当你了解了想当然的思维是如何导致普遍的概率认知错误，我们就可以进一步来理解外推偏误的一个可能的驱动。假设一个资产，该资产已连续几个月获得高回报。当投资者看到这个资产的过去表现之后，他就很可能倾向于产生基础概率忽略的认知错误。为什么呢？因为首先从概率来讲，优秀资产的数量要远远少于一般的资产，但是由于好

---

① 英文原文为 representativeness heuristic，介于直译较为生涩，在中文中我始终偏向于译为"想当然"。

的资产总是更有可能表现好，那么当投资者看到一个资产在过去表现得比较好时，他们就更容易把这个好的表现跟好的资产联系起来，而忽略了一个事实——一般的资产虽然表现好的概率要更小，但是由于一般资产的基数大，因此从绝对数量来看，好的表现来自一般资产的绝对数量是要远远高于好的表现来自好的资产的。换言之，仅仅观察到一个资产在几个时期的高回报就认为这是好的资产，从概率来说这个判断很可能是错误的。投资者依据这种错误的信念去预测未来，就很可能让许多一般资质的资产被高估。类似的逻辑还可以用来理解对基本面的外推偏误。例如，当一家公司在过去出现几期高现金流增长，投资者就倾向于相信现金流增长意味着公司的经营状况改善从而在未来高估这家公司的增长率——因为他们忽略了一个事实：一家公司的真实平均增长率在短期提高很可能是由于别的偶发因素甚至是盈余管理，并不是真的因为公司在本质上变得更有竞争力，从而可以支撑很长一段时间的高速增长。

　　除了基础概率忽略，心理学中另一个被认为会激发外推偏误的概念是"小数定律"[31]。大数定律是一个数学事实，它指出大量的数据样本将在很大程度上反映一个随机数的期望。例如，在一枚均匀硬币的反复抛掷中，只要样本的数量足够多，正面和反面的比例将无限接近于 1。Tversky 等[31]提出，人们对少量样本有一种错误的信念，即他们认为，即使是很小的数据样本也会像真实的期望收敛。这个想法很好地体现在"赌徒谬误"（gambler's fallacy）中：假设一个赌徒观察一枚公平的硬币连续抛掷的结果，当他发现，押注"小"的人已经连续 6 次赢钱之后，那么他会越来越简单地认为下一次将是"大"，他的理由就是，已经连续出现了 6 次"小"了，出现连续 7 次"小"的概率会很小。可见，人们期望即使是很小的抛掷样本也能反映出一枚均匀硬币的基本特征，即正面和反面的均匀出现。如果前几次的抛掷使样本已经严重偏离期望，比如在我们的例子中，小和大的比率已经是 6：0，远远大于长期期望 1：1 这一预期，那么下一次的结果就应该是"大"，因为我们期待短期的抽样向均值回归。这样的信念就为外推偏误提供了基础。比如，我们再次考虑一个资产已经公布了几个时期的高回报。投资者认为这个短样本能反映产生它的随机过程的长期特征，他会倾向于认为这是一个优质资产，因此，他就会更加倾向于给予该资产相对积极的评价。类似的论点同样能够解释投资者对于基本面的外推偏误。Rabin[32]和 Rabin 等[33]提出了信奉小数定律的模型，并展示了它是如何导致外推信念的。

　　需要指出的是，赌徒谬论提出的行为模式看起来跟投资者认为过去的回报会持续下去是矛盾的。一个赌徒在观察到 5 次连续的"小"之后会倾向于压"大"，这体现出他预测趋势会逆转。比较而言，我们说持有外推偏误的投资者实际上是认为回报趋势会持续下去。这该怎么解释呢？一个非常重要的细节是，在抛掷硬币时，人们对于这个随机过程的长期期望是完全理解的，即每个人都能够认识到，出现正面或者反面的概率是一样的。但是比起一枚硬币的随机结果，股市的真实随机过程就要模糊得多，这不仅体现在我们完全无法测度一只股票上涨的幅度以及这个幅度对应的概率，我们也几乎肯定地知道股市背后的随机过程是随着时间在发生变化的。因此，在面对更加复杂和不确定的系统时，小数定律的信念更可能导致他们推断：从样本中观测到的短期数据就是真实期望的体现，因为我们没有足够的信息判断短期数据中体现的趋势不符合长期规律。因此，投资者就更有可能期望这些短期数据体现的趋势会持续下去。

除了基于心理学概念的基础比率忽略和小数定律，现有的研究还指出，外推信念还有可能来自我们的有限理性。例如，Hong 等[34]提出，投资者推断资产过去的收益是因为他们无法观察或者分析决定资产价格的一切相关信息。具体来说，作者建立了一个无风险资产和有风险资产的简单经济体，在这个经济体中有两组投资者，他们分别是"新闻观察者"和"动量交易者"。由于认知和信息获取的限制，每种类型的投资者只能关注一种信息。新闻观察者仅仅处理有关风险资产基本面的内部信息，过去的价格变动对他们来说没有任何影响。相反，动量交易者不会观察基本面的内部信息；他们在给定的时刻对于风险资产的需求仅仅跟过去的资产价格相关。而这个需求是过去价格变化正相关还是负相关，是在均衡条件下内生决定的。假设一个积极的内部信息在新闻观察者群体中开始缓慢扩散，对于动量交易者来说，最优化的策略是他们对风险资产的需求跟资产价格的变化正相关。这样做的逻辑是，如果价格在上涨，这说明积极的内部信息正在新闻观察者群体中扩散，他们的买入就会让资产的价格上涨，这使得动量交易者跟投成为最佳选择。因此，动量交易者根据价格上涨来推断内部好消息的产生——这样即使不关注内部信息，也能对信息做出正确的反应。但是问题是这样的反应存在滞后性，即使好消息已经传遍了所有的新闻观察者，他们可能还在根据过去价格的上涨而持续买入，这就导致资产价格被高估。于是，新闻观察者和动量交易者的互动就产生了风险资产价格的中期动量和长期逆转。Hong 等人（2000）提供了支持模型预测的证据。

此外，正如 Greenwood 等[28]指出的，在商业逻辑上，即使一个公司在短期内真的获得了发展优势，那么这样的优势是否能够带来长期的业绩增长也是不确定的。因为公司短期亮眼的业绩可能会导致管理层自身也高估未来的增长空间并低估其他资本涌入带来的竞争压力。投资者如果没有考虑到这些潜在的经营风险，那么他们同样也会对短期处于优势的公司过度乐观，从而高估其未来的基本面和公司价值。

3.8　案例和应用：外推偏误和过度反应

平心而论，仔细阅读完本章的读者，能否在交易中摆脱外推的影响呢？我们是比较悲观的。追逐近期业绩亮眼并且抛弃近期业绩弱势的资产，这一倾向早就形成了坚固的闭环。各类投资顾问，在线投资理财平台和投资论坛总是会宣扬和热议近期的历史业绩。打开交易软件，大部分界面都在展示"市场排名"。例如，基于各类资产短期甚至瞬时的大幅涨跌来呈现的资金关注热点或者"出逃"的重点。在本节中，我们希望讲述由外推偏误导致的一个简单推论——那就是，对于短期业绩分配过大的决策权重会让投资者过度反应[①]。

在历史上，过度反应的间接证据其实由来已久，这主要体现在人们可以通过逆向投资而获取超额收益：如果人们对于过去表现好的股票过度追捧；对于过去表现不好的股票过度悲观，那么过去表现好的公司会被高估，价格产生泡沫；过去表现不好的公司价格就会被低估，变成潜在的投资机会。只要等待的时间足够长，被高估和低估的股票都会回归真实价值，因此，被高估的公司期望收益为负，而被低估的公司期望收益为正。这其实就为"价值投资"的可行性提供了保证。Benjamin Graham 与 David Dodd 合著的经典投资"圣经"《Security Analysis》于 1934 年首次出版，另一著作 The Intelligent Investor 于 1949 年首次出版。难以置信的是，这两本书直到现在都还在印刷[②]。我们现在都知道，价值投资的目标是找到价格低于其内在长期价值的证券。这听起来非常简单，但在实践中，决定价值投资是否管用的关键在于我们如何判断一项投资的内在长期价值，而毫无疑问，给出一项资产的真实价值是非常困难的，因此，定义股票什么时候算"便宜"同样异常困难。

Graham 给出的方法是市盈率（P/E），即每股价格除以每股年收益。如果市盈率很高，投资者就会为每一块钱的收益付出更高昂的代价。投资者为什么这样做呢，原因就是投资者预计该公司的收益将快速增长，以证明当前的高股价是合理的。因此，高市盈率的公司也常常被称为成长型公司。相反，对于市盈率较低的股票，市场预测市盈率将保持在较低水平，甚至会下降。这类公司就常常被称为价值型公司。成长和价值的标签当然也会随着市场的变化而变化，如果收益没有像预期的那样快速增长，股票的价格就

---

① 事实上，造成投资者过度反应的原因极其复杂。甚至在历史上，投资者是否存在过度反应这一观点在刚刚提出之时也饱受争议。但无论如何，需要明确的是，外推偏误很可能是导致投资者过度反应的一个重要且比较底层的因素。

② Graham 既是专业投资者，又是哥伦比亚大学的教授，他有一个非常著名的学生，Warren Buffett。由于 Buffett 一直视 Graham 为自己的精神导师。Graham 也被认为是"价值投资"之父。

会下跌，市盈率也会相应下降；如果收益反弹，甚至保持稳定，股价就会上涨，市盈率也会随之上涨。

Graham 从 1937 年开始，选取了道琼斯工业平均指数（美国最大的公司之一）的 30 只股票，并根据市盈率对它们进行排名。然后，他组成了两个投资组合——一个是市盈率最高的 10 只股票，另一个是市盈率最低的 10 只股票。结果显示，"便宜"股票的表现远远超过了"昂贵"股票。从 1937 年到 1969 年，如果你在低市盈率股票组合上投资 1 万美元，你的投资组合最终会增加到 66 900 美元，而在高市盈率的股票投资组合中，1 万美元最终只会增长到 25 300 美元（购买最初的全部 30 只股票组合将产生44 000 美元）。有趣的是，尽管投资界非常尊敬 Graham，但直到 20 世纪 80 年代初，学术界对他的投资策略始终颇有微词。购买"廉价"股票的策略显然与有效市场假说大相径庭。在学者看来，一类股票的收益显著高于另一类，只可能是一种原因——那就是收益更高的股票具有更高的风险。而股票的风险高低怎么可能跟他"便宜不便宜"有关系呢①。在 Graham 之后的几十年中，随着计算机和通信技术的发展，我们已经逐步将股票数据全面数字化，形成了较为完备且可信的专业数据库。例如，专注于股票价格的 CRSP 和收集财务会计数据的 COMPUSTAT，这使得当今的研究人员可以开展更加全面翔实的统计分析。在最近的 50 年，对于回报率的实证研究也出现井喷。大量的结果陆续指出，一些市场异象是无法在基于风险回报的框架下得到解释的，而这样的事实又进一步激发了利用心理和行为因素来解释异象的热潮。其中，第一个使用外推偏误来解释价值资产价格被高估/低估并且取得广泛影响的是 Bondt 等[36]。这是 Thaler 在来到康奈尔大学之后，跟他的第一个博士生，比利时人 Werner De Bondt 一起完成的工作。这篇被广泛引用的论文其实仅仅证明了本节开篇讲述的那么一个简单的假设：如果Graham 赚钱的秘诀——"市盈率效应"是由于投资者过度反应造成的：投资者的过度乐观会让成长股涨得"太高"；低市盈率的股票，或价值股，又在过度的悲观中跌得"太低"。如果这个假设成立，那么随后价值股的高回报和成长股的低回报就代表了简单的价值回归。

这是不可能发生的事情。因为市场是有效的，市场上的各种资产的价格就一定是正确的，也就是说股票的价格不会长期偏离其内在价值。因此股价不可能有"便宜"或者"划算"的说法。此外，因为价格正确的原因是所有信息都反应到了价格中。那么任何投资策略都不可能系统性地打败市场，由于股票过去的收益历史和市盈率是已知的，所以 Graham 不能够通过市盈率这个大家都知道的指标来预测未来的价格变化。在

---

① 我们目前知道的事实是，尽管价值型股票，也就是低市盈率股票的长期回报的确高于相对昂贵的 成长型股票，但是截至目前，仍然没有确凿的证据表明这两类股票在风险上有什么显著不同[35]。

这个逻辑下，均值回归存在的证据就对有效市场假说提出了尖锐的挑战。

Thaler 和 Bondt 将所在纽约证券交易所上市的股票在一定时间内按照表现来排名，以找出目前市场追捧和抛弃的股票，分别定义为"赢家股票组合"以及"输家股票组合"。然后，为了比较的方便，我们挑出幅度最大的赢家和输家（比如最极端的 35 只股票）来比较它们在未来的表现。如果市场是有效的，我们应该预期这两种投资组合有类似的表现。因为我们用于区分赢家组合和输家组合的信息是公开可见的，任何投资者都可以这么做，因此，这个指标提供的价值已经反映在价格中，任何基于这个指标的套利空间应该无限接近于不存在。但是，如果过度反应的假说是正确的，如果外推偏误导致人们系统性地追逐过去表现好的股票，输家组合在未来的表现就会超过赢家组合。

Bondt 等[36]的结果有力地支持了过度反应的假说。他们用不同的方法测试了过度反应，只要回顾建立投资组合的时间足够长，比如计算过去 5 年的赢家组合和输家组合，那么在未来 5 年，输家组合比赢家组合的投资组合表现就更好，而且好得多。在形成投资组合后的五年时间里，输家组合的表现比大盘高出约 30%，而赢家组合的表现比大盘差了约 10%。

这一发现在两个层面为行为金融学家带来了非常大的鼓舞。首先，心理学或者认知科学能够预测一种新的异常现象，从而为过度反应提供支持。并且这种支持是非常宽泛的，不建立在其他任何的假设之上。我们只是发现，过去的表现的确预测了未来的超额收益率，而这种超额收益的出现就意味着投资者在分析和认知过去价格这一信息上出现了系统性的偏误。

注意，输家组合的确比市场获得了更高的回报这一事实被提出之后，对市场有效理论的支持者来说，唯一的解决办法是深究一个重要的技术细节：如果你通过承担更多风险来击败市场，这并不违反有效市场假说。因此，矛盾的焦点转移到如何衡量风险。Eugene Fama 指出，所有对市场有效中"不能击败市场"的检验，实际上都是对市场有效和某个风险与收益模型两种假设的"联合检验"。换言之，风险和收益的严格对应关系需要建立在正确设置和识别风险和收益的基础上。例如，假设有人发现新公司的回报高于老公司。这似乎是对市场有效的否定。因为公司的年龄是已知的，这类信息不能用来"打败"市场。但在 Fama 看来这并不是对市场有效的绝对否定，因为人们可能有理由认为，新公司就是比旧公司风险更大，它们的高回报正是理性投资者为承担额外风险所要求的补偿。这种联合假设的论点适用于任何明显违反有效市场假说的行为，包括Graham 和 Buffett 以及其他声称价值股是良好投资的流派。根据这个澄清，如果输家投资组合比赢家投资组合风险更大，那 Bondt 等[36]观察到的更高的回报率就能够被归结为理性投资者在投资高风险投资组合时所要求的合理补偿。这么说来，核心问题变成了，是接受 Bondt 等[36]对研究结果的解释，把其视为挑战有效市场假说的证据，还是把它归因于风险测度。

因此，如果要进一步回应 Fama 的解释，我们需要一种公认的衡量风险的方法。不过，这些失败的股票看起来确实有风险。毫无疑问，输家组合中一些公司实际上可能会破产。对于破产公司的忽略就可能为收益计算带来幸存者偏差。然而，Bondt 等[36]的计算已经考虑了这个问题。如果输家组合的任何一只股票被纽约证券交易所摘牌，那么研究开发的计算机程序会假设回收任何可以获得的股票价格。如果回收的价格不可得，那么该股票的价格会被视为 0，即承认 100%的亏损。如果摘牌之后在另一个交易所上市，那么相应的回报率会被适当地重新计算。因此，股票破产的可能性并不是解释研究结果的原因。

在传统的金融学理论中，衡量股票风险最为流行的方法是使用大名鼎鼎的资本资产定价模型[37-38]。根据资本资产定价模型，在理性世界中获得回报的唯一风险衡量，是股票回报相对于市场整体回报的敏感程度。换言之，衡量一只股票风险的正确方法就是它与市场走势的相关性，这个相对估计被称为"beta"。粗略地说，如果一只股票的 beta 系数是 1，那么它的风险就与整个市场一样。如果一只股票的 beta 值是 2，那么当市场上涨或下跌 10%时，个股（平均）将上涨或下跌 20%。基于这个测度，如果市场是有效的，我们应该发现输家组合相比于赢家组合有较高的 beta。Bondt 等[36]在论文中就 beta 系数已经做出过验证。诡异的是，他们发现了相反的结果。基于 3 年的"形成期"和随后 3 年"测试期"。赢家组的平均 beta 系数是 1.37，而输家组合则是 1.03！所以，基于资本资产定价模型，赢家组合实际上比输家组合风险更大。使用更进一步的方法调整之后计算的 beta 更是显示两者相差更大，这使他们的发现愈发令人哭笑不得！

同样的道理也适用于任何衡量价值股和成长股的场景中。比如低市盈率或低账面市值比。遗憾的是，大量实证研究表明，不管用什么标准来衡量，"价值型股票"的表现都优于"成长型股票"。而且，令有效市场的拥趸如鲠在喉的是，价值型股票的风险比起成长型股票同样更小[39-42]。

Thaler 后来回忆道："对于像我们这样的'叛变者'以及很多类似 Benjamin Graham 的价值投资经理人来说，声称价值股跑赢大盘是一回事，但这一宣称只有在有效市场的祖师爷 Fama 认同之后，才能正式宣布为事实。"而在某种程度上，受到 Bondt 等[36]的影响，Fama 和他的长期合作者，Kenneth R. French 在 20 世纪 90 年代开始发表一系列论文，他们发现价值股和小型公司的股票都确实获得了比 CAPM 预测得更高的回报。他们提出了家喻户晓的 Fama-French 三因子模型[43]。在该模型中，除了传统的 beta 被命名为市场因子，还添加了两个额外的解释因素，以合理化小公司和价值型股票的异常高回报。这就是规模因子和价值因子。Fama 和 French 的研究表明，价值型股票相互之间的收益是相关的，也就是说，当其他价值型股票表现良好时，任何一支包含价值因子的股票也会趋向于表现良好，小盘股也是如此。但 Fama 和 French 也坦率地承认，价值因子和规模因子为什么会带来额外收益，这其中的具体机制尚不明确。事实上，没有任何理论来解释为什么规模和价值包含了特定的风险特征。与资本资产定价模型中建议的市场风险不同，没有任何理由相信规模和价值应该预测收益，但是实证研究发现这些因素的确对历史股票回报具有极强的解释力。

Bondt 等[36]以及后续的相关文章确实说服了很多学者，但并没有说服 Fama 和 French。关于价值型股票带来的超额收益是像行为金融主张的那样属于认知的错误，还是像市场有效学派主张的那样是存在未探明的风险，这个话题仍在争论中，就连 Fama 也承认，不可能断言价值公司提供的更高回报是由于风险还是反应过度。而且，不知道是不是造物弄人，在后续的研究中，Fama 和 Fench 发表了一种新的五因素模型[44]。他们在三因子模型的基础上引入了两个新的因子。一个衡量公司盈利能力（预测了高回报），而另一个衡量公司投资积极性（预测了低回报）。这意味着，Fama 作为有效市场假说的领袖，一再强调你不可能击败市场，除非你承担了更高的风险；然而他后期的研究一再发现解释收益的因子，并且这些因子在风险层面是说不通的：我们很难讲出一个故事来说明盈利能力和投资积极性跟公司的风险有必然的联系①。

3.9 过度自信

Buehler 等[45]做过一项绝对能够引发全世界共鸣的调查。

> **实验**
>
> 研究人员等到研究生开始写论文的时候，让他们预测在顺利、正常和不顺利的情况下，自己分别需要多少天才能完成论文。以下是他们收集到的平均答案：
>
> A. 顺利, 28 天
>
> B. 正常, 34 天
>
> C. 不顺利, 49 天

根据事后的统计，只有不到 30% 的学生在预期时间完成了论文。平均而言，所有的学生平均需要 55 天来完成论文，比他们预期的多了 22 天。

---

① 直到今天，还没有足够的证据表明小型公司或价值型公司的投资组合比大型成长型股票的投资组合风险更大。在我看来，金融经济学家 Josef Lakonishok、Andrei Shleifer 和 Robert Vishny 在 1994 年发表的一篇题为《反向投资、外推和风险》（*Contrarian Investment, Extrapolation, and Risk*）的论文解决了价值股是风险更高的所有问题。简单的答案就是，价值股没有更高的风险。这篇文章还说服了论文作者，因为他们后来知行合一，创办了一家非常成功的资金管理公司——LSV 资产管理公司（LSV Asset management）。

　　Heck 等[46]的研究发现则更为令人哭笑不得，他们发现，根据两项具有全国代表性的调查结果，65%的美国人认为他们的智力高于平均水平。这显然是不可能的。如果这项研究的设计是合适的，我们几乎就可以断言，人们的确倾向于把积极的品质和自己联系在一起，这就容易导致过度自信。

　　随着研究的深入，我们发现造成过度自信的原因十分复杂。例如，过度自信可能是由于人们倾向于高估自己掌握的信息或者控制力；也可能是因为人们对自己有各种过于美好的评价。在本章中，我们将回顾大量实证研究以展示人们在金融决策领域是如何体现出过度自信的。我们也将依次讨论一些比较重要的，由于过度自信给资本市场带来的影响。

　　我们首先来讨论当人们高估所掌握知识的情况，这通常被称为"错误校准"。校准的错误可以很好地在一个可控的环境中被测度，如很多实验要求一个人为当前（或即将）已知的数值（如珠穆朗玛峰的高度）划定一个 90% 的置信区间。通常情况下，由于他们对于自己掌握的知识（数据）过度自信，他们给出的置信区间都太窄了。例如，当我问你，请给出尼罗河长度的 90% 的置信区间①，如果你对尼罗河的长度非常有把握，那么你给出的置信区间会非常窄，你会说，我有 90% 的把握尼罗河的长度是在6 659 千米到 6 661 千米。相反，如果你并不了解尼罗河，那么为了有 90% 的把握，你只能猜一个宽泛的区间，比如，4 000 千米到 10 000 千米。因此，这个设计通过一种巧妙的方式来让你自发地体现出你的过度自信，并且对于过度自信的测量并不取决于你对问题本身的了解程度。

　　在 Alpert 等[47]中，研究对象被提出了一系列 10 个问题，并且要求受试者分别给出90%的置信区间。如果受试者完全不存在任何的校准错误，那么在概率上，10 个问题中应该有 9 个问题受试人给出的置信区间的确包含正确的答案。然而，受试者提供的置信区间包含正确答案的概率仅仅为 30%。

　　人们在自己的专业领域出现过度自信的情况可能更为严重。我们再来看宾夕法尼亚大学 Philip Tetlock 教授常年的"杠精"生涯。在长达 20 年的时间内，他追踪了 284 位以"评论政治和经济走向"为生的人。你可以把他们理解成我们熟知的那些自媒体"大 V"。Tetlock 在他 2005 年出版的《专家的政治判断：有多好？我们如何得知？》一书中，分析了超过 8 万份搜集到的预测。预测通常的问题很简单，只有三个选项：增长、下降或者维持现状。结果是令人尴尬的，这些专家的预测准确度非常糟糕——大部分在某个领域的权威或者以研究特定问题为生的人，他们做出正确预测的概率约为

---

　　① 置信区间是一个统计学概念，90%置信区间描述的是一个随机过程中，90%的抽样会落在一个由上限和下限构成的范围中。

30%。也就是说，对某个了解更多的人，预测的正确率还比不过完全随机的三选一！

过度自信还可能源于人们自我美化的倾向①——许多人不切实际地认为自己的能力比一般人强，这种幻觉会使他们认为在竞争中自己往往处于更有利的地位。正如马云的一句名言：“谁说实体经济不行了，是你家的实体经济不行了”。在 Dunning 等[48]以及 Dunning 等[49] 2004 年的调查中，超过 50%的受访者在各种积极特质上将自己的得分排在 50%以上。Lewinsohn 等[50]的研究中，受试者被要求执行涉及群体互动的任务，而其他个体则观察这些互动并在不同的指标上给参与者打分，而参与者也在同样的指标上给自己打分。然后，观察者和参与者互换身份，之前的参与者作为观察者就同样的任务给之前的观察者打分。研究结果表明，同样一个人给自己的打分在统计上要高于他们给别人的打分。

自我美化能让我们在心理上感觉到更加舒适。很自然地为了追逐这种舒适感，人们在内心深处都有一个让自己看起来更好的定义，尽管这个定义可能只是片面的。这也让一个过度自信的人，并不一定是在任何方面都会过度自信——有些人可能认为“最好的”是最擅长演说；有些人可能认为他对于宏观经济有最深刻的洞见；还有一些人可能认为最重要的能力是与人有效地沟通。例如，在一个实验中，学生们被邀请参加一个赌博竞赛测试。当实验对象单独进入房间时，他们面对的是另一个也要参加实验的学生，但后者实际上是研究人员的“同谋”，他被指示扮演“衣冠楚楚的人”或“笨蛋”。实验人员洗牌，给实验对象和同谋者一张正面朝下的牌。每个人都可以下注最多 25 美分来赌他的牌比对手的牌高。显然，这是一款纯粹随机，完全靠运气的游戏，不涉及任何技能。然而，当被试者面对“笨蛋”时，他们的赌注明显更高（16.25 美分对 11.04 美分）。因此，很可能的情况是，“笨蛋”的形象强化了受试者自我美化的程度，而这就让他们在面对“笨蛋”时对于胜利的前景表现得更加自信。尽管，对方的形象跟胜负完全没有关联，而这一点对于被试者来讲并不需要多么复杂的思考才可以发现。

最后，过度自信还可能来自一个近似的倾向：过度乐观。例如，学生期望得到比他们实际得到的更高的分数，求职者总是高估他们将会得到的工作邀请。在英文中，自我美化可以跟“over-placement”“better-than-acreage effect”联系起来。

尽管离婚率很高，但几乎所有新婚夫妇在结婚的时候都会认为自己的婚姻会成功。由于过度乐观，人们经常认为他们可以完成既定的目标并且耗费的成本还可以低于预期。然而事实上，我们中的许多人经常不能达到我们的工作目标。在每个新年，我们总是发誓一定要把去年说过本来在前年就该完成的愿望给实现了。不仅个人，一个群体也经常会出现计划谬误。例如，预算超支是大型公共项目的一个常见特征。悉尼歌剧院

---

① 在英文中，自我美化可以跟“over-placement”“better-than-acreage effect”联系起来。

（Sydney Opera House）本应于 1963 年竣工，耗资 700 万美元。相反，它是在 1963 年的 10 年后，耗资 1.02 亿美元才建成的。由于无法实现自己的目标会导致失望和降低社会尊重，我们也不愿意认为我们把时间和金钱花在了追求可能不切实际的目标上。这些暗示都促使我们可能无法像一个客观的观测者那样来评估自己的投资。换言之，由于我们天然地喜欢为自己的每一项决策寻求合理化的解释，这种天然的乐观倾向总是能够缓解心理上的焦虑。

3.10　过度自信和过度交易

> **思考**
>
> 　　最好的水手葬身大海，最好的狙击手死于敌人的枪口。

　　越来越多的研究认为，过度自信可以帮助解释金融市场几乎每天都显得过高的交易量。自 1998 年以来，美国股市的市场总体换手率常年都超过了 100%[51]。也就是说，在每一个自然年中，股市的总交易量都超过了所有股票的总市值。

　　想要说清楚为什么观测到的交易量可能是"过度"的，我们需要先强调一下人们交易的动机。首先，有一些交易并不是以获利为目的的。也就是说，这些原因与关于未来价格变化的信念没有任何关系。这包括为满足流动性需求而进行的交易、为投资组合再平衡而进行的交易以及处于避税考虑而进行的交易。然而，考虑到这些动机发生的真实频率，它们都不太可能完全解释我们观察到的天量的交易量。多数交易可能还是由投资者对未来价格的分歧所驱动。道理很简单，一笔交易要发生，就一定有买卖双方。买的人一定是觉得今后要涨，卖的人一定是觉得今后会跌。

　　反过来讲，如果市场是由理性投资者主导的，那么压根儿不会有太多的交易。因为没有一个理性的投资者会想买一个其他理性的投资者愿意卖出的股票。假设诸葛亮和周瑜两位投资人，羽扇纶巾，抚琴听曲。周瑜提到他正在考虑购买 100 股东吴造船公司的股票。诸葛亮说："巧了，我正想卖 100 股。我可以把我的股票直接卖给你，避免我们的主公抽佣金"。在达成协议之前，由于周瑜和诸葛亮都是高智商人物，双方忽然都想到一个问题：他那么聪明的人，为什么要（买）卖？所以交易就在互相猜忌中迅速地取消了。我们延伸这个基础的逻辑，假设投资者基于他的研究，他认为一个资产的合理价格是 20 美元。然而，当他查看市场价格时，他看到的是 15 美元。一个理性的投资者不会就此认为他发现了价值洼地继而购买大量看似便宜的股票。相反，他会推断：市场作为其他所有投资者的集合，一定发掘到了更准确的信息，做出了更准确的分析。这就导致他调低对于该股票的估值，因此不太愿意交易股票。

所以，当交易发生，就必然是因为人们对于价格的判断存在分歧。并且当事人选择了更加相信自己的判断。否则，他会成为价格的接受者，而不是通过交易去套利。而这种分歧本身就表示起码交易的一方（1）认为自己掌握了更好的信息（2）认为自己对信息做出了更好的分析（3）（1）和（2）同时成立。当你认为自己掌握有更好的信息或者分析信息的框架，你当然有可能是正确的，但是当你不正确的时候，显然，你的交易就是过度自信了。所以后续实证研究的思路在总体上就是，我们来看增长的交易量是否带来了成比例增长的利润。

在理论上，很多研究建立了基于过度自信而产生更多交易量的模型[16, 52]。例如，根据 Eyster 等[52]，如果投资者高估了自己的信息精度，那么他是"过度自信"的，如果他低估了其他人的信息精度，那么他的过度自信导致他"轻视"外部信息。在一个有许多投资者的经济体，每个投资者都接收一个私人信息。在这样的设置下，研究发现，无论投资者都过于自信或者都轻视别人的信息，模型生成的成交量都会很大。原理如我们之前所述，当每个市场参与者从市场价格中得知其他投资者的判断跟自己不同，那么由于过度自信或者不屑一顾，他们都将低估外部信息相对于他他自己信息的精度，因此倾向于不更新或者缓慢更新他们自身的信念，所以，市场中对资产价格的分歧就会日渐增多从而导致了持续的交易。Grinblatt 等[53]使用来自芬兰的数据进行了实证检验。由于在 19 或 20 岁的时候，每个芬兰男人都需要去服兵役。每个新兵都要接受一系列的测试，比如心理测试和智力测试。其中一项心理测试正是询问："1 到 9 打分，请给出你的自信程度"。Grinblatt 等[53]用个人自我报告的给分减去基于他在能力倾向测试中的表现得分，从而得出衡量个人过度自信的指标。神奇的是，这种在个人 19 岁或 20 岁时测度出的过度自信指标，竟然可以预测他在几年后开设和使用交易账户时的股票交易频率。过度自信假说的另一个测试建立在发现男性比女性更过度自信的基础上[54]。在交易环境中，平均而言，这预测了男性交易更多，赚取更低的回报。因为过度交易的边际收益远远无法抵消额外的交易成本。

接下来，我们利用一个描述性的模型来从定量分析的角度进一步说明过度自信是如何跟交易活动联系起来。在个人层面，对于某股票的需求是一个关于投资者对证券内在价值估计的一个函数。如果投资者相信公司价值超过市场价格，他会希望持有更多该公司的证券，所以他的需求会增加，反之亦然。我们首先用 q_n 来表示当市场价格和内在价值相等时投资者需求的均衡数量。如果一个投资者认为这个公司的内在价值超过市场估值，那么该投资者就会想要持有数量大于 q_n 的股票，反之亦然。

我们说过，交易的完成需要投资者之间关于公司内在价值存在分歧。为了描述不同的价格如何影响不同投资者的需求数量，我们从价值评估的机制开始。首先假设，由于有很多投资者，所有参与者对于市场价格都是价格接受者，任何投资者都不能对市场价格造成直接影响，他们只能根据市场价格来决定自己的需求数量。进一步地，我们假设投资者在估计股票的内在价值时，综合了自己的"先验"[①] 和市场价格（所有投资者意见的加权平均）这两项信息，如下：

$$v_i = a_i vi^* + (1 - a_i) \ p, \ 0 \leqslant a_i \leqslant 1 \tag{3.7}$$

给定一个资产 A，公式 3.7 中，v_i 表示投资者 i 结合了市场估值之后对其产生的"后验"估计。vi^* 为该投资者对其的先验估值；p 为市场价格；a_i 表示该投资者在他的先验估值和市场价格之间分配的权重——投资者过度自信的程度越高，他对于自己观点的权重分配就会越高。因此，我们就可以用 a_i 来表示投资者过度自信的程度。而且，由于市场价格 p 是由市场所有投资者决定的，a_i 的值只要大于 0 就意味着该投资者存在过度自信。因为这意味着他在一定程度上坚持了自己的意见。

进一步地，我们假设关于这个股票的需求曲线为：

$$q_i = q_n + \theta \ (v_i - p), \ \theta > 0 \tag{3.8}$$

其中 q_i 是投资者 i 的需求，θ 是需求针对后验估值和市场价格之间分歧的敏感性。将公式 3.7 代入公式 3.9 并化简之后我们能得到：

$$q_i = q_n + \theta a_i \ (vi^* - p), \ \theta > 0 \tag{3.9}$$

接着我们对于需求 q_i 和市场价格求偏导数：

$$\frac{\partial q_i}{\partial p} = -\theta a_i \tag{3.10}$$

从公式 3.10 可以看出，首先，在 θ 前面的负号表明，投资者的对于股票的需求会随着股票价格的上升而下降。其次，投资者的过度自信越强，他的需求弹性就会越大。换言之，当价格上升，股票倾向于被高估，过度自信程度 a_i 越高的投资者就会抛出更多的股票；当价格下降，股票倾向于被低估，过度自信程度 a_i 越高的投资者就会买入更多的股票。当一名投资者过度自信的程度为 $a_i = 1$ 时，市场价格将不能给他的需求带来任何影响，因为此时该投资者完完全全相信自己的判断；反之，当 $a_i = 0$，说明投资者完全相信市场的估值，因此市场价格的变化不会引起他需求的变化。

基于这些理论推导，我们可以预见市场中过度自信的程度应该跟交易量正相关。在现有的文献中，对于过度自信的异质性测度积累了丰富的数据。其中，最为著名也最具代表性的是 Barber 等[55] 的研究。他们利用美国一家大型股票经纪公司 1991 年至 1997 年间 7.8 万名散户的交易数据证实了这一预测。

Barber 和 Odean 发现，平均而言，投资者每年的换手率占其投资组合的 75%。这意

---

① "先验"是贝叶斯估计中常见的概念，对于理解这个概念尚有困难的读者，在这里可以粗略地把它视为每个人对于同一个资产的固有印象。

味着，对于一个持有 10 万美元投资组合的典型投资者来说，在给定的一年里，他交易了价值 7.5 万美元的股票。根据投资组合的换手率排序，Barber 和 Odean 进一步将他们的样本分成 5 个人数相等的小组：交易量排序最低的 20% 的投资者被分配到第一等分位，交易量排序 21%~40% 的投资者被分配到第二等分位，以此类推直到第五等分位，也就是交易量排序 80%~100% 的投资者。统计的情况是这样的：交易最少的组别，每个月的交易市值仅仅为他们投资组合市值的 0.19%~3%。那些交易最多的投资者每月的成交额达到了他们投资组合市值的 21.49%~300%。通过图 3.6，我们看到每一股股票的月平均总回报率和扣除交易成本之后的月平均净回报率。在此期间，所有五分位组对应的投资者月度回报都还不错（即使对那些过度交易的人来说也是如此），因为取样期内整个股市总体表现都相当好。图 3.6 是按原始收益计算的，但有时收益很高的同时投资者可能承担了更大的风险。如果一个投资者获得高平均回报只是因为承担了更高的风险，这并不意味着他有任何选股技巧。Barber 和 Odean 经过风险调整收益后发现，他们的结果与图 3.6 中所示的结果非常相似。对所有投资者来说，经风险调整后的净年回报率（考虑到交易成本）低于市场回报率 3%。那些交易最频繁的 20% 更是每年低于市场 10%。

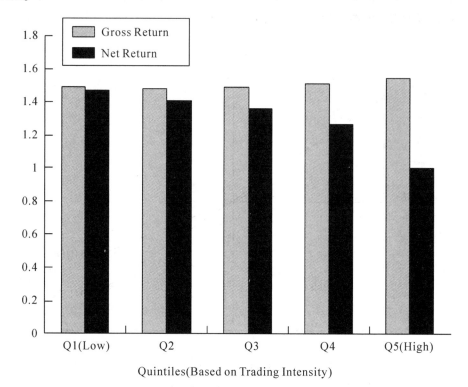

图 3.6 不同程度交易量的投资者对应的历史业绩表现

［数据来源：BARBER B，ODEAN T. Trading is hazardous to your wealth：the common stock investment performance of individual investors［J］. Journal of Finance，2000（55）：773-806.］

显而易见，交易频率更高的组别的交易费用显著提升，换来的仅仅是交易毛利的微末增加。这说明投资者频繁的交易大部分都是不值得的。如果交易都是有确凿的理由，也就是基于更新的信息和合理的分析，那么任何一笔交易抵消掉交易成本之后带来的边际期望收益都应该是正的。从结果来看，增加的交易确实让总业绩略有改善，但净业绩反而受到了负面的影响。虽然这无法直接证明过度自信是过度交易的直接原因，但这种观点似乎是合理的。如我们之前讲到的，过度自信的一个直接的结果就是导致投资者误以为自己掌握了更为准确的信息和分析框架。

图 3.7 描绘了三种不同程度过度自信的投资者。我们用 y 轴表示市场价格，同时 x 轴表示需求的数量。三种投资者分别被标记为 D1PC、D2LOC 和 D3HOC，其中"PC"表示的是没有过度自信（perfect calibration），"LOC"指的是相对较低的过度自信（lower overconfidence），"HOC"指的是相对更高的过度自信（higher overconfidence）。正如我们已经讨论的，一个更加过度自信的投资者是一个更坚信自己有能力评估证券真实价值的人。这三位投资者在某些方面是相似的。对于同样一个资产，他们通过自身掌握的信息和对于信息的认知，得出了相同的先验估计，也就说，在价格为 v_0 的时候，这三类投资者对于该资产的需求是一致的，因此，市场上的均衡价格也等于 v_0。这就是为什么三种投资者的需求曲线都相交于 (q_n, v_0)。

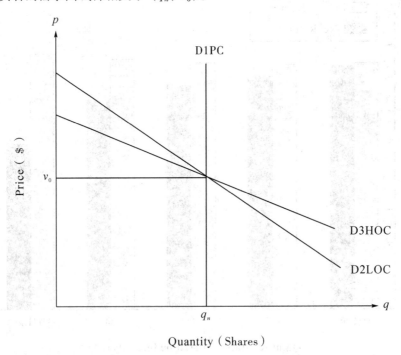

图 3.7　不同程度过度自信的投资者的需求曲线

接下来，我们依次讨论这三种投资者的需求受到价格变化的影响。首先，需求曲线 D1PC 是一个垂直的需求曲线。对他来说，$a_1 = 0$。这表示他完全相信市场的估值，无论价格如何变化，他都不会产生价格被高估或者低估的判断，他总是相信市场是正确的。因此，他的需求只跟自己的财务状况或者固有的偏好相关。另外两个投资者的需求曲线呈负倾斜，这意味着从大的趋势来看，价格越低需求越高，而价格越高需求越低。但是，虽然他们的 a_i 都是正的，但请注意 $a_3 > a_2$。换言之，第二名投资者比较注重市场的观点，而第三名投资者则更为注重自己的观点。由于投资者 3 比投资者 2 的需求更大程度受到他们的信念与市场价格差异的影响，因此投资者 3 相对更自信。因此，当市场价格下跌时，虽然投资者 2 也增加了股票需求，但是增加的量相比投资者 3 来说要少。同样，当市场价格向上调整时，投资者 3 比投资者 2 反应更强烈，他的需求下降会更加剧烈，卖出更多数量的股票。

正如我们之前提到的，除了对于自身掌握的信息精度产生过度自信从而产生估值的分歧，投资者对于相同信息做出的不同解读和回应也会带来估值的分歧。例如，Morris[56] 分析了投资者持有不同先验的情况。在他的模型中，投资者从不同的先验开始，然后观察相同的公共新闻序列，并以理性的方式更新他们的信念。该模型最终能够推出，不同的先验会导致持续的交易量。这是一个令人惊讶的结果。因为，假设投资者 A 对于一种资产比投资者 B 更乐观，随着时间的推移，新闻的公开发布，我们很容易想到投资者 A 和 B 之间的分歧会逐渐减弱，因此，交易量会减弱。但是，Morris[56] 的研究表明，事实上，即使两名投资者观察到的信息相同，分歧依然存在。这是因为，持有不同信念的投资者群体的组成会随着时间的推移发生动态的变化。这就导致了分歧和基于分歧的交易最终持续下去。

此外，过度自信常常还会出现自我强化的特点，这能够被用来解释资产价格的中期动量。例如，在 Daniel 等[57] 的实验中，假设有这么四个关键的时刻，$t = 0$、1、2 和 3。在时刻 1，投资者获得一个个人信念，这可以是一个猜测，基于个人渠道的消息或者分析。在时刻 2，公开信息发布。最后，在时刻 3，揭晓公开信息对于股价的冲击。假设投资者不仅过度自信，而且自信程度还能够随时间变化。那么假设，时刻 2 的公开信息与时刻 1 的个人认知一致，那么在时刻 2，投资者对其今后的个人信念就会变得更加自信，你判断对了一次，你就会更加相信自己的判断，人之常情，对不对？如果公布的信息与个人信念不一致，投资者个人认知的信心往往不会有显著下降。这种不对称的更新是由"自我归因偏差"驱动的一种常见倾向。因为人总是受到保持积极自我形象的欲望所驱动。从结果来看，人们倾向于因为一个好的结果给予自己褒奖，却将一个坏的结果归咎于外部的原因，比如最常见的借口——坏的运气或是别人疯了。在股票市场中，投资者这种不对称的认知更新就会带来中期的动量和长期的反转。Daniel 等[57] 发现，如果时刻 1 的个人信念是利好，那么此时实验的参与者已经开始让股票的价格上涨。如果在时刻 2 的实际披露也是利好，价格会进一步上涨，因为投资者由于正确的判断而信心增加。反之，如果在时刻 2 实际披露时不如预期，价格常常在大体上保持不变，因为投资者对于个人信念的信心很难瞬间消失，他们更倾向于认为利好迟早会得到体现。因此，平均而言，价格在时刻 2 还是上涨，产生了短期的动量。而在时刻 3，这一动量会因为宣布负面现金流信息而在平均上产生反转。

3.11　案例和应用："杀死 Bill"

2021 年 3 月，一轮中概股毫无预兆的暴跌席卷美股市场。腾讯音乐、唯品会、爱奇艺等多只中概股，离奇同步暴跌（见表 3.3）。腾讯音乐股价从最高的 32 美元，最低跌到了 16 美元，跟谁学腰斩只在一夜间，从 61 美元跌到了 30 美元。更加离奇的是，这场暴跌还混进了一些看似毫不相干的公司，如 ViacomCBS 以及 Discovery。接连几天，业内人士都很疑惑，导演这神秘联动的到底是何方神圣？随着事件的发酵，真相逐渐浮出水面：众多股票离奇同步下跌的背后，竟是源于阿古斯资本管理公司（Aarchgos Capital Management）的高杠杆交易。而阿古斯资本管理公司的掌门人正是我们之前提到的，前老虎亚洲（Tiger Asia）前经理 Bill Hwang 管理。3 月 26 日这一天，阿古斯宣布闪亏逾 190 亿美元[①]。这一天注定会被载入史册，因为这很可能创下了人类交易员单日亏损的纪录。据估计，Bill 通过 Archegos 管理着超百亿美元的私人财富，并且长期通过向大投行融资维持着 3~4 倍的杠杆，因此 Bill 实际的风险暴露在近千亿美元的规模。从最后融资方约 1 200 亿美元的止损平仓来看，Bill 先生的自有资本率不足 15%，也就是近七倍杠杆。

表 3.3　部分 Aarchgos Capital Management 重仓的股票在 2021 年 3 月下旬的累积收益率

日期	跟谁学	爱奇艺	腾讯音乐	VIACOMCBS	唯品会
2021/3/22	−3.24%	0.97%	1.48%	3.07%	−0.44%
2021/3/23	−15.20%	4.11%	4.50%	−6.27%	0.29%
2021/3/24	−19.75%	−16.56%	−23.80%	−27.99%	−21.21%
2021/3/25	−22.92%	−27.69%	−33.07%	−31.84%	−29.70%
2021/3/26	−54.95%	−37.23%	−33.93%	−50.46%	−31.38%
2021/3/29	−63.30%	−40.40%	−33.14%	−53.76%	−37.36%
2021/3/30	−61.56%	−38.03%	−29.85%	−52.12%	−31.95%

---

① 事件伊始，媒体最初普遍的估计 150 亿美元，但是根据后续的披露，另一个关联人手中还掌握着 40 亿美元的本金。

由于监管层的压力加上投资不善，在内幕交易丑闻后，证监会已经明确禁止 Bill 管理外部资金。可以肯定的是，这次阿古斯直接亏出去的钱 100% 都是他自己或者亲朋好友的钱——我们可以想象，在一个春风恣意的夜晚，一些富豪们在泳池边喝了一口冰镇香槟，正要点起一支雪茄，突然数条追加保证金的短信呼啸而来，紧接着就是强制平仓——我们很遗憾地告知您："您刚刚亏损数十亿美元"。事发后，Bill 先生在社交媒体中感叹："我刚刚亏了好多钱。"他说得完全没错。

Bill 是如何亏出单个投资者单日巅峰的？

根据公开信息，Bill 是韩国人，最早因为受到老虎基金 Julian Robertson 的帮扶而声名鹊起，2001 年他从老虎基金离职，拿着 Julian 给的 1 600 万美元天使投资，6 年时间就把 Tiger Asia 做到 80 亿美元的规模，取得年化 40% 的优异回报。然而在 2008 年，尽管他上半年做空大盘获利丰厚，但却错误地判断了市场反弹的时机，过早做多，导致全年资产仍然大幅回撤 23%。之后经过了几年沉寂和与美国证券交易委员会的诉讼争端，2012 年，Bill 二次创业，从 2 亿美元的自筹资金起步，专注亚太地区投资，恰好赶上中概股优质资产上市的黄金十年。由于 Bill 先生作风彪悍，敢打敢拼，在 2021 年年初就在杠杆的加持下把 2 亿美元干到了 50 亿美元。

当你搏一搏，单车变了摩托，或许你应该感谢自己的运气，并且考虑留下摩托。但是对 Bill 来说，钱只是数字，远比钱重要的是顺应自己内心的想法——而他的想法是，市场在长期量化宽松下没有风险，继续干，油门飙到 200 迈！由于他每年交易的佣金都超过千万美元，各大投行如野村、高盛、JP 摩根、瑞银等也都乐于给他提供大额配资，虽然 Bill 也还做了对冲，其资金的三分之一做空了道琼斯指数。但他没想到的是，他重仓的股票遇到数只灰犀牛，道琼斯指数又不断创新高。最后，ViacomCBS 的高位增发导致股价腰斩成了压穿 Bill 仓位的最后一根稻草。Bill 自己的钱血本无归外，融资机构逃命般的平仓止损就造成了前文提到的中概股手拉手闪崩。止损比较快的高盛，亏损额估计都在 3 亿美元左右。其他的券商损失则更为惨重，野村在 3 月 29 日的一份声明中说，因与美国客户的交易而遭受了重大损失。截至 3 月 26 日，针对该客户的索赔金额估计约为 20 亿美元。野村控股股价因此大跌 16%。而损失最大的瑞银更是亏损接近 40 亿美元，其股价最高跌幅超过了 13%。随着后续的仓位清算，亏损可能还会持续上升。

从纽约到苏黎世再到东京甚至是其他更多的地方，一连串杠杆交易的爆仓再一次向我们证明了人性是如何无止境地放大金融市场的脆弱性。美联储几乎是模式化的量化宽松不断鼓励赌徒使用层层嵌套的杠杆。资产价格暴力拉升之下，只要稍有风吹草动就是雪崩式的垮塌。可以预见，Bill 的悲剧绝不是个案，在我们不知道的地方，许多人前仆后继也正游走在 margin call 的边缘。正如我们在章节中提到的，过度自信跟自己的行为从外部获得正反馈息息相关。当你恰好使用高杠杆尝到甜头，这种成就感会让你疯狂，萌生更大的渴望。你会误以为自己就是天选之人，超高的收益率就是自己发现 alpha 的能力，而实际上，这不过是拉高 beta 带来的获利幻影。

　　流水不争先，争滔滔不绝。

3.12　案例和应用：专家还是"砖家"？

　　我们在多个章节都明确地讨论过，在经济世界中做出准确的预测是何其困难。这几乎是一个原则性的认知。本节想要讨论的是由此而来的另一个明显的异象——预测市场的困难似乎无法消除人们对于预测有效性的错觉①。这种错觉有时候是针对我们自己的，有时候是针对那些市场权威或者专业机构的。换言之，对于自己或者其他专家意见的认同感仿佛并不需要通过统计或比对这些意见的正确率来进行校准。作为一个整体的我们，很难接受自己似乎对经济和市场的走势毫无预测能力。不管专家们的言论在事后多少次被证明是"砖家"，我们似乎极少怀疑专家，我们会继续对他们今后的言论保持热情——每每市场有重大的变动，众多专家（研究团队）在仔细研读各类信息之后都会作出诚挚的、常常也是令人信服的解释。接下来，许多投资者就会根据脑海中已有的猜测或者情节来从各种解释中选购跟自己"情投意合"的那一款，尽管这些逻辑未必真的管用。但是我们无法抑制这样强烈的幻觉——复盘能够帮助我们理解过去，总结经验教训；我们竟然还觉得，这种经验教训能够帮助我们预测未来。这真的太令人费解了。

　　Daniel Kahneman 曾提到过一次令人尴尬的经历。他应邀为华尔街一家投资公司的投资顾问作评估报告。在准备报告的过程中 Kahneman 得以接触到 25 位匿名财务顾问在过去 8 年来的投资收益。Kahneman 的一项任务是根据这些数据来对他们的业绩进行排名，并决定他们在投资技能上是否存在显著的差异。Kahneman 使用的是一个非常简单的方法。他首先按照年收益率给每一位经理排序。在 8 年的时间里，25 位经理就会有 8 个排名纪录。然后，他以每两年为一组来计算每位经理排序的相关系数，比如，第一年和第二年，第一年和第三年直到第一年和第八年。然后是第二年和第三年，第二年和第四年，如此类推。每一位经理都将获得 28 组不同的相关系数。如果投资经理的技能差异是真实存在的，那么经理之间的排名在组中就会稳定。例如，一名高水平的经理的排名就会在每年都保持前列；一名低水平经理的排名会每年都保持在后面的位置。这样造成的结果就是，每位经理 28 组业绩排名的相关系数的平均值会越大。强者恒强，

---

　　① 一个明显的例证便是，尽管预测根本没有什么准确度可言，我们总是乐此不疲地在经济世界孜孜不倦地编制着各种预测。

弱者恒弱。Kahneman 惊讶地发现，经理人相关系数的平均值是 0.01！换言之，这几乎就是 0。这说明从业绩来看，25 位经理中的任何一个人都没有显著地好于或者劣于其他经理。在任何一年，哪位经理获得更多的业绩奖励基本是随机的。当 Kahneman 把自己的发现转达给公司主管之后，得到的回应更是怪异：主管们平静地接受了这一结论，但是这家公司又回到了以前运行的状态，就像人们完全忘记了 Kahneman 的结论。我们当然理解，财富管理这个行业完全无法承认自己旗下产品的成功是因为运气，我甚至怀疑，即使他们不顾生计和自尊承认这一点，许多投资人也会选择忽视。人们依然会去追捧那些短期业绩排名靠前的经理人。对技能和预测的错觉已经融入金融市场的文化中——大众很难相信，那些顶级名校毕业，出入高档写字楼，自信满满的职业专家，很多时候竟然无法比市场平均做得更好。

我们可以理解，病人很少质疑医生，业余棋手很少挑战专业棋手。因为在这些领域，专业人士可以很好地向我们展示他们的能力。而在专业人士相对没有统治性技能的金融市场，为什么我们还是会常常迷恋权威呢？要理解这个问题，我们需要提及此前讲到的多个概念。

第一，如同在因果性和相关性的章节提到的，对于一个事件的结果，人们需要一个简单的解释来获得"世界是连续的，有因就有果"这样的印象。比起投资亏损，不明不白地亏损更加令人焦虑。每当大盘震荡或者走势异常，抚慰心灵的解读和分析总是有很好的阅读量。"美股下跌是因为美债走高，指数窄幅起落是因为多空双方在换筹，板块异动是因为风格转换或者估值分化"。至于对不对，谁在乎呢？通过提供人类大脑所需的简单且片面的故事，激发市场经历者的共鸣，这些事后的解读实际上引起并维持了人们"理解过去"的错觉。读者以为自己得到了有价值的东西，从而心平气和地洗洗睡了。

第二，对于专家技能的过度自信还来自文化和互联网技术的助推。在一个提倡奋斗和精益求精的社会氛围，人们自然而然会想到一个接受了大量训练并且勤奋工作的人会比普通人的表现更优秀。这在很多行业或许是正确的。因为在大部分行业竞争的标准是明确且固定的。比如在竞技体育中，我们可以明白无误地评价选手的实力，分析谁好谁坏并不需要专业的知识。而在金融市场中，我们无法直接观察到投资经理的聪明程度，参照他们的过往业绩来评价恐怕也并不合适。因为无论对于正面还是反面的有限观测都难以排除运气的因素。因此，在评价标准比较模糊，高下判断可能需要耐心和统计知识的环境中，一些营销手段就特别容易通过可得性偏误来选择性地推送信息，轻松造神。一位金融教授可能成功预言了 2008 年的金融危机而名声大噪，但我们不知道的是，他在每年的第一天都预言今年会有金融危机。

第三，某些时候，专家的预测可以躲在"审慎性"这个盾牌后面光明正大地模棱两可。他们发表的声明总是给你一种"我认识你说的每一个字，但是我觉得你说了个寂寞"的感觉。这种套话在各种专业词汇和术语的帮助下更是被运用到了炉火纯青的地步。比如，下面一段文字纯属我个人的杜撰，若你觉得在哪里看到过，那也是再正常不过的了。

1985 年的经济走势是前高后低。即上半年的经济走势比市场预期强，下半年的经济走势比市场预期弱。一季度 3.4% 的增速，明显高于去年底市场一致预期的 2.2%。上半年的预期差使得市场向上，这很可能是受到出口数据大幅度增长的影响。而下半年市场的疲软就可能来自市场上半年超预期之后对于经济过热的担忧，使得市场承压。随着中央政治局会议的召开及其对经济的定性，市场未来所面临的政策环境已经基本清晰。市场行情由前一段时期的预期修复、情绪反转阶段，进入到对于依靠经济基本面的预期提升的阶段。在这一阶段，市场会反复经历对经济数据的出炉与预期印证之间的调整，因此进入到由经济基本面带动的震荡上行区间，直到被经济拐点或财政政策重新出炉所打断。但同时也不排除国际外部市场对于经济的影响。

怎么样，你觉得 1985 年下半年到底是买还是不买？你学会了吗？

美国前总统杜鲁门曾发表过著名的言论，说他想找一个立场明确的"独臂经济学家"（one-armed economist）。因为他也受够了有些专家所谓的一方面来说如何如何，另一方面来说如何如何（on the one hand…on the other hand…）。

最后，我们想要强调的是，本章的主要意图完全不是通过抨击专业人士的预测错误来贬低他们的专业性。事实上，专业人士也有很多预测成功的案例。但是，预测错误在本质上依然不可避免，这跟多少次正确与否的预测没有关系。在经济领域，明智的做法是降低对于专业人士的期望，你可以把他们的见解视作重要的参考，但比起绞尽脑汁让他们来帮助你预测未来，根据出现的情况做出迅速的反应显然更有意义。

3.13 群体互动和从众倾向

3.13.1 群体的一致行为

在多数的金融研究中，我们通常假设投资者的行为决策主要基于公开信息，投资者根据已知的信息做出投资决策，并产生自己的预期。但事实上，我们生活在信息社会，日常会接收到来自方方面面的其他人的信息，我们的决策也难免会受到各类互动的影响，不管我们愿意与否，有意识的还是无意识的。进而，投资者的决策不仅仅基于公开信息，同时跟他所在的决策环境也息息相关。在行为上这就可能体现出从众（conformity），或者羊群效应（herding effect）。

从众可以体现为多种形式[58]，其中顺从和接纳较为常见。我们先来看这样两个情境：

> **思考**
>
> 从众的情境
>
> A. 在 20 世纪中期，仅有约三分之一的医生警告大众吸烟有害健康。但现在，几乎所有人都在提醒吸烟有害健康——甚至连香烟的包装盒上都印有"吸烟有害健康"的标语。
>
> B.《史记》记载："赵高欲为乱，恐群臣不听，乃先设验，持鹿献于二世，曰马也。二世笑曰，丞相误邪？谓鹿为马。问左右，左右或默然，或言马以阿顺赵高。"

情境 A 中，建议吸烟危害健康这一行为，从少数医生逐渐扩展到社会大众，基于科研圈几十年持续地在拿出坚实的临床证据。因此这种观念上的转变，并非由于某种外力强迫，而是随着科技的进步，证据的积累，对于吸烟的警示越来越被人们自愿地、真诚地接纳（acceptance）。

情境 B 是"指鹿为马"的故事。故事中的大臣们依然体现出群体的一致行为——要么缄口不言，要么附和赵高。与情境 A 不同，群臣明显是"睁眼说瞎话"，违背客观现实。这里的群臣心里并非信服，而是迫于外力，避免因为违逆赵高的意思而受到惩罚，而顺从（compliance）[①] 他的期望或要求。群臣的一致行为是因为他们畏惧强权，是出于求生的顺从，而非真心接纳。"或言鹿者，高因阴中诸言鹿者以法。后群臣皆畏高"。根据后续的叙述我们也可以看到，那些不顺从的大臣最后都被赵高所害。

我们要注意，并非所有的群体一致性行为都是由于从众。因为十分重要的一点是，观察行为本身永远不可能让我们真正了解并确认造成这些行为的原因，不管这些行为是多么普遍或者整齐。假如某个品牌的冰箱，能够在相同的价位下有更低的能耗、有更好的保鲜效果同时还有更完善的售后服务，消费者在逐渐了解这些信息之后，那大家毫无疑问会购买这个品牌的冰箱。尽管这在客观上造成了群体一致的行为，但这并非是从众，而是出于理性的选择。

从众发生的典型情境是，个体持有各异的初始信息或判断，但却表现出类似的行为。艺术家 Oscar Wilde 曾说过："公共观点仅存在于人们无所适从之时"。这句话的对错我们暂不讨论，但它可以帮助我们更好地理解从众。从众倾向诞生的重要土壤是群体没有办法获得足够的依据来进行明确的判断。因为个体之间存在易受暗示性（suggestibility）的特征，一个人做出某种决定，可能是因为他仅仅是看到别人也这么做了，所以他才会这么做。而这种情况发生的前提是，他其实没有有充足的理由去这么做，他只是被动地从众从而躲避了一个认知上的难题。从众的人可能认为，虽然自己不知道为什

---

① 顺从的特殊情况——由明确的命令带来的顺从行为，我们称之为服从（obedience）。有时，接纳随着顺从行为而产生。也就是说，对于一些曾经不认同的事情服从得久了，也逐渐接纳并认为是正确的。

么，但别人都这么选肯定有别人的道理，因为相信别人的"理性"，所以选择了同样的行为。

我们来通过一个著名的实验来展示个体的易受暗示性。

> **实验**
>
> 哪条绳子更长？
>
> 第一部分：该实验要求受试者在看到几条长短不同的绳子后回答哪条绳子更长。
>
> 第二部分：加入假装成受试者的演员，他们负责干扰受试者。受试者并不了解演员的存在，只当作是其他受试者。每个受试者在回答问题前，都需要等演员先回答问题，并听到给出的错误答案后，自己再回答问题，这个过程中可以与演员聊天。

Solomon Asch 进行的这项实验分为两个部分[59]。由于问题非常简单、直观，在第一部分中，所有的受试者可以不假思索并准确地指出更长的绳子。但非常有趣的是，在第二部分实验中，受试者的判断明显受到了演员的干扰。受试者甚至会怀疑："是他们瞎了，还是我瞎了"。实验结果显示，有三分之一的受试者，在演员的影响下，选择了他们明知错误的答案。通过对比实验的第一、第二部分，我们大概可以说，人们在进行决策时会从众，他人的决策会显著影响他们的判断。

当然，这可能还不够严谨，因为也许受试者选择了错误的答案仅仅是因为怕引起演员的尴尬。因为存在这样的可能：在受试者的视角，他们可能怕自己说出正确的答案而引起前一位受试者的心理不适（如觉得"没面子"）。之后，Deutsch 和 Gerard 进行了类似的实验，他们的实验中，受试者无法与负责干扰的演员交流，也无法看到他们，这样就避免了一些社交顾虑带来的影响[60]。然而，实验结果仍然显示，约有三分之一的人给出了错误的答案。那么现在，我们可以说，人们在决策时可能真的会受到他人决策的影响，即，人们拥有从众的倾向。而通过对比，我们也可以看出，从众行为与理性的群体一致行为具有很大的区别——明明持有和他人不同的观念，却在犹豫不决或者明知是错的情况下，选择跟他人保持一致。

3.13.2 群体学习

从众倾向往往产生于人们没有明确的倾向但又需要做出决策的情景中。每个决策的个体在决策时喜欢与其他个体相互交流，并且会在观察到他人的选择之后再做打算。这种投石问路性质的决策模式广泛地存在于我们的生活。当然，个体可能有能力仔细认真地分析每个选项的利弊，但这个过程对他们来说是非常耗时的，远不如通过观察、交流等方式了解其他人的选择来得便捷。因此，我们将直接通过对他人的行为进行分析并做出决定，称为群体学习（social learning），这体现了我们通过观察其他个体行为获得信息并且进一步产生决策的过程。

　　遵从其他个体的行为并形成群体一致行为在自然界是非常常见的，如，在蚂蚁、蜜蜂、牛、羊、猴子等物种之中就存在明显的群体学习。例如，实验表明，当一群蚂蚁面对两堆几乎一样的食物时，它们往往会集中于一堆，而非均匀地分别从两堆搬运——大约有 80% 的蚂蚁集中在第一堆，而从另一堆搬运的蚂蚁仅占 20%。其他类似的实验中，将食物变成了三堆，但结果依旧如此[61-62]。

　　为了确保这类实验中各种可能的细节对不同食物堆产生的影响，Pasteels 等人将实验调整为，仅有一堆食物，但是设有两条完全对称的桥来作为两条通往同样食物的路径。实验结果显示，蚂蚁群体的行为仍然是不对称的，它们的一致行为并非由于食物来源的不同。

　　尽管这样的群体一致行为看似很奇怪，但一系列的实验也告诉我们这很可能有生物上的原因。蚂蚁觅食过程中所呈现出的群体学习和一致行为可简要归纳为当最初的蚂蚁发现有一堆食物并往返于巢穴和资源之间时，会通过与同伴的交流、释放信息素等方式，提醒同伴并且在路上留下同伴可以侦查的线索。其他的蚂蚁会表现出一种被临时"征用"的状态，沿着先前蚂蚁提供的路径去搬运食物，并且随着参与搬运的蚂蚁越来越多，路上留下的信息素也越来越浓，这样会进一步吸引更多的蚂蚁参与其中。因此，蚂蚁群体几乎会共同地选择搬运某一堆食物而非另一堆，这并非是它们判断这一堆食物的质量优于另外一堆，而仅仅是首批蚂蚁选择了这一堆，大家一起跟随。在食物逐渐被搬空的过程中，蚂蚁群体的注意力才会逐渐转向其他食物来源。蚂蚁群体的一致行为具有正的外部性①——个体为群体传递了食物资源的信号，进而给它们带来了更大的生存优势。

　　群体学习以及一致行为也同样为我们人类带来了生存优势。在人类的繁衍过程中，利他主义的人往往会比自私自利的人具有更高的进化适应性。利他主义的人往往更乐于遵从，即，更乐于接受群体产生的影响，并拥有更强的智慧和动机来快速从群体信息当中学习。遵从使得人们不需要任何直接的证据就可以相信很多他人的决断。善于遵从的人更擅长群体学习，这使得他们在人类的生存环境出现不利因素时往往能够做出更为合适的、对人类整体生存更为有利的行为。

　　但群体学习并非总是理性的。当我们理性地分析和推断他人行为进而遵从的时候，一个大前提是我们所参照的对象是理性的。然而，我们参照的对象有时也仅仅是参照了他人的遵从，而这一连串的遵从背后，很可能只是某几个人随意的决定。想象这样的情境：李华是刚入学的大学一年级新生，迎新活动结束后，他和一位热心的学长一起走出教室。李华向学长询问学校附近哪家火锅店比较好吃，学长推荐了 A 店。但事实上，

---

　　①　正（负）外部性（externality）指的是某个体或群体的行为给其他个体或群体带来收益（损失）。

这仅代表他个人的喜好，而客观来说，A 店和 B 店的味道和服务是差不多的，客流量是旗鼓相当的。在学长的推荐下，李华晚上邀请了几位同学去 A 店就餐，感觉还不错。几天后，班上的李雷也想吃火锅，同时听说李华他们去了 A 店还不错，也决定去试试。再之后，韩梅梅看到两位同学都去了 A 店，也觉得 A 店应该更好，所以也邀请了自己的姐妹们去用餐。一个学期过去了，班上几乎所有的人都陆陆续续地选择了去 A 店吃火锅，但这一系列从众的背后，仅仅是学长的一句推荐而非客观的优劣。

3.13.3 投资者的羊群效应

在现实的投资场景中，金融投资者的投资决策往往不仅来自对公开或个人信息的判断所得，同时也可能被他人决策或建议所影响。例如，网红股票评论员、股票经纪人抑或你的亲朋好友，都可能为散户的投资提供建议。受到这些建议者所影响的群体，就会呈现出一致的投资决定，即，羊群效应。但事实上，这些建议也并非来自客观的分析。

一项针对证券分析师的研究表明，证券分析师的投资建议呈现出了羊群效应[63]。分析师的建议往往在无法准确预测市场行情时趋于一致——这就意味着，分析师的群体一致行为与一致预测的能力无关，他们建议的一致并非来自对信息的有效分析，而恰恰是因为他们对于预测准确度的悲观。而从众倾向的激活，才是他们达成一致的主要原因。同时，研究还显示，这样的羊群效应在市场繁荣时期要比衰退时期更为明显，这也启发我们在市场繁荣的阶段要更加警惕羊群效应导致的金融市场的过度杠杆。例如，每到牛市，监管部门都要用非常高的力度去监督大家场外配资。因为恰恰在这个时候，贪婪容易怂恿投资者在争先恐后的情绪中集体融资入市。

不仅是散户，实证研究表明，机构交易者在股票交易中也可能存在羊群效应。Nofsinger 和 Sias 通过 1977—1996 年的股票月度数据发现，机构投资者会一致地集中于很小一部分股票上[64]。因此，相应的股价会被推高，而未被机构投资者青睐的股票则会表现变差。另一项基于 1975—1994 年共同基金交易数据的研究也同样表明，共同基金的经理在购买股票时呈现出羊群效应，这点对于成长型基金的经理和对于小盘股的投资尤为显著[65]。对于那些历史回报较好的股票，基金的购买行为呈现出了最强的羊群效应。类似地，对于那些历史回报较差的股票，基金的卖出行为呈现出了最强的羊群效应①。

---

① 排除了窗口粉饰（window dressing）的影响。

本章小结

1. 短视的损失厌恶是触发决策者狭隘框架的主要原因。

2. 心智账户是指人们倾向于在思考、跟踪和评估他们的财务结果时采取不同的编辑方式。

3. 前景理论可能是处置效应的一种解释，但二者之间的关联机制却需要我们谨慎对待。

4. 结合前景理论，兑现效用模型可以呈现出处置效应。

5. 代表性偏误的原因主要来自两个方面：

（a）人们由于过分关注部分的规律而忽略更普遍但是不容易察觉和认知的规律。

（b）人们错误地假设小样本数量代表总体（或真实数据）。

6. 代表性偏误会促使人们误把相关性当成因果性。

7. 人们对之前决策的看法会深深地受到结果的影响，即使采取了合理的决策，但只要结果是不好的，人们就几乎不可能对当时的决策做出公正的评估。

8. 外推偏差可以解释以下 3 种常见的市场现象：

（a）股票回报的中期动量效应和长期反转效应。

（b）资产价格的过度波动。

（c）资产价格泡沫的形成和破裂。

9. 基础比率忽略、小数定律和有限理性是导致外推偏误的 3 个重要原因。

10. 外推偏误会导致投资者过度反应，进而导致股票市场上价值股的高回报和成长股的低回报。

11. 造成过度自信的原因有以下 3 点：

（a）人们倾向于高估自己掌握的信息或者控制力。

（b）人们有自我美化的倾向。

（c）人们有过度乐观的倾向。

12. 过度自信会导致人们在股票市场上过度交易、对风险认识不足和迷恋权威。

13. 从众主要体现为顺从和接纳两种形式。

14. 从众倾向会导致人们直接通过对他人的行为进行分析并作出决定，即群体学习。

15. 散户和机构投资者在投资股票时、证券分析师在推荐股票时都会表现出羊群效应。

问题与讨论

1. 解释狭义框架和心智账户，并举出实际投资中的例子。

2. 举例：生活中利用框架效应的话术。

3. 利用狭义框架和心智账户分析当下流行的"氪金手游"和充值返现的营销策略。

4. 解释处置效应，并分析其产生的可能原因。

5. 除了金融投资，你还能举出生活中处置效应的例子吗？

6. 什么是代表性偏误？给出简单的例子。

7. 投掷一枚均匀的硬币，已知连续投掷了 100 次，均为正面朝上。下次投掷有多大的可能依然正面朝上？

8. 以下哪个事件发生的可能性更大：

（a）明天标普指数下跌 2%。

（b）在新冠疫情的影响下，实体经济受到负面影响，明天标普指数下跌 2%。

9. 试着举出同时存在外推偏误和过度自信的例子。

10. 利用本章的观点解释这样的现象：我们曾经立下"flag"，要在 3 个月前完成本书的撰写，但至今撰写尚未完成。

11. 一位基金经理从业 5 年，他的投资平均年收益为 13%，但 2020—2021 年亏损 3%；我的祖母 2020 年春节后入市，一年多来收益 160%。我希望用闲置资金来理财，我该相信这位基金经理还是我的祖母？

12. 概念解释：从众、顺从和接纳。

13. 试着举出投资中从众的例子。

14. 如何从互动和从众的角度理解"戈培尔效应"——谎言重复一千遍就是真理。

15. 当你在某歌手的演唱会现场，看到台下的观众会随着歌手的表演或喝彩，或跟唱，你是否会加入其中？如果这场演唱会是你在家独自观看的，是否会有同样的表现？如果两个情境下你的表现不同，为什么？

参考文献

［1］TVERSKY A, KAHNEMAN D. The framing of decisions and the psychology of choice [J]. Science, 1981, 211 (4481)：453-458.

［2］BENARTZI S, THALER R H. Myopic loss aversion and the equity premium puzzle [J]. The Quarterly Journal of Economics, 1995, 110 (1)：73-92.

［3］ THALER R H. Misbehaving ［M］. New York：W. W. Norton & Company, 2016.

［4］ THALER R H, TVERSKY A, KAHNEMAN D, et al. The effect of myopia and loss aversion on risk taking：An experimental test ［J］. The Quarterly Journal of Economics, 1997, 112 （2）：647−661.

［5］ SHATON M. The display of information and household investment behavior ［J］. Finance and Economics Discussion Series, 2017 （43）.

［6］ CAMERER C, BABCOCK L, LOEWENSTEIN G, et al. Labor supply of new york city cabdrivers：One day at a time ［J］. The Quarterly Journal of Economics, 1997, 112 （2）：407−441.

［7］ THALER R. Mental accounting and consumer choice ［J］. Marketing Science, 1985, 4 （3）：199−214.

［8］ THALER R H. Mental accounting matters ［M］. New Jersey：Princeton University Press, 2011：75−103.

［9］ KAHNEMAN D, TVERSKY A. Choices, values, and frames ［J］. American Psychologist, 1984, 39 （4）：341−350.

［10］ ANAGOL S, GAMBLE K J. Does presenting investment results asset by asset lower risk taking? ［J］. Journal of Behavioral Finance, 2013, 14 （4）：276−300.

［11］ BARBERIS N, HUANG M. Mental accounting, loss aversion, and individual stock returns ［R］. Massachusetts：National Bureau of Economic Research, 2001.

［12］ BESHEARS J, CHOI J J, LAIBSON D, et al. Does aggregated returns disclosure increase portfolio risk taking? ［J］. The Review of Financial Studies, 2016, 30 （6）：1971−2005.

［13］ LETTAU M, WACHTER J A. Why is long−horizon equity less risky? a duration−based explanation of the value premium ［J］. Journal of Finance, 2007, 62 （1）：55−92.

［14］ IMAS A. The realization effect：Risk−taking after realized versus paper losses ［J］. American Economic Review, 2016, 106 （8）：2086−2109.

［15］ SHEFRIN H, STATMAN M. The disposition to sell winners too early and ride losers too long：theory and evidence ［J］. Journal of Finance, 1985, 40 （3）：777−790.

［16］ ODEAN T. Are investors reluctant to realize their losses? ［J］. Journal of Finance, 1998, 53 （5）：1775−1798.

［17］ THALER R H, JOHNSON E J. Gambling with the house money and trying to break even：The effects of prior outcomes on risky choice ［J］. Management Science, 1990, 36 （6）：643−660.

［18］ BARBERIS N, XIONG W. What drives the disposition effect? an analysis of a long−standing preference−based explanation ［J］. Journal of Finance, 2009, 64 （2）：751−784.

[19] BARBERIS N, XIONG W. Realization utility [J]. Journal of Financial Economics, 2012, 104 (2): 251-271.

[20] FRYDMAN C, BARBERIS N, CAMERER C, et al. Using neural data to test a theory of investor behavior: An application to realization utility [J]. Journal of Finance, 2014, 69 (2): 907-946.

[21] GRINBLATT M, HAN B. Prospect theory, mental accounting, and momentum [J]. Journal of Financial Economics, 2005, 78 (2): 311-339.

[22] LI Y, YANG L. Prospect theory, the disposition effect, and asset prices [J]. Journal of Financial Economics, 2013, 107 (3): 715-739.

[23] GOLDMAN E. Exaggerated risk of transmission of COVID-19 by fomites [J]. The Lancet Infectious Diseases, 2020, 20 (8): 892-893.

[24] BARBERIS N. Psychology-based models of asset prices and trading volume [J]. Social Science Electronic Journal, 2018.

[25] GREENWOOD R, SHLEIFER A. Expectations of returns and expected returns [J]. Review of Financial Studies, 2014, 27 (3): 714-746.

[26] CASSELLA S, GULEN H. Extrapolation bias and the predictability of stock returns by price-scaled variables [J]. The Review of Financial Studies, 2018, 31 (11): 4345-4397.

[27] DANIEL K, TITMAN S. Market reactions to tangible and intangible information [J]. Journal of Finance, 2006, 61 (4): 1605-1643.

[28] GREENWOOD R, HANSON S G. Waves in ship prices and investment [J]. The Quarterly Journal of Economics, 2014, 130 (1): 55-109.

[29] GREENWOOD R, HANSON S G. Issuer quality and corporate bond returns [J]. Review of Financial Studies, 2013, 26 (6): 1483-1525.

[30] BARBERIS N, SHLEIFER A, VISHNY R. A model of investor sentiment [J]. Journal of Financial Economics, 1998, 49 (3): 307-343.

[31] TVERSKY A, KAHNEMAN D. Belief in the law of small numbers [J]. Psychological Bulletin, 1971, 76 (2): 105-110.

[32] RABIN M. Inference by believers in the law of small numbers [J]. The Quarterly Journal of Economics, 2002, 117 (3): 775-816.

[33] RABIN M, VAYANOS D. The gambler's and hot-hand fallacies: Theory and applications [J]. Review of Economic Studies, 2010, 77 (2): 730-778.

[34] HONG H, STEIN J C. A unified theory of underreaction, momentum trading, and overreaction in asset markets [J]. Journal of Finance, 1999, 54 (6): 2143-2184.

［35］FAMA E F, FRENCH K R. The value premium ［J］. Social Science Electronic Journal, 2020.

［36］BONDT W F M D, THALER R. Does the stock market overreact? ［J］. Journal of Finance, 1985, 40 (3): 793-805.

［37］SHARPE W F. Capital asset prices: A theory of market equilibrium under conditions of risk ［J］. Journal of Finance, 1964, 19 (3): 425-442.

［38］LINTNER J. The valuation of risk assets and the selection of risky investments in stock portfolios and capital budgets ［J］. The Review of Economics and Statistics, 1965, 47 (1): 13.

［39］LAKONISHOK J, SHLEIFER A, VISHNY R W. Contrarian investment, extrapolation, and risk ［J］. Journal of Finance, 1994, 49 (5): 1541-1578.

［40］PETKOVA R, ZHANG L. Is value riskier than growth? ［J］. Journal of Financial Economics, 2005, 78 (1): 187-202.

［41］COOPER M J, GUBELLINI S. The critical role of conditioning information in determining if value is really riskier than growth ［J］. Journal of Empirical Finance, 2011, 18 (2): 289-305.

［42］MONTIER J. Is value really riskier than growth? dream on ［M］. New Jersey: John Wiley & Sons, Inc., 2015: 57-64.

［43］FAMA E F, FRENCH K R. Common risk factors in the returns on stocks and bonds ［J］. Journal of Financial Economics, 1993, 33 (1): 3-56.

［44］FAMA E F, FRENCH K R. A five-factor asset pricing model ［J］. Journal of Financial Economics, 2015, 116 (1): 1-22.

［45］BUEHLER R, GRIFFIN D, ROSS M. Exploring the "planning fallacy": Why people underestimate their task completion times ［J］. Journal of Personality and Social Psychology, 1994, 67 (3): 366-381.

［46］HECK P R, SIMONS D J, CHABRIS C F. 65% of Americans believe they are above average in intelligence: results of two nationally representative surveys ［J］. PLOS ONE, 2018, 13 (7): e0200103.

［47］ALPERT M, RAIFFA H. A progress report on the training of probability assessors ［M］. Cambridge: Cambridge University Press, 1982: 294-305.

［48］DUNNING D, MEYEROWITZ J A, HOLZBERG A D. Ambiguity and self-evaluation: The role of idiosyncratic trait definitions in self-serving assessments of ability ［J］. Journal of Personality and Social Psychology, 1989, 57 (6): 1082-1090.

［49］DUNNING D, HEATH C, SULS J M. Flawed self-assessment ［J］. Psychological Science in the Public Interest, 2004, 5 (3): 69-106.

[50] LEWINSOHN P M, CLARKE G N, HOPS H, et al. Cognitive-behavioral treatment for depressed adolescents [J]. Behavior Therapy, 1990, 21 (4): 385-401.

[51] FRENCH K R. Presidential address: The cost of active investing [J]. Journal of Finance, 2008, 63 (4): 1537-1573.

[52] EYSTER E, RABIN M, VAYANOS D. Financial markets where traders neglect the informational content of prices [J]. Journal of Finance, 2018, 74 (1): 371-399.

[53] GRINBLATT M, KELOHARJU M. Sensation seeking, overconfidence, and trading activity [J]. Journal of Finance, 2009, 64 (2): 549-578.

[54] LUNDEBERG M A, FOX P W, PUNĞCOHAȚ J. Highly confident but wrong: Gender differences and similarities in confidence judgments [J]. Journal of Educational Psychology, 1994, 86 (1): 114-121.

[55] BARBER B M, ODEAN T. Boys will be boys: Gender, overconfidence, and common stock investment [J]. The Quarterly Journal of Economics, 2001, 116 (1): 261-292.

[56] MORRIS S. Speculative investor behavior and learning [J]. The Quarterly Journal of Economics, 1996, 111 (4): 1111-1133.

[57] DANIEL K, HIRSHLEIFER D, SUBRAHMANYAM A. Investor psychology and security market under- and overreactions [J]. Journal of Finance, 1998, 53 (6): 1839-1885.

[58] NAIL P R, MACDONALD G, LEVY D A. Proposal of a four-dimensional model of social response. [J]. Psychological Bulletin, 2000, 126 (3): 454.

[59] ASCH S. Social psychology prentice-hall [J]. Englewood Cliffs, 1952: 646.

[60] DEUTSCH M, GERARD H B. A study of normative and informational social influences upon individual judgment [J]. The Journal of Abnormal and Social Psychology, 1955, 51 (3): 629.

[61] DENEUBOURG J L, GOSS S, PASTEELS J M, et al. Self-organization mechanisms in ant societies (II): Learning in foraging and division of labor [J]. Experientia Supplementum, 1987 (54): 177-196.

[62] PASTEELS J M, DENEUBOURG J L, GOSS S. Self-organization mechanisms in ant societies: Trail recruitment to newly discovered food sources [J]. Experientia Supplementum, 1987 (54): 155-175.

[63] WELCH I. Herding among security analysts [J]. Journal of Financial economics, 2000, 58 (3): 369-396.

[64] NOFSINGER J R, SIAS R W. Herding and feedback trading by institutional and individual investors [J]. Journal of Finance, 1999, 54 (6): 2263-2295.

[65] WERMERS R. Mutual fund herding and the impact on stock prices [J]. Journal of Finance, 1999, 54 (2): 581-622.

第四章　理性的边界

————◆◆◆————

□ 个性、心情和情绪　　　　　□ 思考快与慢

□ 案例和应用：熔断股灾　　　□ 理性的局限

4.1　个性、心情和情绪

现代经济学的研究逐渐意识到，心理因素和认知活动对于每个人的经济决策至关重要。神经科学和行为科学的许多实验也不断发现，情绪和认知的实现都是一系列电化学互动的结果。比如，寻找走丢的孩子这个大无畏的母爱行动就在实验室里被测量到和大脑中一个区域的化学物质高度相关。这个大脑区域的学名叫作"MPOA"（内侧视前区）。科学家分别用各种不同的化学成分刺激小鼠的这个区域，结果发现，用雌激素刺激这个区域会引发最强烈的母性行为，包括更频繁地舔幼崽，蹲守并且紧贴着幼崽，用体温让它们取暖，还有就是外出把幼崽叼回窝中①。科学家们发现：尽管这些切除了卵巢的母鼠从未做过母亲，但只要相应的化学刺激出现，它们就会跑到窝外转悠，只要发现了小鼠宝宝，尽管根本不是自己的孩子，它们也一样会叼回来放在窝里，像母亲一样照顾它们。而如果用化学手段抑制住它们 MPOA 区域的神经元活动，对应的母爱行为就会烟消云散，好像它们从来没有当过妈妈一样。类似的研究行为和脑中化学物质——

———————————

① 这些实验都是很严谨的。比如，在测试这个区域对雌激素的敏感度的时候，使用的都是切除了卵巢的小母鼠，这样就排除了小鼠自身雌激素分泌的影响。

对应的实验还有很多，它们都给人一个印象：那些化学物质和情感体验就像钥匙和锁一样能够精准地对应上。尽管实现的具体机制对于研究人员来说依然是黑匣子，但这还是明白无误地表明，正常健康的人既无法完全理性地思考，也无法完全冲动行事，因为人受到生物硬件的限制，这个生物硬件的构建方式注定了人不是一个完美的逻辑系统——我们的的确确是被一些真实可测的物理过程决定的动物。因此，理性也好，冲动也罢，尽管日常的认知中他们常常被认为是对立的两个极，但事实上它们都来自共同的基础。在本章中，我们主要介绍个性、心情和情绪对于行为的影响，在下一章中，我们将更多地从物质层面来讨论经济决策过程在生理上的细节。

4.1.1 个性

Borghans 将个性（Personality）描述为人们思考、感受和行为的方式[1]。个性既包括了所有人都有可能拥有的因人而异的性格（如：内敛或外向），也涉及因地域和文化差异而出现的某些群体可能特有的性格。著名的"大五"（Bigfive）个性测试将人的个性大致分为了五类[2-3]：

- 亲和（agreeableness）：热心、仁慈、有同情心等；相反的性格是冷漠、批判、无情等。
- 尽责（conscientiousness）：勤奋、谨慎、意志坚定等；相反的性格是懒惰、马虎、不坚定等。
- 外向（extraversion）：健谈、大胆、主动等；相反的性格是安静、羞怯、被动等。
- 情绪不稳定（neuroticism）：情绪化、不耐烦、主观等；相反的性格是情绪稳定，倾向于有耐心、客观等。
- 经验开放（openness to experience）：好奇、认知能力强、独立等；相反的性格是思想传统、认知不足、服从等。

个性可以影响人们的偏好，如：风险偏好、时间偏好、对休闲的偏好等。认知能力较强和相对外向的投资者，往往拥有更高的风险承受能力，他们倾向于持有更高比例的风险资产，如股票或基金。对于尽责型的投资者，他们在投资过程中往往显得更为耐心，表现为更能沉得住气去投资未来或投资他们自己。而不同个性的人对各类休闲活动也展示出不同的偏好，比如外向的人更倾向于参加社交活动，情绪稳定或随和的人更喜欢参与体育活动，而富有创造力或冲动的人更偏爱艺术类的活动。

个性可以是人们情绪和行为之间的纽带。个性通过影响情绪倾向，即产生情绪的可能和程度，进而影响人们具体的行为。例如，一个冲动的人往往更容易产生愤怒的情绪，进而在这样的情绪下做出更加激进的行为。而勤奋或情绪稳定的人，往往呈现出更多的耐心，他们更少地受到情绪影响，在决策中更为冷静。一些常见的刺激消费的手段对他们往往不易生效。

个性还可能对一个人的职业发展产生影响[4]。职场中的优势性格一直以来都是备受关注的话题，的确，性格的差异会带来不同程度的职场表现。但个性无所谓"好坏"，不同的职业类型所偏爱的性格是不同的。例如，外向性格在销售类的职业中较受欢迎，但对于图书馆管理员来说，耐心细致则更为重要。职场上每个人都有自己擅长的领域，这正是他们个性差异的一种写照。同时，人们的个性可能在不同的情境下呈现一定的排他性，在某种情境下主导的性格，在其他时候可能不再突出。例如，有的人在工作中一丝不苟、勤勉尽责，而在社交生活中却马虎懒散。这也意味着，个性的差异同样会带来职场中工作适配的问题，管理者在分配工作时不仅需要考虑员工的能力，还应该考虑到他们的个性。

此外，人的个性可以通过影响认知机能，进而决定相应的社会经济结果，如学业水平、职场表现和财富积累水平等。Mischel 等人通过"棉花糖实验"评估了一些孩子的自我控制能力[5-6]，并在超过十年后再次统计同一批人的现状发现，孩子们未来的表现和他们童年行为呈现出的个性是有关系的[7]。

> **实验**
>
> 棉花糖实验
>
> 　　这是一个测试孩子们延迟满足能力的实验。实验参与者为 4 岁的孩子。实验人员给孩子们每人一块棉花糖和咸脆饼后，问孩子们更喜欢哪一个。比如，一个孩子回答他喜欢棉花糖。实验人员则表示要带着棉花糖离开房间，孩子可以选择按铃铛提前呼叫他，但如果选择提前呼叫，孩子只能吃自己没有选择的咸脆饼。如果能等到实验人员回到房间，则可以吃更喜欢的棉花糖。如果孩子更喜欢咸脆饼，实验人员则带走咸脆饼进行类似的步骤。通过该实验，可以观察孩子们是否愿意为了更喜欢的小吃而进行等待。

研究表明，那些在"棉花糖实验"中呈现出自控能力较强的孩子拥有较强的认知机能，在之后的社会和学习工作中，他们也比童年自控能力差的那部分人更具竞争力。由于相比成年人，孩子们的个性更具可塑性，这也启发了父母在孩子的童年可以适当地塑造孩子的自控力，不仅有助于孩子当下认知能力的提高，还可能影响他们未来的发展。

4.1.2 心情

情绪和心情在日常生活中经常被我们当作同样的概念来对待，但在相关的研究中，二者是完全不同的。情绪（emotion）呈现的程度更为强烈，但持续的时间较短，同时，情绪的产生还依赖于具体的对象和情境。而心情（mood）所表现的程度不如情绪那么强烈，持续的时间比较长，并且情绪的产生并不依赖于具体的对象和情境。心情的产生不受个性差异的影响，是一种更为普遍的满意或不满的状态。例如，在你排队的时候，有人插队站在了你的前面，你对他感到愤怒。这是一种情绪，愤怒的产生是有明确的对象，就是那个插队的人。同时，愤怒的持续时间较短，第二天你对他的愤怒不可能还这么强烈。相比而言，对于升学失败或失业的恐惧，就是一种心情，这种心情没有被插队的愤怒那么强烈，但是持续时间较长。这种对于失业的恐惧心情，会对人们的心理健康带来危害，尤其对于心理健康已经出现问题的人[8]。

心情会受到环境条件的影响，比如天气、季节、工作氛围等。晴天、光照充足的季节、轻松的工作氛围，会让人更加愉悦，在这样的心情下，人们会更多地关注好消息，相应地，所呈现出的风险厌恶会有所减少。相反，阴雨天、光照较少的季节、压抑的工作环境，会诱发人们的坏心情，这样一来，人们更倾向于关注坏消息，决策更偏保守，所呈现出的风险厌恶更为强烈。例如，很多团队合作的节目中呈现的那样，在相对轻松的团队氛围下，队员之间往往倾向于关注事情积极的一面，更加努力地推进任务同时减少相互之间的争执；而在氛围紧张的团队中，队员们往往倾向于关注消极的信息，相互之间也缺乏信任。

在金融领域，不乏关于环境条件通过影响心情进而影响投资决策的研究[9]。一项基于 26 个国家、1982—1997 年的股票市场数据的研究表明，好天气、更多的日照与更高的股票收益相关[10]。好天气会让人心情愉悦，投资者更倾向于关注积极的消息甚至是无关紧要的消息，并且对这些消息做出积极的反应，进而股票价格上涨。而坏天气会让人心情忧郁，投资者更多地关注负面的消息，哪怕对于无关紧要的消息也持保守的态度，进而股票价格下跌。类似地，患有季节性情感障碍（seasonal affective disorder）的人在日照较少的季节尤其是冬季将处于较为沮丧的心情，因而表现出风险厌恶提高、增加低风险资产投资、减少高风险资产投资等行为[11-12]。此外，婚姻的破裂也会带来负面的情绪，进而影响投资行为。研究表明，即将离婚的个人投资者的投资表现会显著地下降，而在离婚的影响散去后，他们的表现将恢复如常。相比于主动投资者，这一负面心情对被动投资者的影响更大[13]。

4.1.3 情绪

心理学家对于情绪没有非常明确的定义，每个人也都有自己的情绪清单。心理学家 Paul Ekman 给出了七种较为典型的情绪，这些情绪产生后将比较明显地反映在面部表情上：快乐、悲伤、满足、厌恶、惊喜、愤怒和恐惧[14]。而心理学家们普遍认同作为情绪的心理状态还有后悔、自豪、希望等。Elster John 通过一些可被观察到的特征来描述情绪[15-16]。情绪并非人对于刺激的原始反应，而是基于认知过程的结果。例如，面对同样一起交通事故，当我们得知是由于驾驶员或乘客的交通意识淡漠而引起的，我们往往会呈现出愤怒的情绪。此外，如果我们得知这起交通事故是由于龙卷风这样的恶劣天气引起的，那我们往往会呈现出悲伤和惋惜的情绪。我们面对交通事故之所以没有始终表现为愤怒或悲伤，正是因为认知过程的作用。

情绪可以影响行动倾向。与个性对情绪倾向的影响类似，当我们处于特定的情绪状态下，也会改变我们做出某些行为的可能和程度。例如，当我们因排队时被人插队而产生愤怒情绪时，对这个人斥责的行动倾向，被愤怒的情绪所影响而放大。这也解释了为什么我们会忍不住发声斥责。情绪还会带来一些可观察到的生理反应。例如，人在愤怒的时候，血液流动速度加快，我们可以看到他面红耳赤的样子，同时，相关激素的分泌也会增加。最后，情绪是基于特定对象的，或积极或消极的心理状态。例如，你的愤怒是针对那个插队的人，并非其他人。尽管你被那个人气得面红耳赤，在面对你的好朋友的时候，你是不会把他当作愤怒的对象来对待的。

愤怒和焦虑都是令人不适的消极情绪。相比而言，愤怒的人会感觉自己掌握控制权，而焦虑的人则感到控制权掌握在他人手中。这种控制权可能会鼓励愤怒的人愿意承担更多的风险，使得他们表现得像乐观主义者一样，而同时控制权也可能阻碍焦虑的人，使他们不愿承担更多风险，行事如悲观主义者。处于愤怒情绪的人更倾向于投资风险资产，他们偏爱中长期投资并且对自己的股市预测能力抱有信心。而焦虑的人更倾向于投资低风险资产，同时偏爱短期投资，他们认为自己无法预测股市的走势[17]。令人意外的是，愤怒的情绪不总是一无是处，愤怒可以让人在一些任务中超常发挥。例如，在一个关于气球模拟风险的实验中，参与实验的人普遍为了避免气球爆炸而过早地停止充气，从而获得的奖励也不高。然而愤怒的人倾向于给气球充入更多的气，即通过承担更多的风险来换取更高的回报，并且总体来看，愤怒的人表现更好[18]。

> ### 实验
>
> **充气实验**
>
> 实验参与者需要选择是否给气球继续充气。只要气球还没有爆炸，每一次选择充气，那么参与者的都会获得一次金钱奖励，奖励会在自己的账户中累计。但如果这次充气导致气球爆炸，那账户上的全部奖励归零。最终账户上余额最高者获胜。

恐惧源于人类对于危险的反应。例如，一些人对于地震的恐惧、乘坐飞机的恐惧、投资者对于股灾的恐惧等。人们可以通过一些行为来试图缓解恐惧情绪，如闪躲、闭上眼睛、遮挡头部甚至还会抓紧身边的人或物不放等。恐惧会影响人们的风险偏好，处于恐惧情绪的人会呈现出更高的风险厌恶程度，从而减少对于风险资产的投资。实验表明，恐惧情绪的这一影响在金融专业人士中更为明显。相比阅读金融市场繁荣的内容，专业人士在阅读了市场衰退的相关内容后，会变得更为恐惧，并且导致他们大幅度减少风险资产的投资[19]。同时，即使与金融无关的恐怖事件也会影响人们对于金融投资的判断。研究显示，在经历了地震带来的恐惧后，人们倾向于认为股市有更高的崩盘可能[20]。而对于观看了恐怖电影后的人，他们往往呈现出更高的风险厌恶[21-22]。此外，恐惧情绪还可能影响人们的健康水平。研究显示，股指大幅下跌往往伴随有医院入住率大幅上升，其中患者多是焦虑、恐慌相关的症状[23]。

如果你在 2020 年之前购买了支持室内运动的游戏主机，在疫情居家期间，这些主机和相应的游戏价格不降反升，二手价格竟比原价还高①，此时你会产生自豪情绪。相反，当你在某天下单了一款笔记本电脑，一个月后同品牌新款的笔记本电脑价格不变，但"性能-功耗比"却远超你手中的那台，此时你会产生后悔情绪。你会问自己为什么不多等一个月。当我们可以轻易地想到某个可能带来更好结果的可能选择时所产生的消极不悦的状态就是后悔情绪，自豪情绪是后悔的对立面。在日常决策中，人们会倾向于从事给自己带来自豪情绪的选择而避免给自己带来后悔情绪的选择。当我们投资股票的时候，以低位价格买入、高位价格卖出，无疑是每个人的美好憧憬，实现这一过程会使我们产生自豪的情绪。相反，当投资者卖出（买入）一只股票后，它的价格又开始上涨（下跌），此时，他会产生后悔情绪，后悔自己卖出（买入）它。所谓"一朝被蛇咬，十年怕井绳"，出于避免产生后悔情绪，投资者会倾向于避免再次买入那些损失状态下"割肉"的股票，或者已经涨到所谓"高位"的股票，而倾向于购买那些曾经带来自豪情绪的股票，或者自认为处于"低位"的股票[24]。然而，因为许多个人投资者喜欢时常查看自己的投资组合收益并在情绪的影响下进行决策，情绪化的交易往往无法带来好的投资表现，尤其是当情绪引导投资者过度交易或集中投资时。这些行为的弊端我们已经在前面的章节详细陈述过了。

其他情绪也会不同程度地影响投资行为。例如，悲伤情绪会使人倾向于短视，更加追求即时满足并增加支出，而快乐的情绪会使人倾向于延迟满足并增加储蓄。研究表明，相比于观看中性内容电影的观众，悲情电影会使得观众更加注意金钱相关的内容，而喜剧电影的观众则体现出更高的延迟满足意愿[25]。此外，处于悲伤情绪的共同基金经理和公司首席执行官，他们会显著地倾向于风险厌恶、更有耐心并且对损失更敏感。这使得他们做出更为保守的决策，并且呈现出较差的表现[26]。

> **思考**
>
> 除了情绪，基金经理的业绩下降是否也受到了心情的影响？

群体情绪可能会与个人的情绪相互影响。人类是社会性动物，我们每日都生活在与各行各业、拥有不同心理状态的人的互动中，这样的互动非常频繁且复杂，也为人与人之间心理状态的相互影响提供了基础。情绪是具有传染性的，它可以使得旁观者产生类似的情绪，并且这种传染通常是潜意识的。例如，在电影院看到剧情感人的情节，周围很多人为之动容，而我们有时也难免受到影响，一起落泪。幼儿园里孩子们开心地玩着

---

① 因为当时国内市场供不应求。

游戏，突然一个孩子嚎啕大哭，其他孩子尽管不知道发生了什么事，也会有几个孩子跟着一起哭闹。

在金融市场，个体情绪同样可能影响市场情绪。特别是面对模糊、风险、恐惧和焦虑的状态下，"抱团取暖"无疑是再正常不过的本能反应，但个人的恐惧随着从众行为和情绪传染将可能引发"社会性恐慌"。"社会性恐慌"将可能导致市场过度波动，影响金融系统的稳定性。而充满希望的群体情绪，可能带来市场泡沫。回顾 20 世纪 90 年代的科技互联网泡沫，整个市场都呈现出对于互联网股票的乐观情绪，大家非常看好计算机和互联网技术带来的便利，预期可以引领新的时代。而在现在看来，这一高市值是由投资者的非理性所带来的，其中，较为经典的证据来自 Robert Shiller——他认为"非理性繁荣"可以较好地说明当时的市场情绪[27]。

群体情绪反过来也会影响个人的情绪。个人的情绪会与群体情绪所呈现的偏好、动机等相互作用，如当某人做出一些违背社会道德的行为后，会引来负面的社会情绪，而这样的社会情绪会加大对于反社会行为的打击。由于现代信息技术的飞速发展，人们讨论话题和传递消息的效率得到了极大的提升，违背社会伦理道德的人甚至会完全暴露在网民的口诛笔伐之下，呈现出"社会性死亡"的结果。社会情绪对个人情绪的这种作用一方面有助于规范公民的个人行为，但另一方面，如果被错误地引导，则可能会带来伤害个人情绪的严重后果，比如网络暴力带来的精神伤害。

此外，群体情绪还可以推动法案的实施。2009 年美国总统 Obama 签署了《信用卡责任与信息披露法案》，这一事件正是基于信用卡的持有者群体对于信用卡公司不公平行为的愤怒情绪。在此之前，信用卡的相关协议对信用卡公司更为有利：即使在信用卡持有者按期偿付的前提下，信用卡公司依然可能强制收取巨额的费用并大幅提高利率。尽管消费者权益的相关组织曾经定期地呼吁对信用卡公司的权力进行限制，但都无功而返。在 2009 年金融危机期间，信用卡持有者的群体愤怒几近失控，进而促成了这一法案的实施。

4.1.4　情感与本能

除了个性、心情和情绪外，情感和本能也是两类较为典型的心理状态。情感（affect）指的是一种对于感知情绪的体验，是对于刺激产生的或积极或消极的感受。比如，当我们看到一辆车的时候，其实看到的并非单纯的一辆车，而是一辆漂亮的车或是难看的车，抑或是一辆华而不实的车。总之，我们总会有一个感受，有时候我们购买它，并且给了自己很多所谓的"理由"，诸如较高的舒适程度、安全稳定、排量大等，认为自己在基于理性的判断进行选择。但实际上，这样理性的情况很少发生，更多的是，你喜欢它，仅仅是因为"看着顺眼"——对它产生了一种积极的情感。

情感同样会影响人们的决策。一项关于新加坡房产的研究显示，在新加坡的华人中，对于数字的情感会对房产的收益产生影响。在过去的文化中，人们对于数字"8"有更加积极的情感，因为"8"与"发"谐音，认为与之相关的事物会给自己带来好运。而人们对数字"4"的看法则恰恰相反，"4"与"死"谐音，使得人们认为与之相关的事物会带来不幸。反映在房产市场上，新加坡华人更倾向于居住在以"8"结尾的楼层，而不愿意居住在以"4"结尾的楼层。售价显示，以"8"结尾的楼层平均价格要比均价高出约 1.9%，而以"4"结尾的楼层平均售价要比均价低约 1.3%[28]。然而，理性地来看，所谓"幸运数字"的楼层并不能让户主多么幸运。而这样的价格差异正是由于情感造成的。类似的情况也发生在 A 股市场，"幸运数字"会影响股票首次公开发行的价格。研究表明，股票代码中包含所谓"幸运数字"的股票，在首次公开发行时会相比普通股票产生溢价，而溢价会在三年内慢慢消失[29]。这里的溢价也是一种情感收益。

此外，情感同样会对贷款利率产生影响。当贷款广告中所呈现的是较有魅力的女性时，情感导致借款人愿意支付更高的利率[30]。同时，漂亮的借款人申请贷款，往往能有更高的成功率和相对更低的利率[31]。这也是为什么很多涉及对外接待的工作场合，企业会更倾向于安排形象更佳的员工，除了展示基本的礼仪，同时还存在情感收益。

而本能（visceral factor）则是人类先天的、与生俱来的一种反应。本能是一种很快的反应，这一过程很少有认知的参与。遵循你的本能，会让你觉得很愉悦，就像消费可以带来愉悦，而违背你的本能，会让你觉得不悦。人的本能和认知同时作用，在较为亢奋的状态下，本能更加主导，而相对冷静的状态下，认知则更为主导。Loewenstein 提出，人的本能可能会"挤出"你的其他计划打算、你过去或未来的本能、甚至是其他人的本能[32]。例如，通过现场生动地呈现商品，商家可能诱导消费者本能地即时消费而非延迟购买，短暂地呈现出短视的状态。你的本能打乱了你本来的计划。而几天后，你回想起来，可能无法理解当时为什么会做出这样的决定，因为你几天后已经无法唤起过去自己本能所带来的影响了。当我们看到他人亲历不幸遭遇时的本能反应，有时却显得"冷漠无情"，尽管我们平时并非自私的人。因为我们无法感受他人的本能。此外，放任本能还可能招致一些自我破坏的行为，如成瘾[33]。

本能也同样会影响到我们的投资决策。因为本能所产生的反应非常迅速，这使得一些让本能引起反应的消息会影响投资者风险偏好的稳定性。例如，某些坏消息来临时的恐慌性抛售，尽管在恐慌过后复盘时投资者承认这并非他一贯的投资决策。而对于亢奋下本能的反应，我们在冷静的情形下是无法估计的，这也导致了投资策略的错误估计。

4.1.5 情感直觉：捷径还是偏差

通过了解情绪、本能，我们知道它们比认知更为迅速、强烈，不需要很重的认知负担，在决策过程中的短期影响较为突出。我们将这样由情绪、本能引发的"快系统"的反应称为情感直觉（affect heuristic）。例如，有关灾难的新闻，若呈现方式仅仅是文字或数字，对大众来说往往相对"冰冷"，难以引起人们的共鸣。然而，如果将其通过图片甚至纪录片的形式呈现，则更"有温度"，容易引起情感共鸣，让人为之动容。因为生动的形式让我们产生了情绪，而情感直觉引导我们产生更快速强烈的反应。

情感直觉是一种捷径，为人类带来了生存优势。根据达尔文的进化论和自然选择学说，有助于物种生存的特质最终会成为该物种的特征，并由呈现出这一特质的个体，即适应性较强的个体遗传给后代[34]。当面临危机时刻，生存需要人类做出快速准确的反应，否则将可能面临生命危险。当我们的祖先还在丛林生活时，有一天祖先听到旁边有猛兽靠近，不论是本能的后退反应还是恐惧情绪都告诉他们要尽快离开，免被波及。而那些胆子大的人，面对凶猛野兽还要想想再做决定的人，在当时的环境下就显得没有生存优势，面临更高的死亡率，进而被淘汰。而这种应激的情绪逐渐通过自然选择，被遗传下来成为本能[35]。设想一下，我们深夜回家的路上，听到有醉酒者在闹事，本能已经产生警觉，在看到他们手中拿着酒瓶甚至刀具后，恐惧情绪更会在我们来不及细想的时候就告诉我们应该尽快离开。

情感直觉还可以给我们带来便利和高效。在不需要耗费很多精力的情况下，情绪和本能引导我们做出了很多准确而快速的判断，让工作生活更加高效。例如，厌恶可以帮我们赶走生厌的事物，使我们快速远离憎恶的想法；快乐使得我们更加无私，做出使得更多人受益的决定；后悔和悲伤可以引导我们反思自己，减少下次犯错的可能。

然而，情感直觉有时却又可能成为偏差。情感直觉可能会扭曲人们对风险和概率的判断。例如，有关空难的新闻报道使得我们对飞机事故更为恐惧，从而放大了对空难发生概率的判断，而事实上，乘坐飞机是更为安全的。出于这种恐惧，一些人宁愿选择成本更高、效率更低、甚至客观安全性更低的其他出行方式。

情感直觉也可能使得人们沉浸在自我满足的情绪中。例如，厌恶在帮助我们远离我们不喜欢的事物的同时，也使我们失去了倾听不同想法的机会。智能手机上出现的不同观念的视频，使人们产生厌恶，情感直觉在认知分析之前就做出了厌恶并远离的判断，只需动动手指就能将它们轻松划走，而让人产生快乐情绪的视频却能获得用户更久的停留和长期的关注。智能推荐算法会将情感直觉的利弊放大。为了争夺用户时间，算法就会更频繁地推送用户所喜欢的内容而不再呈现用户所厌恶的。长此以往，人们可能逐渐失去倾听不同观念的机会，而永远沉浸在自己认同的事物中变得越来越偏激。

情感直觉的机制是高效的，但却可能导致负面的结果。例如，当人们处于愤怒情绪时，情感直觉帮助他们快速地做出判断，但因为愤怒而做出的过激行为，却需要付出更大的代价来挽回。金融危机时期，恐慌情绪引导投资者快速地判断抛售股票，但帮助投资者远离风险的同时，也带来了个体资产配置和金融系统的低效。这时，就需要"慢系统"来自我控制、冷静分析，帮助我们优化决策，但人们的自我控制能力往往是有限的，这也是为什么说优秀投资者的思维逻辑都是反人性的。

4.1.6　大脑：情绪的基础

情绪、本能和认知过程的相互作用启发我们研究情绪需要更多地关注大脑。现代科学为人类的研究提供了技术支持，正电子成像技术可以通过有色图谱来展示大脑的活跃区域，而脑功能磁共振成像技术则可以通过检测大脑中血液和空气的流量来确定活跃区域。目前，科学家已经将部分人类的行为和情绪与不同的脑区联系了起来：扁核桃与很多重要的原始情绪有关，如愤怒和恐惧；大脑额叶对于人类的运动、记忆、决策、判断和规划也非常重要。

Damasio 通过躯体标记假说来研究情绪在决策过程中的重要影响[36-38]。他提出这样的假设：情绪在决策过程中有积极的作用，情绪通过将躯体当前的状态与意识联系起来。并且提供了很多显著的证据来说明若脱离情绪，决策将受到负面影响。其中，针对大脑额叶受损而情绪平稳的患者进行的决策能力的研究颇为著名。他发现，大脑上与情绪过程相关的神经区域受损将对人的决策产生不利影响。一位不幸的建筑工人 Phineas Gage 于 1848 年的一次工地事故当中大脑额叶受伤。25 岁的他在事故前身强体健，勤勉努力且颇具智慧，被认为是能力出众的工程经理。但自从这次事故后，尽管他身体恢复得很快，但人们渐渐感受到了他行为上的变化。他变得不再可靠、变得冲动，并且很快地丢掉了工作。尽管他可以找到临时工作，但却无法长久地做下去。看起来，他不再关心自己的职业发展并且似乎不再有能力进行规划[39]。

另一个更为详尽的例子来自 Damasio 的病人 Elliot，他手术后的变化同样支持 Damasio 的结论。Elliot 在 30 岁的时候，接受了大脑额叶肿瘤摘除的手术，术后恢复得很好。他曾经是比较出色的商人，并且在家庭里也是一位好丈夫、好父亲，与社区中的其他人相处得非常融洽。但手术后，尽管他仍旧能表现出超过常人的认知能力、拥有较高的智商，尽管他的记忆、感知、语言、计算等方面的能力都没有受到影响，然而，他却无法做出决策，无法计划未来的工作和生活。同时，他还变得冷血，再也无法处理好与他人的关系，亲戚和朋友也无法理解他的荒唐行为。类似 Elliot 的例子还有很多，这些证据表明计划、决策与情绪之间关联，当情绪反应受损时，决策能力也会受到负面的影响。

Adolphs 等人对扁桃核受损的患者展开了研究，他们通过实验来观察患者对人面部表情判断的准确性[40]。

实验

这个实验用来观察患者对人面部表情的判断是否准确。实验参与者包括 6 名扁桃核受损的患者，12 名其他脑区域受伤的患者，以及 7 名普通患者。实验人员分别向患者展示不同的面部表情，并提问。例如，向患者展示一张开心的表情后，问："这个人看起来有多开心？"此外，实验参与者还需要尝试画出各种不同的情绪状态。

实验结果显示，在单侧扁桃核受损的患者与其他脑区域受伤的患者之间并无明显差别。而有一位患者，代号"SM-046"，她因患有遗传病导致双侧扁桃核受损。在实验中，SM-046 患者关于害怕的判断准确度明显要低于其他表情的。当向她展示害怕的表情时，她知道这是某种情绪，但她说不清楚究竟是什么情绪。在绘画环节，仍旧是只有SM-046 患者无法画出害怕情绪的样子。她有不错的绘画能力并且可以高效画出其他各类情绪，但对于害怕，她表示自己不知道害怕的面部表情是什么样的。Adolphs 等人最终得出结论，扁桃核在情绪（特别是害怕情绪）产生过程中起着非常重要的作用，扁桃核的受损会影响决策。关于 SM-046 患者的其他研究也显示，她在社交活动中也存在困难——扁桃核在社交活动中会被激活，在人们感知社交信号和社会约束的过程中起着关键作用。

尽管本章向读者展示了不少关于心理状态和决策的相关内容，但我们对于个性、心情、情绪等心理状态与决策的相关研究还不够充分，对于大脑、神经系统与心理和行为的相互影响更是知之甚少。通过学习，我们希望读者可以意识到心理状态对决策存在着正面或负面的影响，并且认识到人们无法完全控制情绪。但另一方面，我们仍然可以试着通过理性减少受到情感直觉负面的影响，如洗个澡，让自己"慢"下来，再去思考怎么可以走得更"快"。

4.2 案例和应用：熔断股灾

在中国股市大跌的背景下，为了保护中小投资者的合法权益，实现股票市场稳定，证监会于 2015 年 9 月 25 日宣布引入熔断机制并公开征求各方意见。熔断机制，也称为自动停盘机制，是指股指波幅达到规定的熔断点时，交易所为控制风险而采取的人为暂停交易的措施。我国指数熔断机制以沪深 300 指数为基准，沪深 300 指数涨跌幅到 5%阈值时，市场将暂停交易 15 分钟；恢复交易后，如果指数的涨跌幅超过 7%，或者临近尾盘 15 分钟涨跌幅超过 5%，市场停止交易，直接收市。

戏剧性的是，2016 年 1 月 4 日是中国股票市场实施指数熔断机制的第一天。这一天，股市开盘之后就开始下跌，震荡调整后狂泻不止，13 点 12 分，沪深 300 指数下跌达到 5%，触发第一档熔断阈值，市场暂停交易 15 分钟。13 点 27 分恢复交易后，A 股跌势不减，5 分钟后触及 7% 熔断阈值，A 股提前收市。1 月 7 日 A 股又一次发生熔断，全天交易时间仅为 15 分钟。

为什么在美国能够稳定市场的金融工具，在中国却成为导致股市狂泻不止、千股跌停的凶手？熔断机制引起的投资者群体情绪恐慌是导致股灾的重要原因。第一，熔断机制引起的信息传导在客观上影响了投资者的心态。我国股票市场投资者以散户为主，由于指数熔断后的暂停交易不仅没有让投资者充分冷静下来，反而促成了群体性的恐慌，导致股民集体出逃，这进一步加速了股指的下跌幅度。从 1 月 4 日的熔断后恢复交易的数据来看，13 点 27 分至 13 点 33 分，上证综指每分钟成交量为 1.8 亿股、1.5 亿股、2.4 亿股、3.3 亿股、3.8 亿股、3.9 亿股、3.6 亿股，而其余交易时间最高峰仅为 2.8 亿股。而 1 月 7 日触及一二级阈值下跌幅度每分钟 0.278% 和 2%，快于 1 月 4 日每分钟 0.038% 和 0.333%。第二，我国熔断机制本身的制度性缺陷也加剧了投资者的恐慌情绪。在我国新兴加转轨的资本市场背景下，股票市场波动性较大。而 5% 和 7% 的阈值设置偏低，在股市达到 5% 的熔断点后，空头只要借助少量资金继续打压股票，便可较容易地使股票达到 7% 的熔断点，从而导致投资者恐慌，引起卖盘的正反馈，诱发更多的卖盘。由于 15 分钟的冷静期内投资者与上市公司之间很难实现充分的信息交换，客观上的效果就演变成了催促投资者尽快对第一次熔断做出判断和反映。第三，以公募基金为代表的机构投资者为了应对赎回压力，在市场熔断之前集中卖出股票，也进一步加剧了股市的暴跌。

在各方的巨大争议下，1 月 8 日，证监会实施规定暂停指数熔断机制。熔断股灾对中国股市产生了巨大的破坏力，在触发熔断的两个交易日，跌停家数分别为 1 318 只和 1 334 只。A 股总共交易时间仅有 2 小时 19 分。总市值共亏损 7.41 万亿元，股民人均亏损 11 万元。熔断机制是为了平抑波动所采取的指导措施，但效果却适得其反，在施行一周之后就草草中止，这在一定程度上反映了正面引导投资者情绪的复杂性——政策在落地之后，各种因素的交叉互动最终将市场带往何方，可能是政策制定者在最初很难预料的。

4.3　思考快与慢

在传统的经济学理论中，消费者被假设为是理性的。这里的理性（rationality）指的是在给定的条件和约束下实现给定目标的一种行为风格。在经典的理性人假设下，给定的约束是收入和生产成本，给定的目标是最大化自己的收益。上述的条件只是传统模型中最简单的情况，但即便如此，理性人仍然需要对于种种约束有着充分的理解和完美的决策，需要有能力求解自己目标函数的一阶方程。基于理性人假设的理论有规范的格式和较为合理的推理，然而，它们所呈现出的往往是在给定约束下，为了实现特定的目标人们应该怎么做，而非人们实际上会怎么做。

Herbert Simon 通过放宽理性人的假设，在研究决策者的收入、成本等函数时引入了风险，即已知分布的随机变量，提出了决策者应当是有限理性的[41]。这就意味着，决策者并不需要对收入、成本等约束信息的细节完全了解，只需要对它们的分布了如指掌。此后，越来越多的研究开始基于更为宽松、更为贴近真实情况的假设，承认人们的有限理性（bounded rationality），人们并非完美的决策者。其中，以 Amos Tversky 和 Daniel Kahneman 为代表的学者，从心理学的角度开始对决策者的有限理性展开研究。其中，他们最为重要的成果就是我们在引论中提到的人类认知模式的一种经典结构——"快系统"与"慢系统"。"快系统"主要对应直觉，而"慢系统"主要对应推理。例如，当我们回复手机信息时，当我们做外语听力练习时，当我们填写重要事项的申请表格时，"慢系统"的推理起到了主要的作用。而当我们回答"1 加 1 等于几"时，当我们看到恐怖画面而感到不适时，当我们看到"中秋"而想到"团圆"时，"快系统"的直觉主导了这些过程。

"快系统"之所以"快"，是因为直觉系统的运行是自发的、迅速的、联想的、会随情绪改变的，这一过程几乎没有耗费精力也没有人为的控制，甚至很多时候决策者自己都没有意识到时直觉就已经发挥了作用。"快系统"的运作甚至可由习惯所影响，因此也更难以人为地调节和控制。"慢系统"则相反，它的运行需要我们分配注意力，需要我们付出努力去完成相应的事情，所以更慢、更为有序、更为刻意。"慢系统"的运行相对灵活，同时也更受规则制约。如果注意力受到干扰，则很难完成需要"慢系统"运行的任务。例如，在拥挤的公路上行驶时需要格外小心，这一过程属于"慢系统"的范畴，而如果此时驾驶员在讲电话，注意力受到干扰，则很难专注驾驶。类似地，在工作时间，琐碎的消息推送也会不断地干扰并分散我们的注意力，进而降低我们的工作效率。

有趣的是，不论是生活中的经验还是专业的学术研究都表明，人们日常的想法和行为一般都是凭直觉进行的。Shane Frederick 曾通过一个趣味题实验来研究认知的自我监控能力[42]。

实验

参与者需要立刻回答："一个球棒和一颗球共价值 1.10 美元，球棒比球贵 1 美元，那么一颗球多少钱？"

实验表明，即使是非常优秀的大学生，哪怕面对非常简单的题目，也依旧会在短暂的冲动下出错。因为"1.10美元"天然地将总价值分成了"1美元"和"10美分"，所以很多人在看到题后在脑海中的第一反应就觉得拿走"1美元"，剩下的"10美分"大概就是正确答案。来自普林斯顿大学的学生中有将近50%的人回答"10美分"，而这一比例在密歇根大学的学生中为56%。您也是否给出一样的答案？尽管实验过程不允许学生检查、验算，但学生们回答简单题目却呈现这么高的错误率也绝非偶然，说明人们认知的自我监控对于不需要耗费太多努力的思考是不到位的。我们不得不承认，即使一些人很聪明，但总的来说，人类还是不习惯努力思考的，并且会安于脑海中快速出现的大概正确的判断。

当然，这并不意味着直觉就永远会让我们犯错，直觉在很多领域依旧可以非常敏锐且精准。正如前面章节所提及的，"快系统"为人类的生存提供了持续的竞争力。当面临危机时，人类可以凭借直觉做出逃跑的判断，而此时如果还在推理，那可能已经失去逃生的机会。此外，尽管高超的技术离不开平时的刻苦锻炼，但技术的发挥却可以是迅速的、基于直觉的。例如，一位国际象棋大师曾在经过车轮战的一局棋时就立刻断言，白棋三步之内可以将死黑棋，结果也正如这位大师所言[43]。而围棋对弈作为计算机较难攻克的项目，一个主要原因就是在其规则下需要计算的量过大，而人类往往凭借经验和直觉，占用很少的算力就可以做出非常准确和深谋远虑的判断。著名的围棋人机对弈的主角——AlphaGo，其策略学习所模仿的一部分内容就是人类棋手的直觉从而降低计算负荷。

"快系统"的快速运转保证了我们在很多认知场景下可以非常自然而轻松地作出判断并且几乎不需要消耗认知资源。例如，我们可以很清楚地识别电话中朋友的声音或者妈妈不悦的表情。我们将衡量心理状态到达意识的容易程度的指标，称作易得性（accessibility）。

如图4.1所示，有A、B、C三堆积木，A和C等高。看到A积木时，我们第一反应会是它很高，对于高的判断是易得的。但如果问你将A推倒，重新拼成平铺的积木，大概占多大的面积？我们往往一时间难以想象这一过程，则需要投入更多的认知能力，如果有人在旁边干扰你，还可能数错。而B积木则不同，同样对于它所占的面积，我们可以轻松地有一个感知——这时面积又变得具有很高的易得性了。而如果想象将B积木拆成小正方体，像A那样逐个堆起的高度，此时高度又显得没有那么易得。最后，对比积木A和C，同样的高度，但是显然，如果问A和C的高度是由多少小积木拼成的，那对于积木C的答案则更为易得，我们一眼就能看出。对于同样维度的判断，可以因为呈现形式不同而带来不同的易得性。

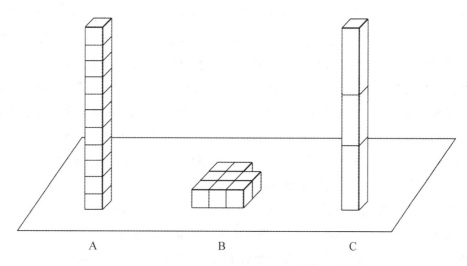

图 4.1 不同维度间的易得性[44]

对于同一指标的判断也可能存在不同的易得性。如图 4.2 所示，如果我们想知道这些线段的平均长度是多少，这一过程是相对易得的。因为人脑会自发地从中选取一个作为代表，并且立刻形成对于平均长度的判断，唯一"费事"的环节就是将脑海中的大致判断与实际长度相匹配。然而，如果我们要计算这些线段的长度总和，则往往会逐个来看待每条线段的长度，那这个过程将相当"麻烦"，易得性很低。

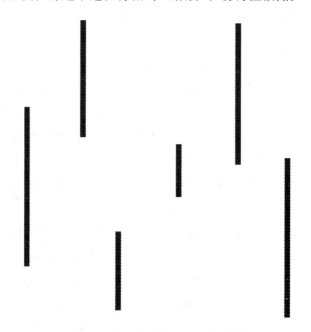

图 4.2 同一维度的不同易得性[44]

人们对于一些事件发生概率的评判会基于这个事件映入脑海的容易程度，即易得性。例如，某些健康公众号会时常推送一些有健康问题的"患者案例"，描述方式形象生动，久而久之，会更容易让读者认为患病的比例很高，并且患病的后果很严重，进而产生焦虑，担心自己是否也会同样患病，最终购买公众号推荐的保健品。然而，冷静思考，读者所形成的"他人容易患病"的经验，并非基于客观的数量统计，而是基于易得性。人为制造的高易得性使得读者有了高频率的错觉，但事实上，影响易得性的因素除了客观频率，还有很多，如可检索性（retrievability）、生动性（salience）等。Tversky和 Kahneman 曾经通过一系列的实验对易得性进行研究[45]。

我们对于事件发生频率的判断可能会因为在脑海中相关内容更容易被想起而受影响，错将容易回忆当作"多次见过"，进而认为这个事件更可能发生。对于同样可能发生的事情，可检索性不同会引起主观概率的不同。我们来看这样一个实验：

> **实验**
>
> 首先，受试者会听到一份包含男女名人的名单。而不同组的人听到的名单是不同的，有的名单上女性更加出名，有的名单上男性更加出名。而后，大家需要判断自己听到的这份名单中，男性的名字是否更多。

实验结果表明，受试者的判断受到了名人的影响，在名单上女性更加出名的组中，受试者判断名单上的女性更多，而在名单上男性更加出名的组中，受试者判断名单上的男性更多。

同时，内容呈现得更为生动也会让我们觉得事件更容易被想起。例如，当你看到交通事故的报道视频或者亲眼看到了交通事故，那么你对于事故的主观危险评价就要高于那些仅仅看到有关交通事故文字叙述的人。这也解释了，为什么一些交通管理局在对交通违法者进行普法教育的同时，会让违法者观看一些交通事故的视频。这样做的目的正是为了通过生动的展示，来提高交通事故在你认知中的可检索性，进而更有效地帮助司机提高安全意识。此外，人们对于最近发生的事情，会赋予更高的可得性，这在我们之前的外推章节中就有过详细的讨论。

回想过程的有效程度不同也可以带来不同的易得性。Tversky 和 Kahneman 的实验表明，人们普遍认为，在一篇英文文献中，以字母"r"开头的单词（如 room）数量要多于那些第三位字母是"r"的单词（如 car）。然而，事实并非如此。这就是因为，人们在考虑以字母"r"开头的单词时，回想的过程相对有效，而在回想第三位字母是"r"的单词时要花费较多的注意力，因此，易得性使得人们倾向于认为以字母"r"开头的单词出现得更为频繁。类似地，当人们判断一些抽象词汇（如爱情）和一些具体词汇（如水）的出现频率时，由于抽象词汇往往伴随着丰富的联想和生动的故事，回想它们的过程更为高效，因此人们普遍认为抽象词汇出现的频率更高。事实上，这仍旧是错觉。

此外，可想象性也是影响易得性的重要因素。人们对于那些容易展开想象、构思具体情境的事件，会给予更多的易得性，并且倾向于高估其发生的概率。Tversky 和 Kahneman 的实验也验证了这点。

实验

受试者需要对排列组合的可能数量 $\binom{10}{r}$，$r = 2$，3，$\cdots$，7，8 所对应的大小分别进行估计。如，对于 $r = 2$，人们需要估计 10 个人中任意选择其中 2 个人成立委员会，有几种可能？$\cdots\cdots$ 对于 $r = 8$，人们需要估计 10 个人中任意选择其中 8 个人成立委员会，有几种可能？受试者单纯通过联想情境来估计，不会使用数学计算组合数。

实验结果显示，对于完全相等的组合数，$\binom{10}{r}$ 与 $\binom{10}{10-r}$，人们呈现出不同的估计。例如，对于 $r = 2$，人们倾向于认为 $\binom{10}{2}$ 更大，而 $\binom{10}{8}$ 更小，但事实上，$\binom{10}{2} = \binom{10}{8}$。并且，随着 r 的增加，人们对 $\binom{10}{r}$ 的估计是递减的。这一结果很好地印证了可得性的假设，对于 r 较小的情形，人们更容易想象和构思出具体组成委员会的情况，所以会觉得相应的组合数会更大；当 r 较大时，构思很多人组成委员会的各种情况变得非常烦琐，给人们想象带来了很大负担，因此，较低的可得性使得人们明显低估了相应的组合数。

易得性帮助我们以很低的成本来估计事件的频率，这在很多情境下无疑是高效的。然而，易得性也会给我们的日常决策带来偏差。随着 2020 年疫情得到有效控制，中国的股票市场也从"低迷"中逐渐迸发出活力，市场指数一路上涨。随之而来的，除了股民的参与，更多的是基民的加入。对于业余投资者，基金无疑是高效的投资方式，散户只需要将资金委托给基金经理，而不需要专业的技能和知识，就可以实现一定程度的分散投资，避免部分投资错误。

然而，媒体和散户对于基金的狂热似乎空前高涨。在自媒体活跃、直播带货的时代，基金似乎也成为一些主播的分享内容。我们除了可以在视频中看到博主分享的"好物"，也可能会看到他们在推销他们认为不错的基金。同时，有关基金的话题，也在这期间频频登上各大媒体平台的热搜。基金似乎成为当下人们茶余饭后的一大热点谈资。

为了金融信息的普及，让大众了解到更多的投资品类，体验更为便捷的金融服务，宣传是必不可少的。但基金的过度曝光，将基金像明星一样呈现在业余投资者面前，则可能会带来系统性的偏差。通过曝光，基金，尤其是明星基金的相关信息不断充斥在个人投资者的耳边，这极大地增加了基金的易得性。对于散户来说，媒体、投资平台或是亲朋好友推荐的基金是更为易得的，而自己去苦苦搜寻、去研究基金相关信息尤其是专业信息的过程是需要耗费精力的，是不易得的。那么，个人投资者往往会倾向于选择那些像明星一样被呈现的基金。同时，个人投资者也会受到明星式宣传的影响，更加频繁地关注基金账户的收益，而或喜或悲的情绪又会通过"快系统"影响到投资决策。此外，相关话题的频繁曝光，也为群体情绪的形成和相互影响提供了媒介。轻易地购买基金可能招致与预期不同的投资结果，而这样的不满通过社交媒体相互影响进而形成群体情绪，当市场下跌时，可能带来赎回压力，影响基金运作的稳定。

事实上，很多个人投资者还没有准备好就已经成为基金持有人（"基民"）。"快系统"告诉自己："还想什么，赶快上车"，而"慢系统"的分析推理有时甚至尚未开始。我们可以看到，在这期间，很多投资者不了解基金的基本类型，不熟悉所购买基金的选股内容，不考虑自己的基金组合是否真正实现了分散投资，不估量基金的风险程度，不知道基金的申购、管理和赎回规则就已经参与了基金投资。此外，人的注意力是有限的，在快节奏的生活中，仅有的注意力又会被明星基金的曝光所吸引，在从众和易得性的影响下，人们又会仅仅关注有限的、被推荐的基金，同时，将自身置于狭义的框架内，难以通盘考虑总体资产组合的配置和收益，导致不同程度的集中投资。

"快系统"还可以体现在我们喜欢给各类事物分类并"贴上标签"。Rosch 和 Lloyd 对人们标签化思维的规律进行了阐述：分类系统的目的就在于以最低的认知负担带来最多的信息[46]。而这样做并不是没有代价的。我们将各类复杂的事物分类后，每一项事物都在我们并不关注的其他方面上丢失了很多细节，因为我们在关注的地方找出了"共性"或者"异质性"来作为分类的依据。这样的思维方式极大地提高了易得性，使得我们在思维中检索各类事物变得非常简单的同时，很可能对许多事物持有片面的认知。

这样的思维方式一直影响着我们，也为我们带来了生存优势。例如，我们会将老虎、狮子、豹子贴上"猛兽"的标签，而任何与之相关的事物，都会让我们立刻想到"猛兽"，并且产生恐惧和自我保护的想法。同样的思维方式在金融投资中也极为常见。在金融市场上，有成千上万的金融产品，逐个分析对我们来说几乎不可能做到。多数投资者会选择将繁杂的金融产品简单归类，贴上易得的标签，进而基于这样的分类做出投资决策。例如，我们经常会提到"价值股""成长股""优质股""周期股""小盘股"等，而很多投资者会基于这样的标签对各类股票进行判断，尽管他们会完全忘记，随着时间的变化，一只股票的标签可能也在发生着变化。

按照传统理论研究，股票的价格不会因为投资者对他的分类变化而改变，而应当与其未来的现金流和相应的风险有关。但数据显示，对于同一个标签下的资产，它们的价格会出现显著的联动现象，即同一标签下的多个资产的价格同涨同跌。这样的现象仅通过基本面是无法解释的。例如，"小盘股"的股价联动。Barberis 和 Shleifer 建立的模型可以用来解释这样的现象[47]。比如，当很多投资者对"小盘股"有大致相同的定义，并且近期的表现良好，基于外推，这些投资者会进一步看好"小盘股"未来的走势，因此会增持以前没有进入他们雷达范围的其他小盘股。由此，对"小盘股"整体的需求会推高这个板块的股价，并使得这个标签下的股票价格呈现出莫名的联动增长。此外，Barberis 等人的研究还验证了指数存在标签化联动的猜想：刚被纳入"标普 500"的公司其股票收益会与"标普 500"指数收益联动。

尽管"慢系统"的分析、推理时常准确，但其实我们也能意识到，它对我们的帮助是有限的。正如本章的第一个实验所示的那样，即便是优秀的大学生，他们的"慢系统"也会疏于监督。Frederick 的一系列心理学实验表明，对于那些在测验中展示出较弱的"慢系统"监督能力的人，他们往往更倾向于凭借自己的直觉和第一反应来回答问题，并且不愿意花费精力来重新考虑自己的直觉判断[42]。他们往往对自己的直觉不假思索，并且在面对难题时非常乐意顺从直觉给出的判断。同时，这些人还往往更为冲动、缺乏耐心并且追求即时满足。实验显示，在"慢系统"监督能力较弱的人中，63% 的人更愿意选择获得 3 400 美元而不是等下个月再得到 3 800 美元。而对于"慢系统"监督能力较强的人，他们通过了全部的难题考验，而在他们当中只有不到 37% 的人偏好即时满足。

正如 Kahneman 所说的那样，我们的"慢系统"是"很懒"的。调用它，并且试图推翻直觉是需要消耗大量精力的。当人们相信某个结论时，将倾向于相信支持这个结论的理由；一个事物被贴上了标签后就很难再被撕掉。正如某部电影中的台词："人心中的成见是一座大山，任你怎么努力都休想搬动。"这也是为什么，面对爆炸式增长的信息，我们很难坐下来深度思考，我们很难形成批判性思维。这样的"惰性"也正是影响我们理性判断的重要原因之一。

在这一节的最后，我们希望给我们思维的双系统做一个总结：认知过程的快和慢其实并没有绝对的好坏。快有快的代价，慢有慢的成本。我们生活的场景既包含了需要快速反应的场景，也包含了需要深思熟虑的场景。真正重要的是，我们的认知偏误就常常发生在该慢的时候不但没有慢下来，并且还常常不自知。

4.4　理性的局限

4.4.1　有限的注意力

你正在认真听老师讲课，突然坐你身后的女生扔了一只假的蜘蛛在你桌上。你吓了一跳又不好发作，只能回头狠狠地瞪视着她。等你转过头来，老师因为你的举动抽你答问，可是你完全不知道老师刚刚讲了什么。

这样的场景反映出一个深刻的道理，那就是在每个人的身边其实始终环绕着巨量的信息，但是你能不能接收到它们，取决于你的注意力在什么地方。注意力是一种大脑为了防止被海量的信息淹没而做出的一项重要设计。换言之，我们的大脑不擅长多任务的并行处理，在同一时刻，对于你的注意力没有关注到的信息，它们跟完全不存在其实是一样的。此外，你对于老师讲话内容的"断片儿"充分说明人的注意力是一项有限的资源，大脑在你关注背后女生的同时，自动关闭或者放弃了其他获取信息的渠道。

不幸的是，对于我们来说，保持有限的注意力也是非常困难的。这通常需要一定的自我控制力和决心。Gailliot 和 Baumeister 等人通过一系列的心理学实验说明，诸如认知、情绪或是身体上等方面的努力都需要消耗一定的"心理能量"（mental energy）[48-49]。控制自己的意愿是非常累人的，当我们强迫自己做一件事时，我们往往不愿意也很难实现长期的坚持。这样的现象被称作自我损耗（ego depletion）。例如，我讨厌抄写经文，我抄着抄着就会情不自禁地心不在焉，进而总是抄错。我需要花很大的决心和力气才能让自己保持专注。

实验

自我损耗实验 1

首先要求一部分受试者观看感人的电影并且刻意抑制自己的情绪。之后，该组人与其他未经历自我损耗的受试者共同参加体能耐力的考核，即，测验他们紧握住握力器并保持的时间。

自我损耗实验 2

首先要求一部分受试者在抵挡巧克力、曲奇饼的诱惑下，吃清淡的萝卜、芹菜。之后，该组人与其他未经历自我损耗的受试者共同回答较为困难的认知题目。

这两个实验的设计非常相似。实验 1 的结果表明，那些经受了自我损耗的人，即压抑了自己情感的人，在后续的耐力测试中会相对地表现不佳，面对肌肉的不适更加难以坚持。类似地，实验 2 的结果表明，在美食诱惑下控制自己的人，在后续的认知难题中

倾向于更早地放弃，上一阶段的自我损耗使得他们没有更多的"心理能量"来支持他们再从事复杂的推理和计算。

自我损耗的实验也启发我们，如果想要减少被琐碎的信息干扰，更加专注于工作和学习，更有效的办法可能不是抵挡诱惑，并强迫自己咬牙坚持。正如实验 2 中所呈现的，这样的方法会让我们自我损耗。更好的办法是，承认自我控制的局限性，切断源头，让我们没有机会面临诱惑。比如，我知道一天中大多数的干扰都来自手机，那么在需要专注工作或学习的时间段，我可以直接将手机静音甚至放在另一个房间。因为现代手机这个东西确实很烦人，他里面所有的 App 的设计目的都是争抢用户的注意力和时间。这样一来，我不再消耗我的心理能量来开展自我控制，可以将更多的"心理能量"分配给重要的工作和学习内容。

当然，保持专注并非永远都是痛苦的，我们也可能经历过这样的情境：我们在从事一件非常需要专注和努力的事情，但我们并不需要挖空心思为了保持专注去自我控制。例如，有时候我们非常专注于工作，当结束时才发现已经是深夜而自己还没有吃晚饭。心理学家 Mihaly Csikszentmihalyi 将这样的状态称为心流（flow）[50]。处于心流状态的人，往往能够非常投入其中，忽略时间的流逝，事后回想起来才会察觉自己进入了心流并且心中一阵舒适。

4.4.2 有限关注

当你打开你的股票账户时，有没有问过自己：你为什么买这只股票？是因为看好它们公司的基本面？是因为它们满足 些你信任的技术指标？还是你对宏观经济有自己的理解？抑或是朋友推荐的？一项研究告诉我们，有可能只是因为你的注意力恰好被它们吸引了[51]。

Terrance Odean 和 Brad Barber 研究了注意力偏差引起的错误投资。他们通过实证研究，检验了这样的猜想：个人投资者会购买那些恰好吸引他们注意力的股票。作者指出了，人们的算力或者注意力都是有限的，无法像传统理论中假设的那样"遍历所有的可能性"之后进行股票投资，即个人投资者无法总览数以千计的股票后再做出投资决策。尽管信息都是公开的，但无论是对于散户还是机构，能够投入的调查资源都是有限的。基于这样的背景，他们猜想人们在对股票分析和研究，应该是在一个有限数量的但是更为吸引人的股票当中进行的①。

作者利用每日的异常交易量、每日的回报以及每日登上新闻的情况来指代股票对散户注意力的吸引程度来检验：相比机构投资者，散户是否更倾向于净买入那些具有吸引

---

① 在电商领域，这个概念其实就是互联网上的一项核心资源"流量"。任何电商平台的商品只要平台肯给流量，那么这个商品的销量就总是能够提高，尽管这个商品的同质化已经非常高了。

力的股票。这里需要说明，异常交易量指的是过量的交易，当散户看到某股票某天的交易量突然变高，自然而然会被其吸引，高回报也以同样的方式吸引着散户。此外，每天新闻媒体都会曝光那些大涨大跌的股票，因此登上新闻的股票也会吸引散户。研究的样本为委托了大折扣经纪商（large discount brokerage）的散户、委托了公布执行质量的小折扣经纪商（small discount brokerage）的散户、委托了大零售经纪商（large retail brokerage）的散户以及专业的资产管理者。

实证结果显示，个人投资者，尤其是委托了大折扣经纪商的散户，他们会在看到异常交易量后，因为注意力被吸引而选择购买股票，他们整体呈现的购买股票的数量大约是卖出量的两倍。同时，新闻对于散户的吸引也尤为显著：散户会在注意力偏差的影响下，更多地购买那些出现在正面新闻上的股票。有趣的是，那些呈现出异常交易量和极端回报的所谓吸引人的股票，最终还是没能跑赢指数，这体现出过度关注带来的溢价其实并没有太多基本面的支持。

与散户相比，专业投资者拥有更专业的数据和设备，可以实时地同时监控和分析多只股票。同时，他们还可能更具备专业的知识，并且有严格的交易流程和风控标准需要遵守。实证结果显示，专业投资者确实展现出了专业的一面。他们并没有像散户那样，面对吸引人的股票并没有呈现出明显的注意力偏差。

4.4.3 反应不足

有限关注的另一个后果是反应不足。既然注意力是有限的，那么就存在一种可能是它没有被投资者配置在最应该配置的地方。因此，投资者无法立即对持仓资产的信息变化做出及时的反应。这样一来，就可能导致资产价格对消息的反应不足（under-reaction）。有限关注导致的反应不足可以用来解释一些有效市场假说无法解释的市场异象，最为经典的案例就是盈余公告后价格漂移。

盈余公告后价格漂移（post-earnings announcement drift）指的是当一家公司意外地公布正（负）向的盈余后，其股票价格不仅仅在公告当天上涨（下跌），而且在后续的几周内仍然继续保持上涨（下跌），就像股价具有了运动的惯性。用有限关注来解释这一现象的逻辑大致是：在盈余公告当天，不是所有的投资者都能够立即对该公告的内容做出反应，整个过程可能需要几天甚至几周来完成。因此，盈余公告当天的股票价格并不能完全地反映出公告信息，要等到一段时间后才能最终达到全部信息所对应的价格。

DellaVigna 和 Pollet 通过实证研究验证了这一假说[52]。他们的研究显示，当一家公司在周五发布盈余公告时，会带来更大程度的盈余公告后价格的漂移。因为很显然，投资者在周末会对公司信息的关注更为有限，他们更多的注意力放在了我周末要怎么玩。令人哭笑不得的是，作者还发现，很多公司也正是利用这一心理——周五发布的盈余公告中，更多的是负面信息。

另一项研究显示，平均而言，当许多公司扎堆在某一天发布盈余公告时，会呈现出更为明显的盈余公告后价格漂移[53]。显然，反应不足仍然可以很好地解释这样的现象。因为在一天当中出现了太多公司的盈余公告，投资者关注信息的资源是有限的，因而需要花费更多的时间来对这些公告做出反应，也就是容易呈现出盈余公告之后的价格漂移。

当然，除了盈余公告，投资者对于其他公开信息同样呈现出反应不足。例如，人口结构的变化可能影响相关行业的股票价格；一个国家 2021 年的出生人数显著高于其他年份，那传递出的信号可以是在 2027 年前后，对于玩具的需求将会增加①。类似地，一个国家呈现出明显的老龄化的人口结构时，可以预见的是未来对于养老、健康医疗方面的需求会增加。如果投资者是理性的，那大家会在新的统计公布的第一时间推高相应行业的股价，但投资者往往会在实际需求真的增加之后才会陆续做出反应，比如冰激凌公司的股票呈现出显著的季节效应，每年夏天销量上升之后冰激凌公司的股价才能跟着上涨。研究表明，一个基于人口结构变化的交易策略，根据人口结构变化而相应地买入（卖出）相关公司的股票，可以实现显著的超额收益[54]。这也印证了，投资者由于有限关注，很可能无法第一时间对人口结构变化这一较为隐晦的信息做出合适的决策，市场价格也就出现了相应的滞后性或者季节效应。

本章小结

1. 个性可以影响人们的偏好，个性可以是人们情绪和行为之间的纽带，个性还可能对一个人的职业发展产生影响。人的个性可以通过影响认知机能，进而决定相应的社会经济结果。

2. 情绪呈现的程度更为强烈，但持续的时间较短，情绪的产生依赖于具体的对象和情境。

3. 心情所表现的程度不如情绪强烈，但持续的时间比较长，并且情绪的产生并不依赖于具体的对象和情境。心情的产生不受个性差异的影响，是一种更为普遍的满意或不满的状态。

4. 心情会受到环境条件的影响，环境条件会通过影响心情进而影响投资决策。

5. 情绪是基于认知过程的结果，可以影响行动倾向，会带来一些可观察到的生理

---

① 2021 年出生的孩子们开始成为玩具的主要受众。

反应，是基于特定对象的，或积极或消极的心理状态。

6. 情绪会影响投资行为，会使投资者呈现出处置效应，情绪化的交易往往无法带来好的投资表现。

7. 情感直觉是指由情绪、本能引发的"快系统"的反应。

8. 情感直觉是一种捷径，为我们带来了生存优势，给我们带来便利和高效，但有时却又可能给我们的认知和决策带来偏差。

9. 人与人之间的心理状态会相互影响，从而形成群体情绪，群体情绪不仅会影响个人的情绪，还可以推动法案的实施。

10. 情绪在决策过程中有积极作用，若脱离情绪，决策将受到负面影响。

11. 易得性是指心理状态到达意识的容易程度，直觉性的思考具有很高的易得性，影响易得性的因素有客观频率、可检索性、生动性、可想象性等。

12. 标签化是人类长期以来形成的一种基本的思维特征。给各类事物分类并"贴上标签"，有助于人类快速记忆同时方便再次回想。

13. 人的注意力是有限的，人脑无法立即同时对所有耗费注意力的事物做出反应。

14. 个人投资者会购买那些恰好吸引他们注意力的股票。

15. 金融投资决策过程中，有限关注会使得投资者无法立即对金融资产相关的信息做出及时的反应，进而导致资产价格对消息的反应不足，如盈余公告后价格漂移。

问题与讨论

1. 概念解释：个性、心情、情绪、情感和本能。

2. 举例说明在投资中个性和情绪是如何相互影响的。

3. 举例说明生活中基于情感而非理性的决策。

4. 情感直觉对我们来说究竟是一种捷径还是一种偏差？面对选择"快速反应"和"三思而行"哪一种才是更"快"的？

5. 试着从群体情绪的角度分析"水可载舟，亦可覆舟"。

6. 试举例：决策中偏爱更易得的选项。

7. 俗语往往朗朗上口。这些话为人们所认可是由于易得性还是真的有道理？比较下面几组俗语，到底谁说得对：

（a）不听老人言，吃亏在眼前；朽木不可雕也。

（b）三思而行；机不可失，时不再来。

（c）量小非君子；有仇不报非君子。

（d）血浓于水；亲兄弟明算账。

8. 试着举出人们在地域、文化、性别、职业等方面存在的偏见，并分析偏见存在的原因。

9. 举出一个决策中试图理性但最终失败的例子，并分析原因。

10. 解释首因效应和近因效应，并分析出现这两种效应可能的原因。

11. 你是否因为有限关注而仅选择投资某只股票或者基金？

参考文献

［1］ BORGHANS L, DUCKWORTH A L, HECKMAN J J, et al. The economics and psychology of personality traits ［J］. Journal of Human Resources, 2008, 43（4）: 972-1059.

［2］ TUPES E C, CHRISTAL R E. Recurrent personality factors based on trait ratings ［J］. Journal of Personality, 1992, 60（2）: 225-251.

［3］ MCCRAE R R, COSTA P T. Validation of the five-factor model of personality across instruments and observers ［J］. Journal of Personality and Social Psychology, 1987, 52（1）: 81.

［4］ DOHMEN T, FALK A. Performance pay and multidimensional sorting: productivity, preferences, and gender ［J］. American Economic Review, 2011, 101（2）: 556-90.

［5］ MISCHEL W, EBBESEN E B. Attention in delay of gratification. ［J］. Journal of Personality and Social Psychology, 1970, 16（2）: 329.

［6］ MISCHEL W, EBBESEN E B, RASKOFF ZEISS A. Cognitive and attentional mechanisms in delay of gratification ［J］. Journal of Personality and Social Psychology, 1972, 21（2）: 204.

［7］ MISCHEL W, SHODA Y, RODRIGUEZ M I. Delay of gratification in children ［J］. Science, 1989, 244（4907）: 933-938.

［8］ REICHERT A R, AUGURZKY B, TAUCHMANN H. Self-perceived job insecurity and the demand for medical rehabilitation: does fear of unemployment reduce health care utilization? ［J］. Health Economics, 2015, 24（1）: 8-25.

［9］ SAUNDERS E M. Stock prices and wall street weather ［J］. The American Economic Review, 1993, 83（5）: 1337-1345.

［10］ HIRSHLEIFER D, SHUMWAY T. Good day sunshine: stock returns and the weather ［J］. Journal of Finance, 2003, 58（3）: 1009-1032.

［11］ KAMSTRA M J, KRAMER L A, LEVI M D. Winter blues: a sad stock market cycle [J]. American Economic Review, 2003, 93 (1): 324-343.

[12] KRAMER L A, WEBER J M. This is your portfolio on winter: seasonal affective disorder and risk aversion in financial decision making [J]. Social Psychological and Personality Science, 2012, 3 (2): 193-199.

[13] GRANT A R, KALEV P S, SUBRAHMANYAM A, et al. Retail trading activity and major lifecycle events: the case of divorce [J]. Journal of Banking and Finance, 2022, 135.

[14] EKMAN P. Are there basic emotions? [J]. Psychological Review, 1992, 99 (3): 550-553.

[15] ELSTER J. Rationality and the emotions [J]. The Economic Journal, 1996, 106 (438): 1386-1397.

[16] ELSTER J. Emotions and economic theory [J]. Journal of Economic Literature, 1998, 36 (1): 47-74.

[17] GAMBETTI E, GIUSBERTI F. The effect of anger and anxiety traits on investment decisions [J]. Journal of Economic Psychology, 2012, 33 (6): 1059-1069.

[18] LITVAK P M, LERNER J S, TIEDENS L Z, et al. Fuel in the fire: how anger impacts judgment and decision-making [M] //International handbook of anger. [S.l.]: Springer, 2010: 287-310.

[19] COHN A, ENGELMANN J, FEHR E, et al. Evidence for countercyclical risk aversion: an experiment with financial professionals [J]. American Economic Review, 2015, 105 (2): 860-85.

[20] GOETZMANN W N, KIM D, SHILLER R J. Crash beliefs from investor surveys [R]. [S.l.]: National Bureau of Economic Research, 2016.

[21] LEE C J, ANDRADE E B. Fear, social projection, and financial decision making [J]. Journal of Marketing Research, 2011, 48 (SPL): S121-S129.

[22] GUISO L, SAPIENZA P, ZINGALES L. Time varying risk aversion [J]. Journal of Financial Economics, 2018, 128 (3): 403-421.

[23] ENGELBERG J, PARSONS C A. Worrying about the stock market: evidence from hospital admissions [J]. Journal of Finance, 2016, 71 (3): 1227-1250.

[24] STRAHILEVITZ M A, ODEAN T, BARBER B M. Once burned, twice shy: how naive learning, counterfactuals, and regret affect the repurchase of stocks previously sold [J]. Journal of Marketing Research, 2011, 48 (SPL): S102-S120.

[25] LERNER J S, SMALL D A, LOEWENSTEIN G. Heart strings and purse strings: carryover effects of emotions on economic decisions [J]. Psychological Science, 2004, 15

（5）：337-341.

［26］LIU C, SHU T, SULAEMAN J, et al. Life is too short? bereaved managers and investment decisions［C］//Proceedings of Paris December 2019 Finance Meeting EUROFIDAI-ESSEC, 27th Annual Conference on Financial Economics and Accounting Paper.［S. l.：s. n.］, 2020.

［27］SHILLER R J. Irrational exuberance：revised and expanded third edition［M］.［S.l.］：Princeton University Press, 2015.

［28］HE J, LIU H, SING T F, et al. Superstition, conspicuous spending, and housing market：evidence from singapore［J］. Management Science, 2020, 66（2）：783-804.

［29］HIRSHLEIFER D, JIAN M, ZHANG H. Superstition and financial decision making［J］. Management Science, 2018, 64（1）：235-252.

［30］BERTRAND M, KARLAN D, MULLAINATHAN S, et al. What's advertising content worth? evidence from a consumer credit marketing field experiment［J］. The Quarterly Journal of Economics, 2010, 125（1）：263-306.

［31］RAVINA E, et al. Love & loans：the effect of beauty and personal characteristics in credit markets［J］. Journal of Finance, 2008.

［32］LOEWENSTEIN G. Emotions in economic theory and economic behavior［J］. American Economic Review, 2000, 90（2）：426-432.

［33］LOEWENSTEIN G. Out of control：visceral influences on behavior［J］. Organizational Behavior and Human Decision Processes, 1996, 65（3）：272-292.

［34］DARWIN C. On the origin of species by means of natural selection or the preservation of favoured races in the struggle for life［M］.［S.l.］：International Book Company, 1859.

［35］DARWIN C, PRODGER P. The expression of the emotions in man and animals［M］.［S.l.］：Oxford University Press, USA, 1998.

［36］SEAN SPENCE. Descartes' error：emotion, reason and the human brain［J］. BMJ, 1995, 310（6988）：1213.

［37］BECHARA A, DAMASIO A R. The somatic marker hypothesis：a neural theory of economic decision［J］. Games and Economic Behavior, 2005, 52（2）：336-372.

［38］DAMASIO A R. Descartes' error［M］.［S.l.］：Random House, 2006.

［39］GILBERT D. Stumbling on happiness［M］.［S.l.］：Vintage Canada, 2009.

［40］ADOLPHS R, TRANEL D, DAMASIO H, et al. Fear and the human amygdala［J］. Journal of Neuroscience, 1995, 15（9）：5879-5891.

［41］SIMON H A. A behavioral model of rational choice［J］. The Quarterly Journal of Economics, 1955, 69（1）：99-118.

［42］FREDERICK S. Cognitive reflection and decision making ［J］. Journal of Economic Perspectives, 2005, 19（4）: 25-42.

［43］SIMON H A, CHASE W G. Skill in chess: experiments with chess-playing tasks and computer simulation of skilled performance throw light on some human perceptual and memory processes ［J］. American Scientist, 1973, 61（4）: 394-403.

［44］KAHNEMAN D. Maps of bounded rationality: psychology for behavioral economics ［J］. American Economic Review, 2003, 93（5）: 1449-1475.

［45］TVERSKY A, KAHNEMAN D. Availability: a heuristic for judging frequency and probability ［J］. Cognitive Psychology, 1973, 5（2）: 207-232.

［46］ROSCH E, LLOYD B. Cognition and categorization lawrence erlbaum ［J］. Hillsdale, New Jersey, 1978.

［47］BARBERIS N, SHLEIFER A. Style investing ［J］. Journal of financial Economics, 2003, 68（2）: 161-199.

［48］GAILLIOT M T, BAUMEISTER R F. The physiology of willpower: linking blood glucose to self-control ［J］. Personality and Social Psychology Review, 2007, 11（4）: 303-327.

［49］GAILLIOT M T, BAUMEISTER R F, DEWALL C N, et al. Self-control relies on glucose as a limited energy source: willpower is more than a metaphor ［J］. Journal of Personality and Social Psychology, 2007, 92（2）: 325.

［50］CSIKSZENTMIHALYI M, CSIKZENTMIHALY M. Flow: the psychology of optimal experience ［M］. ［S.l.］: Harper & Row New York, 1990.

［51］BARBER B M, ODEAN T. All that glitters: the effect of attention and news on the buying behavior of individual and institutional investors ［J］. The Review of Financial Studies, 2008, 21（2）: 785-818.

［52］DELLAVIGNA S, POLLET J M. Investor inattention and friday earnings announcements ［J］. Journal of Finance, 2009, 64（2）: 709-749.

［53］HIRSHLEIFER D, LIM S S, TEOH S H. Driven to distraction: extraneous events and underreaction to earnings news ［J］. Journal of Finance, 2009, 64（5）: 2289-2325.

［54］DELLAVIGNA S, POLLET J M. Demographics and industry returns ［J］. American Economic Review, 2007, 97（5）: 1667-1702.

第五章　损失厌恶的生理基础：卷尾猴实验

□ 神经科学和神经经济学　　□ 卷尾猴

□ 一念之间　　　　　　　　□ 案例和应用：前景理论的生物基础

在对微观经济学原理的探索中，到目前为止，我们关注的是相对传统的实验和计量经济学证据，以说明社会和心理影响如何与经济激励和动机相互作用。这类证据的一个问题是，它的观测极限止步于个体的行为以及这些行为带来的后果。在信息技术和计算机科学的帮助下，我们虽然取得了相对客观和全面的数据，但这些数据只是向我们传达了结果而非整个过程。在这样的限制下，经济学研究就类似于警察根据犯罪现场还原出犯罪的过程。由于得到的证据有限，很可能多种理论在逻辑上都是自洽的，关于哪一种是真相的争论有可能变得旷日持久且永无止境。很显然，要想精确预测经济参与者对于特定条件做出何种反应，我们需要更深入地观测，即我们需要更深入地了解是什么在本质上决定了人们的行为和选择。然而，客观地衡量人的思想和决策过程是非常困难的。标准经济学将大脑视为一个"黑匣子"，信息进去，决策出来，我们不知道，在这两者之间究竟发生了什么。然而，日益发展的神经科学正在改变这一点，因为它让科学家们通过仪器设备更直接地接触到大脑工作的方方面面。更广泛地说，来自认知神经科学的工具和见解正与经济学的工具和见解融合在一起，以更加丰富且更加直接的方式来解释人类决策的基础。在这一章中，我们将探索一些神经科学的证据以及在未来可能实现的令人兴奋的前景。

5.1 神经科学和神经经济学

为了更好地描述神经科学如何应用于经济和金融决策的研究，我们首先概述神经科学的一些关键原则。神经科学是研究神经系统及其解剖结构和生理的科学，它在过去被认为只是生物学的一个分支。然而，在过去的 50 年里，它已经成为一门交叉学科，包括神经化学、医学神经学和外科、心理学、语言学、逻辑学、电子学、计算机科学和神经影像学。神经科学方法已经广泛被用于分析认知过程，包括知觉、记忆、理解、判断和行动等。神经经济学作为神经科学家族的一个新成员正在兴起。它背后的核心理念是一个简单的观点，即决策是由人类的大脑和神经系统共同完成的——你看到的、你感觉到的、你想到的、你的情感体验、你的记忆、你的自由意志等，实际上都是物质的，都源于一大群神经细胞和它们接收、释放的相关化学分子或者电活动产生的相互作用。通过研究人类做出决定之前、期间或之后大脑表露出来的生物过程和实际行动之间的关系，我们可以更为直观地理解人类底层的决策机制，包括经济决策。对于行为金融学而言，如果我们在决策过程中存在偏见，而这些偏见导致我们做出错误的决定，从而降低我们的福利或幸福感，那么也许通过更好地甄别偏见的生理学基础，我们或许可以找到行之有效的纠正方案。这样的纠正可以带来深远的社会福利，不仅个人的幸福感能得到长期改善，公共政策的制定和评估也将变得更加合理和恰当。

人类的神经系统包括中枢神经系统、颅内的大脑、脊髓和椎管以及遍布全身的周围神经系统。神经系统将来自皮肤、五官或其他感觉感受器的信号传递到脊髓和大脑。它还将运动信号从大脑传递到全身的肌肉和腺体。神经系统的基本单位是神经元，即神经细胞。神经细胞以神经脉冲的形式传递电化学信号。神经元是离散的细胞，彼此通过突触或神经连接。神经冲动以动作电位的形式沿神经元纤维传播，但不能在神经元之间直接传递。这是因为神经元之间存在突触结构，电信号要转化为化学信号，以神经递质的形式（突触小泡）传递至突触后膜。然后化学信号再转变为电信号以神经冲动的形式沿着下一个神经元的神经纤维继续向前传递。人类的大脑是一个由数十亿个神经元组成的复杂网络，其中实时发生着大量复杂的电化学过程，我们很难将其中特定的活跃部分定位到特定的行为或者情感，这是我们目前很难确切了解大脑工作机制的一个主要原因。许多神经经济学研究使用神经科学技术来绘制和测量大脑功能。Shibasaki[1] 分析了一系列捕捉受试者在休息或进行认知任务时大脑活动的工具。在过去的十年里，高灵敏度的电子和计算机成像技术在扫描准确性方面得到了显著提高，使非侵入性地观察人类意识活动成为神经科学中令人兴奋且不断扩展的领域。这些技术可以分为两大类，即反映脑功能的两个主要的物理过程——电生理学和血液流动力学。电生理探测的方法是利用神经元以动作电位传递神经脉冲这一特征。现代脑电图（EEG）可以检测到脑电活动中动作电位脉冲通过不同大脑区域的信号，并且捕捉到的数据具有极高的精确度和毫秒级的时间分辨率。此外，大脑发达的血管为血液流动力学技术提供了用武之地。在静息条件下，大脑获得的供血占到全身供血的 15%。与其他器官相比，大脑使用了极其不成比例的能量来支持神经元的活动。这就需要一个有效的动脉，毛细血管和静脉系统提供充足的血液，从而持续且稳定地供应葡萄糖和氧气来维持必要的新陈代谢。当实验对象执行特定的任务时，脑功能成像技术可以绘制出不同大脑区域的血流量、葡萄糖和氧气的使用情况。这些成像可以叠加在大脑解剖扫描图上，从而给出活动区域的三维空间图像。例如，常见的实现方法为正电子发射断层扫描（PET）。实验人员使用特殊的伽玛照相机来检测事先静脉推注到受试人体能的示踪物来侦测特定观察对象的移动轨迹，如带有正电子的水常常用来绘制脑血流图，而葡萄糖类似物则用来帮助绘制脑部代谢明显增加的区域。PET 的优点是可以对特定区域的活度进行定量测量，但由于放射性的快速衰减，其空间分辨率较好，时间分辨率较差。新型的 PET 化合物还可以与神经递质受体结合，可以追踪血清素或多巴胺在大脑中的分布。虽然 PET 在脑部活动侦测中很有价值，但它既耗时又昂贵。

近年来，神经科学实验中的宠儿是功能磁共振成像（fMRI）。它是另一种用于捕捉受试者在特定任务时大脑活动的技术。在过去的十年里，这项技术取得了长足的发展。fMRI 同样基于一个物理特性，即动脉血液中的含氧血红蛋白与静脉血液中的脱氧血红蛋白在磁性上是不同的。含氧血液转变为非含氧的过程中，磁性信号的变化加剧就表明大脑中新陈代谢活跃的部分消耗了更多的血氧。计算机通过处理大脑特定区域的磁性变化就能绘制出大脑的活跃区域图。这种图像很容易映射到标准的大脑解剖图像上，并且可以识别微小的大脑区域，如杏仁核和下丘脑，以及局部皮质区域的活动。功能性磁共振成像是安全的，它不使用任何高能射线或放射性示踪剂，所以可以重复扫描，也不疼。当然，功能性核磁共振成像也有明显的缺点：扫描需要高磁场磁体，这些磁体造价昂贵，并且设备体积巨大，在工作中也会产生明显的噪音，可能会使受试人产生幽闭恐惧症。在没有充分适应的情况下，可能很难让受试人在平静状态中完成认知任务。此外，由于抑制性的信号反应也会消耗氧气，我们无法从捕捉到的信号中分辨该区域正在进行的是抑制性反应还是兴奋性反应。对于信号的解读和理论分析需要结合其他神经科学已有的研究成果。

总的来说，尽管大脑成像技术很前沿，基于此项技术的研究依然面临盲人摸象的风险。由于我们根本不知道大脑工作的确切机制，扫描设备发现的某个大脑区域活跃，并不意味着这个区域就是体现功能的主要区域。从脑科学对于大脑的了解来看，许多功能的实现是一项十分复杂的协作，这当中极有可能涉及其他大脑区域，甚至身体中被研究人员遗漏的电化学作用。因此，精确地给出因果关系在现有的技术条件下可能比较困难。对于神经经济学等前沿探索而言，将脑电图或脑磁图研究与功能磁共振成像（fMRI）扫描相结合，选择使用哪种神经测量技术将取决于要回答的问题和设备的可用性。

在讲述了神经科学研究的主要技术之后，我们接下来介绍神经科学和经济学是如何在相对新颖的分支学科——神经经济学中结合在一起的。行为经济学家和经济心理学家已经认识到，现实中人的认知和感受并不符合严格的理性行为模式。这一问题的解决需要从认知和知觉的角度建立客观的依据来定义对于人来说什么是偏好的。虽然神经经济学本质上是行为经济学的发展，但它（在很大程度上）侧重于神经解剖学和神经生理学的实证主义。许多学者也会批评这种研究方法过于粗暴和理想化——人类的脑活动比起我们能捕捉到的显然要复杂许多。这样的质疑是完全合理的，如同仅仅观察一台电脑工作时的电流和发热状况，你永远无法理解计算机是如何工作的。虽然神经经济学及其发展前景看起来很令人振奋，但这个领域还很年轻。尽管使用的工具已经能够代表非常高的技术水平，用来研究大脑这个精致的对象还是显得相当力不从心。而且，仅仅因为我们可以测量大脑活动完全不意味着我们可以直接量化思想和体验。但是，由于人脑目前的"黑盒子"属性就对其望而却步仍然不会是未来的方向。起码，经历足够的观测技术迭代，我们有理由期盼，人类会逐步窥见大脑工作的秘密。到时，微观层面的经济学研究会毫无争议地成为一门硬核科学。此外，神经经济学理论还为经济学理论提供了对人类行为建模的替代方法——直接观测行为的生理基础。这种方法天然地让人有安全感，并且完全不依赖于标准主流方法中所见的严格的理性人假设。要知道，这种假设如今始终困扰着经济理论的发展。

5.2　一念之间

用"一念之间"来形容一个决策产生的过程实在是再贴切不过，这个词传神地表现了人的决策具有很大程度的不确定性。这种不确定性可能是因为选择和选择之间模糊的界限，可能是因为影响决策的因素丰富万千，还可能是因为决策者容易受到偶然的心境或者外部刺激的影响。虽然我们之前提到，系统 1 和系统 2 的隐喻没有任何的解剖学依据，但是根据现有的神经科学的证据来看，大脑的确有对应的功能区来实现类似的功能，即"想当然"但反应迅速的决策系统和更花时间但是精于权衡和计算的决策系统，二者协同工作。

为了方便后面的叙述，这里我们引用神经科学家 Paul MacLean 提出的"三元脑（triune brain）"模型。因为这个模型提到的分类比起系统 1 和系统 2 的比喻，更容易将功能和区域相对应。按照在动物演化历史中出现的先后顺序，大脑可以分为三层①。第一层大约可以叫"自动控制层"。这一层的运作不需要意识的参与，也不受意识的控制。因为他负责基础体征的平衡，如体温、血糖和血压的调节。可以想象，把这些交给主观控制的个体肯定无法延续下去，因为这样的个体可能一个走神忘记看血压，人就会出现生命危险。第二层叫"边缘系统"，负责情绪和冲动。边缘系统在一定程度上是哺乳动物才有的。我们看到恐怖的东西会感到害怕，这就是边缘系统的功能，然后它会把信息传递给第一层，让我们浑身颤抖，肌肉紧张。渴望、沮丧、恐惧和愤怒等所有情绪都是边缘系统诱导的，所以我们一再强调情绪和情感本质上是物质决定的。第三层叫"新皮质"，它是大脑在演化中最晚出现的部分。新皮质负责高级功能，如认知、记忆、权衡等抽象思维。灵长类动物的新皮质最发达，而灵长类动物中新皮质最发达的就是人类——而人的新皮质，是直到 20 多岁的时候才发育完全，"愣头青"是有科学道理的。

在我们清醒的时候，三层功能都处于激活的状态，在持续地工作。换言之，大脑的决策是"共治"的结果。边缘系统（主要是杏仁核）和新皮质层（主要是额叶皮质）都是决策委员会的重要成员。常规来说，人之所以有高出其他生物的智力表现，是因为新皮质这一层的前额叶皮质具有优异的性能。我们的重大决定也是由它在听取边缘系统的意见之后做出的。前额叶皮质又由两部分组成。一个是"背外侧前额叶"，讲究纯粹的理性，它做决策无比冷静，擅长在复杂局面中做出最合理的决定，它纯粹是利益的计算，完全不考虑情绪。而另一个则是"腹内侧前额叶"，专门听取各种来自边缘系统的反馈。比如，面对一个冒险的机会，你是既贪婪又恐惧，那到底是听贪婪的还是听恐惧的呢？这个由腹内侧前额叶判断。如果一个人的背外侧前额叶受到损害，他就变成了一个完全由情绪主导的人，做事冲动，不计后果。如果一个人的腹内侧前额叶受损，他就会变得异常冷漠，只剩下利益选择。你可能会说，这样的人听起来就很成熟理性。其实不然，这样的人是非常可怕的，因为他已经不像"人"了。我们说一个场景，一辆飞速前行的汽车，你行驶的车道突然出现一块巨石，而你的左右车道有两拨人，一拨人是 3 个，另一拨人是 2 个。这时左打方向撞死 3 个人，右打方向撞死 2 个人，不打方向撞死自己。你怎么决策呢？腹内侧前额叶受损的人会毫不犹豫地撞死 2 个人，救下自己和另外 3 个人，然后他会平静地报警，联系保险公司，对于死者毫无歉意。

当然，对于正常人，无论哪种决策都是煎熬的，肯定会出现尖锐的思想斗争。如果我们把这个决策放在社会上讨论，也势必引起巨大的争议，并且争辩的双方还都认为自己是道德楷模，人间良善。为什么呢？因为这个决策让腹内侧前额叶和背外侧前额叶产生了冲突，并且这个冲突很复杂，它没有一个在道德上可以自洽的逻辑在里面。但是，

---

① 请注意这个分层模型仍然是一种比喻，大脑中也没有明确的生理结构对应哪个功能属于哪一层，三层的功能实际上是通过许多重叠区域的联合工作来实现的。

值得我们深思的是，你在现实中真的遇到这样的情况，在那一刹那你做出了反应，不管你是怎么选择的，事后你很可能不会受到道德的谴责，因为在这种突发情况下，你没有时间犹豫和深度思考，你的任何决策都是应激反应，无可指责。但是，一旦我们平静地讨论这个问题，当我们置身事外，有充足的时间体会，道德感就会影响我们的思考，我们就会发现这个决策是一种拷问，没有出路。澳大利亚哲学家 Peter Singer 曾谈到另一个类似的例子，他说，只要非洲还有一个儿童会因为缺少 500 美元而饿死，你就不应花 500 美元给自己买新衣服，哪怕你是个万里之外的中国人。我们乍一听，这不就是道德绑架吗？但如果你路过一个池塘，看到一个小孩快淹死了，你会不会不惜毁掉刚刚 500 美元买的衣服也要救他？你会的。那你为什么就不能不买这套衣服，把省的钱捐给远在非洲快饿死的小朋友呢？你是抗拒的对不对？因为你并没有真实遇到那些远隔千山万水又需要帮助的对象。但是你的善心、同理心和道德感却在你看到小孩在水里挣扎的一刹那被激活了。试想，你是不是会因为在社交媒体或者众筹平台帮助了陌生人而感到欣慰，可是大量你不知道的但肯定也急需救助的个体，你依稀知道他们的存在，但是你也不会因为没有帮助到他们而感到任何不适。所以，你帮谁不帮谁的标准其实就是你是否遇到，或者你的道德感有没有被激活。在本质上你的感受和行为就是相关脑区活跃的结果，边缘层更活跃你就是讲道德的，如果因为生理损伤或者你不在那个场景中，边缘层没有被激活，你就是"缺乏道德"的。

以上对于道德感被唤起的机制的讨论具有一种典型意义，因为在任何时候，人几乎不可能脱离情绪来做判断。饥饿、恐惧、彷徨、贪婪或者自卑等都会影响到新皮质的工作，从而影响到你的决策。人生中大到婚恋择业，小到你今天买股票还是卖股票，往往就是一个忽然跃入脑海的冲动。你是先有了这个冲动，然后才运用理性分析来合理化这个冲动。这个过程跟辩论赛先抽签决定立场再来准备辩词是一样的——你唾沫横飞言之凿凿地为一个随机的立场辩护，像极了那些看似慎重的决定，实则一念之间，心已所属。

5.3　卷尾猴

一个有趣的设想是，既然生物基础来自 DNA 的表达，那么我们的行为模式是否同样依赖于此？如果能够发现某些偏好的确跟基因表达紧密相关，并且还可以随着基因的延续而得以复现，这无疑将为"人是物质的"这一论断提供关键的证据。

在耶鲁大学对卷尾猴进行的研究实验结果表明，这些猴子表现出了人类身上发现的相同的行为倾向——损失厌恶。实验的大致过程是这样的。我们在一群猴子的面前摆放两个自动售货机。一个自动售货机的正面显示一块苹果片的图片。如果猴子摁动这个自动售货机，猴子会以 50∶50 的概率得到一块或两块苹果片。第二个自动售货机正面显示两块苹果片，如果猴子摁动它，结果将和第一个自动售货机一样，猴子会以 50∶50 的概率得到一块或两块苹果片。

在这个实验中，虽然两台自动售货机给出苹果片的期望是完全相同的，猴子们选择任何一台售货机，长期来看都能获得 1.5 块苹果。但是，通过更换自动售货机展示的图片，实验人员控制了猴子们对于自动售货机的期望（如果他们真的有的话）。在猴子看来（也可能是在我们看来），第一台自动售货机有一半的概率超预期，也就是潜在的收益；而第二台代表的就是有一半的概率低于预期，也就是潜在的损失。

你猜，猴子会被哪个自动售货机吸引呢？

多次试验后，在超过三分之二的选择中，猴子们都选择了第一台自动售货机。也就是说猴子们显然更喜欢带来收益的结果，而不是有可能损失的结果。在进一步的实验中，实验人员调整了自动售货机给出苹果的模式。现在，无论是第一台显示一块苹果片的自动售货机，还是第二台显示两块苹果片的自动售货机，猴子每摁动一次，都仅仅得到一块苹果片。因此，第一台自动售货机总是让猴子觉得 100% 童叟无欺，所见即所得；而第二台售货机总是让猴子失望，因为他们期待的是两块苹果片（如果我们对他们的"期待"理解正确的话）。第二轮的结果同样表明，猴子更喜欢第一台自动售货机，因为他们不喜欢失望。这个实验表明，很有可能猴子跟人类一样，对于低于预期的结果会报以负面的情绪，并且它们也会尽力去避免这种负面的结果。此外，一项类似的研究发现了一种类似于前景理论的反射效应。当有食物奖励的潜在收益时，猴子更倾向于规避风险；当食物面临潜在的损失时，它们更愿意赌博和冒险[2]。

实验人员为什么要选择卷尾猴作为研究对象呢？因为在基因承续上，卷尾猴跟人类属于同一进化链。如果卷尾猴有损失厌恶的倾向，并且在决策中使用参考点，这就表明人类对这些偏见的倾向可能是基于遗传物质而不是后天习得。同时，先天的行为偏差肯定比后天教育或者文化影响而来的偏差更惹人关注，因为这往往被认为更具有普遍性和稳定性。基于这些原因，对于所有尝试把神经活动的观测和分析引入到经济研究的学者来说无疑是一种莫大的鼓舞。

在人类基因组计划之前，测试基因影响的经济研究主要是针对双胞胎展开的研究——他们"利用"了一些双胞胎（来自同一颗卵子，共享相同的 DNA）。当同卵双胞胎在出生时仍然生活在一起，那么他们实际上就共享了大量在随机人群中潜在的异质性，如背景风险、能力、基因、家庭环境等。换言之，在双胞胎中出现的偏好差异就很可能是这些异质性之外的原因（通常是我们想要研究的因素）导致的。例如，Calvet 等[3]对家庭风险承担的微观决定因素进行了首次调查。这项研究基于 1999 年到 2002 年期间出生的 23 000 多名瑞典双胞胎进行的。孪生数据使研究人员能够控制兄弟姐妹的投资决策能够被基因这种潜在异质性形式同等影响，这在传统的经济学比较分析中是很难做到的。面板回归的结果表明双胞胎固定效应对于被研究者行为的解释能力异常高，在经常互相交流的同卵双胞胎中达到 40%。同时，金融财富对风险承担有很强的正向影响。这一关键结果适用于所有设定下，无论是否控制其他个体特性和测量误差或随时间动态跟踪样本。

随着人类基因组计划的开展，我们对基因及其构成的知识在迅速增长，同时依靠基因手段来进一步验证行为经济学见解也同样重要。有了人类基因组计划，就有可能更深入地研究行为的遗传关联，并将异质性（包括个性特征和风险偏好等个人特征）与一个人的基因构成联系起来。此外，将行为与遗传信息联系起来的方法还有通过捕捉基因表达水平的基因"热图"。这里需要补充一个额外的生物学知识，就是基因的序列会影响基因表达的水平，但是是否产生显性的行为还要看基因实际表达的程度高低。由于基因的表达跟后天的环境刺激有关，仅仅知道基因的序列并不足以判断基因影响行为的程度。而基因热图能够通过评价特定基因的表达水平，帮助研究人员将正确的 DNA 特征与观察到的行为（如风险厌恶）联系起来[4]。最后，也有研究将基因型与神经激活联系起来。Haynes 发现风险偏好的变异与特定的基因类型有关，而特定基因类型又与杏仁核，也就是"边缘系统"激活的差异有关[5]。

5.4 案例和应用： 前景理论的生物基础

在前几章中，我们列出了神经科学家使用的一些技术，以及为什么神经科学和经济学见解之间应该存在联系的证据。在本章中，我们将介绍一项著名的研究来进一步介绍这门交叉科学的魅力和前景。

正如我们在之前的章节中讨论的，参考点是 Kahneman 和 Tversky 前景理论的关键元素，一些神经经济学研究已经把关注点放在了参考点相关的神经激活机制上。从生理学的角度来看，我们的身体一直在根据外界的刺激做出动态调整以保持身心的平衡。在不同的决策场景中，大脑始终在悄无声息地改变我们的参考点，让我们逐渐对相同方向的刺激变得不再敏感；而对于反方向的刺激变得更敏感。从进化的角度上讲，这显然是必要的，因为它避免了我们陷入任何一种状态的正反馈中——一天比一天快乐或者一天比一天沮丧都是不利于生存的。因此，我们对于外界刺激的反应都是边际效应递减的凹函数。如果我们把手放在冷水中，寒冷的刺激对我们舒适度的影响在放入的那一刹那是最大的。随着时间的流逝，我们会适应这一环境，逐渐觉得不那么冷。同样的，寒冷的天气中步入温暖的房间，我们的舒适感也会随着时间的流逝而消失。事实上，在清醒的大部分时间里，身体都在尝试给予我们中性的体验以确保我们的注意力保持在它应该在的地方。总的来说，这些生物学原理都稳固地反映出一个重要的事实——我们的感知是相对的。而任何相对的概念都需要参考点。

Kahneman 和 Tversky 认为，同样的原理也适用于人们对金融风险或者投资结果的评价。经济选择的过程本身就受到财富、收入、宏观因素、投资历史的驱动，就像感知和判断受到环境的驱动一样。这意味着变化本身比变化带来的结果更重要。这也是为什么前景理论中发生效用的是风险决策的结果，而不是财富水平的变化。

5.4.1 神经研究实验：兑现效用理论

Cary Frydman 等人的研究通过神经观测数据来验证了兑现效用理论（realization utility）[6]。该假设认为投资者除了可以通过消费产生效用，还能通过兑现风险资产的损失和收益来得到效用。

为了降低实验结果受到的干扰，减少样本选择的偏差，受试者覆盖了从 18 岁到 60 岁的成年人。所有人都没有精神疾病史并且没有服用可能影响功能磁共振成像的药物。实验让受试者置身于实验交易的环境以获取他们的交易行为。他们每人可以交易 3 只股票，记作股票 A、股票 B 和股票 C，且这三只股票之间没有相关关系。实验分为环节 I 和 II 两个单独的相同环节，每个环节持续约 16 分钟，包括 108 轮实验，用 $T=t$ 代表每个环节的第 t 轮实验。在每个环节开始，受试者拥有 350 美元并且需要以每股 100 美元的价格分别购买 1 股 A、B 以及 C，此时，每人账户都还剩 50 美元。对任何股票，受试者最多持有 1 股，最少持有 0 股，也就是说，这里不能重仓单一股票，也不能"卖空"股票。

为了区别投资者获取信息和做出决策这两个过程，在每个环节中，对于 $T>9$ 的全部实验，将分别进行"价格更新"和"买卖决策"两个阶段。具体来说，实验开始时，受试者可以看到屏幕上出现价格变动的信息，该信息随机源自三只股票 A、B 和 C 中的任意一只，价格更新的信息约持续 2 秒钟。任何股票价格的变动，也都仅仅发生在这一阶段，这就意味着，受试者可以看到每只股票的全部价格变动过程。例如，图 5.1 为"价格更新"阶段中屏幕显示的内容，股票 B 的价格上涨了 15 美元，价格从 100 美元变成了 115 美元。受试者通过屏幕可以看到这一信息，并且在这段时间，只有股票 B 的价格发生了变动。如果此时受试者没有持有股票 B，则不会显示购买价格。

图 5.1　价格更新[6]

　　紧接着，在几秒的黑屏后，受试者进入"买卖决策"阶段。屏幕上将随机显示三只股票 A、B 和 C 中任意一只的投资信息，如图 5.2 所示，股票 A 的价格为 105 美元，买入价格为 100 美元，账户余额为 50 美元，是否要卖出股票 A。如果此时受试者没有持有股票 A，屏幕上则会显示"是否买入"。根据实验的设定，投资决策就被简化成了两种可能的决断：面对任何一只股票，如果已经持有了，则选择是否卖出；如果尚未持有，则选择是否买入。买卖股票的价格由当时实验的市场价格所确定。受试者在观看屏幕信息的时候，会被置于功能磁共振的扫描之下，他们所做出的投资决策会通过一个手持的设备收集。

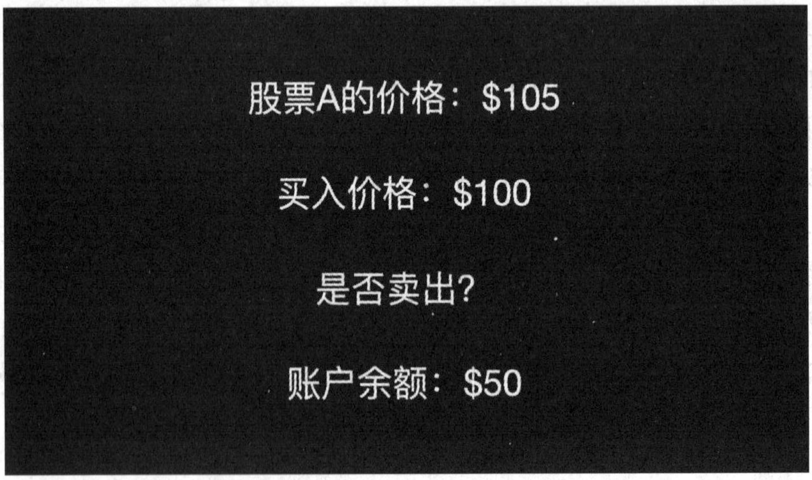

图 5.2　买卖决策[6]

　　我们需要强调一下，在"价格更新"阶段，受试者仅仅需要认知价格的变动，不需要进行投资决策。而在"买卖决策"阶段，投资者仅仅需要做出投资决策，屏幕显示的价格变动都是先前已经看到过的。这样一来，对于价格变动的认知与实际进行投资的决策这两个过程就被巧妙地分隔开了。

作为暖场，在前 9 个阶段（$T \leq 9$）中受试者无法交易股票，只能通过屏幕看到股票价格的变动。这 9 个阶段是为后续的其他实验提供一个价格变动的铺垫以帮助受试者充分理解信息的呈现范式。在每个环节结束后，研究人员会统计受试者账户的余额，将环节 I 结束后的余额记为 X 美元，环节 II 结束后的余额记为 Y 美元。为了激励受试者最大化自己的股票收益，实验承诺在两个环节全部结束后，受试者可以得到的美元总数为 $15 + (X+Y)/24$。同时，为了排除流动性的限制，防止受试者为了购买某一股票而专门卖出其他股票，实验允许股票账户的余额为负——可以使用杠杆。到最终结算的时候，会将"借来的钱"全部"还清"。

最后，股票价格的变动。股价涨跌的金额与涨跌状态的改变是独立的。股价的涨跌金额是从集合 $\{5, 10, 15\}$ 中等可能的随机选取，即，每种价格变化出现的概率均为 $\frac{1}{3}$。而股票涨跌的状态则由一个马尔可夫链（Markov chain）决定——涨跌的状态是随机的，且每轮涨跌之间是相互独立的，比如第二轮涨跌状态变化的概率与第一轮涨跌的结果是无关的。

具体来说，在第一轮实验开始前，任意一只股票都有 $\frac{1}{2}$ 的概率获得涨或跌的状态。记股票 i 在 $T=t$ 轮实验的涨跌状态为 $S_{i,t}$，如果第 t 轮实验价格发生变化的不是股票 i，那么股票 i 将继续保持其在上轮实验中的状态；如果第 t 轮实验价格发生变化的是股票 i，那么股票 i 继续保持其在上轮实验中状态的概率为 0.8，状态发生改变的概率为 0.2。股票 i 在第 t 轮实验中状态转移的概率满足表 5.1。

表 5.1　股票 i 在第 t 轮实验中状态转移的概率

	$S_{i,t} =$ 上涨	$S_{i,t} =$ 下跌
$S_{i,t} =$ 上涨	0.8	0.2
$S_{i,t} =$ 下跌	0.2	0.8

这就意味着，实验交易环境中的股票价格有高的概率（0.8）维持现有的涨跌状态，其价格变化呈现出正的自相关性。当然，受试者并不知道价格变动的自相关性，他们仅仅被告知了与价格涨跌变化相关的马尔可夫链。也就是说，受试者可以从这一信息中来推测股价变化有正的自相关性。另外，受试者在正式开始实验前，会先进行 25 轮的实验作为练习，保证他们完全熟悉实验规则和相应的设备。

5.4.2 假设检验

为了检验兑现效用，首先要定义收益兑现比例（PGR）和亏损兑现比例（PLR）。每轮实验的"买卖决策"阶段中，将受试者面对市场价高于（低于）买入价时选择卖出所形成的收益（亏损）记为已实现的收益（亏损），将受试者面对市场价高于（低于）买入价时选择不卖出所形成的收益（亏损）记为账面收益（亏损）。回顾处置效应章节的内容，我们可以由此来计算 PGR 和 PLR。如果 PGR-PLR 的值为正，则受试者呈现处置效应，如果 PGR-PLR 的值为负，则受试者呈现与处置效应相反的行为。

由于受试者事前会被告知股价涨跌状态变动的机制，他们可以直接推断出正的自相关性。对于风险中性的理性投资者，他们理应通过期望价值决策交易行为，根据推断得出的正的自相关性，卖出那些未来可能下跌的股票（过去下跌的股票），买入那些未来可能上涨的股票（过去上涨的股票）。通过最优交易策略的计算，风险中性的投资者所呈现的 PGR-PLR 为 -0.76，即，他们做出与处置效应相反的行为。而如果投资者持有兑现效用，那他们应该倾向于卖出过去上涨的股票，倾向于实现账面收益并推迟实现账面损失。因此，首先要检验的就是：

假设 1：对于期望价值的投资者，其 PGR-PLR 的值为 -0.76。对于兑现效用的投资者，其 PGR-PLR 的值应至少高于 -0.76。

之后是有关神经活动的假设。根据决策神经科学的相关证据，在较为简单的决策环境中，大脑通过给不同的选项计算"决策价值"来进行判断。在这里的实验中，"决策价值"意味着：在买入的决策中，相比于不买股票，买入股票带来的相对价值；在卖出的决策中，相比于继续持有股票，卖出股票带来的相对价值。大量的证据表明，人脑腹内侧前额叶（vmPFC）上的一个区域在人决策时会稳定地对"决策价值"进行计算。假设 2 和假设 3 通过将实际观测到的"决策价值"分别与期望价值模型和兑现效用模型所估计的"决策价值"进行对比来展开：

假设 2：对于期望价值的投资者，vmPFC 中与计算"决策价值"相关区域的活动应当与期望价值成线性比例，并且与成本无关。对于兑现效用的投资者，在 vmPFC 中这些区域的活动应当与可兑现的损失或收益成线性比例。

假设 3：在兑现效用模型下，vmPFC 中兑现收益有关的活动的强度应该与处置效应的程度相关。

由于兑现效用理论假设投资者通过兑现损失或收益可以产生效用。实验继而探索这一理论是否可以在脑区检测中得到检验。根据已有的脑科学研究表明，位于人脑中心的一个区域——腹侧纹状体（ventral striatum，vSt），它与人类的行为动机与激励机制有关。例如，当你喝了一杯奶茶，感觉非常开心满足，此时 vSt 就会被激活。如果投资者在卖出股票时会产生效用，那么通过观测卖出获利时 vSt 区域的活跃就可以帮助我们检验兑现效用理论。

假设 4：在兑现效用模型下，vSt 中编码预测误差的区域产生的神经反馈应当恰好在交易者兑现收益（损失）时增加（降低）。

最后，可能有人会认为，这些投资者并非由于处置效应才卖出上涨的股票，持有亏损的股票，而是基于均值回归的思想，认为过去上涨的股票价格将会下跌，过去下跌的股票价格将会上涨，趋于某个均值。因此，实验同样需要验证这一可能。

5.4.3　结论

首先，在实验交易环境下，投资者所展示出的平均 PGR-PLR 值为 0.225，也就是说，他们行为上呈现出了明显的处置效应（验证了假设 1）。

其次，通过对 vmPFC 上的"决策价值"进行观测，研究分别对比了期望价值模型和兑现效用模型所估计的"决策价值"，发现观测到的"决策价值"与兑现效用模型所估计的"决策价值"相关，而与期望价值模型所估计的"决策价值"不相关（验证了假设 2）。并且进一步，实验还发现，vmPFC 上的神经信号与股票当前价格呈正相关，与股票的购买价格（成本）呈负相关。这一结果支持了兑现效用的核心——"非理性人"的假设，即投资者在决策是否卖出资产时会受到其购买价格所影响。

针对假设 3，研究将兑现收益和兑现损失时的神经活动分别对待，检验投资者在收益和亏损的不同状态下的规律。结果表明，当投资者兑现收益时，vmPFC 上的神经活动强度与 PGR 呈非常显著的正相关关系，即，收益兑现比例越高，神经活动越强烈（验证了假设 3）。然而，在兑现损失的场景下，损失兑现比例与神经活动强度之间没有统计显著的相关关系。

类似地，为了检验假设 4，研究也分别在收益和损失的情境下展开讨论。在面对收益时，不论兑现收益的大小，投资者大脑的 vSt 中的神经反馈强度与收益的兑现呈正相关。并且，根据观测到的神经数据，当投资者通过手持设备兑现收益时，vSt 中的神经反馈会立刻显著地增加，并且这样的反馈要比持有股票，面对账面收益要强得多。也就是说，兑现收益这个行为本身就可以带来效用，不论兑现收益的大小如何，并且这个效用是随着收益的兑现立即产生的。但在损失的情境下，因为数据量不足却无法进行验证，因为大多数受试者都倾向于推迟或不去兑现损失。两个环节中，平均每人的兑现损失次数仅为 3 次，这样的现象与兑现效用的描述是一致的。

投资者在兑现收益和兑现损失时，所呈现出的神经活动的不同，可能是投资者面对损失和收益时会有不同的反应（如鸵鸟效应[①]），而这部分没有体现在兑现效用模型中，因此，实验结果不支持兑现损失相关的假设。

---

① 鸵鸟效应（ostrich effect）指人们往往会对"好消息"反应更为主动，而倾向于逃避面对"坏消息"。

最后，是对于均值回归的检验。根据均值回归的假设，近期股价的变动应该是投资者对于买卖股票的倾向。反映到神经活动上就是，如果投资者持有均值回归到思想，那么近期股价上涨后，他们应该预期未来股价会下跌，并且产生出售的想法，vmPFC 上的神经活动强度因此应该与股价的变化有正相关关系。研究表明，通过行为数据，近期股价的变化并不能显著影响投资者买卖的倾向。此外，通过神经数据，vmPFC 上的神经活动强度也与过去的股价变化也没有明显的相关关系。这就是说，不论是行为数据还是神经数据，都不支持均值回归思想对实验结论的影响，可以将其排除在外。

本章小结

1. 神经经济学不是神经病经济学。

2. 神经经济学认为人们的体验和决定都具有生物基础，是由人类的大脑和神经系统共同完成的。

3. 正电子发射断层扫描和功能磁共振成像技术是两种常见的大脑成像技术。

4. 人类的某些偏好是由基因掌控的，而且可以随着基因的延续得以复现。

5. 通过功能磁共振成像技术收集实验交易中的投资者神经活动数据，可以用来检验行为金融的模型。

问题与讨论

1. 神经经济学中有哪些常见的脑功能研究工具？

2. 对卷尾猴的研究给我们探索人脑和人类基因带来怎样的启发？

3. 人脑中与计算预测误差和决策价值相关的区域分别是？

4. 既然理性和情绪都有明确的生理学过程，那你认为自由意志存在吗？

参考文献

［1］SHIBASAKI H. Human brain mapping：hemodynamic response and electrophysiology ［J］. Clinical Neurophysiology，2008，119（4）：731-743.

［2］SANTOS L R，CHEN M K. The evolution of rational and irrational economic behavior：evidence and insight from a non-human primate species ［M］//Neuroeconomics. ［S.l.］：

Elsevier, 2009: 81-93.

［3］CALVET L E, SODINI P. Twin picks: disentangling the determinants of risk-taking in household portfolios ［J］. Journal of Finance, 2014, 69 （2）: 867-906.

［4］BLUMENTHAL-BARBY J S, KRIEGER H. Cognitive biases and heuristics in medical decision making: a critical review using a systematic search strategy ［J］. Medical Decision Making, 2015, 35 （4）: 539-557.

［5］HAYNES M R. Dissociating the valence-dependent neural and genetic contributions to decision making under risk ［D］. ［S.l.］: University of Cambridge, 2012.

［6］FRYDMAN C, BARBERIS N, CAMERER C, et al. Using neural data to test a theory of investor behavior: an application to realization utility ［J］. Journal of Finance, 2014, 69 （2）: 907-946.

第六章　应用实例

———————————— ❦ ————————————

□ 股市参与度之谜　　　　　□ 波动率之谜

□ 风险分散之谜　　　　　　□ 封闭式基金折价交易之谜

6.1　股市参与度之谜

　　股票作为我们耳熟能详的投资品类，其平均回报也是各类常见资产门类中最高的，但事实上，令人困惑的是，个人投资者对于股票市场的参与度非常低。根据中国家庭金融调查（CHFS）① 的数据，中国个人投资者在 2011 年、2013 年和 2015 年平均的股市参与度仅为 7.12%、5.58% 以及 6.70%。你可能会觉得，这是因为中国的金融市场还不够成熟，个人投资者对于股市还没有足够的信心。然而，这一情况绝非中国特有，在世界其他国家，即便是金融市场非常成熟的美国、英国，个人投资者参与股票市场的程度仍然不高。根据来自其他不同国家的调查统计，个人投资者的股市参与程度仍然非常低[1]。如表 6.1 所示，第一列表示平均的个人投资者股市参与度，美国、英国的个人投资者股市参与度也仅为 20% 左右。意大利、奥地利、西班牙、希腊等国中，这一比例甚至不超过 10%。第二列表示将通过投资共同基金、养老基金，间接参与了股市的个人投资者也包含在内的平均股市参与度。即便算上基金投资，各国投资者的股市参与度仍然不高。

————————————

　　① 中国家庭金融调查（China Household Finance Survey）是中国家庭金融调查与研究中心在全国范围内开展的抽样调查项目，目前已经分别在 2011 年、2013 年和 2015 年成功实施三次调查。调查样本分布在全国 29 个省（市、区），363 个县，1439 个村（居）委会，有效样本共 40 000 户。

表 6.1　多国平均股市参与度与平均股市间接参与度

	平均股市参与度/%	平均股市间接参与度/%
美国	19.2	48.9
英国	21.6	31.5
荷兰	17.2	24.1
德国	14.0	22.9
意大利	4.0	8.2
奥地利	5.0	8.8
瑞典	40.8	66.2
西班牙	3.5	5.4
法国	14.4	26.2
丹麦	31.0	37.0
希腊	4.9	6.3
瑞士	24.9	31.4

数据来源：Guiso and Sodini (2013)[1]。

比较而言，股市提供的长期平均回报十分诱人，那么为什么更多的个人投资者还是对其望而却步呢？可能你会说，对于经济条件不太富裕的人，收入中主要的部分存银行，剩下的钱还不够某些产品的起投金额，同时投资的手续费和时间成本也使得个人投资者望而生畏。比如我的一个朋友，他最近频繁向我打听金融知识，准备买基金。我问起他不买股票的原因，他回答道："我本来打算买股票，但是我一看还要开户，也太麻烦了。但是买基金只需要在手机银行或者移动支付的 App 上点两下就行了，反正我也不会炒股，基金表现好了收益也不低"。这样的想法并非偶然，Vissing-Jørgensen 的研究表明，这些小的股市参与成本，比如说，信息咨询费、开户等待时间等等，足以"劝退"很多想要入场的个人投资者[2]。同时，一些管理、交易费用或是其他年费，对于家庭财富不太高的个人而言，的确是一笔不小的开支。Briggs 等人的研究显示，在赢得彩票后，那些本没有参与股市的投资者中有 12% 的人选择购买股票[3]。但我们也要注意到，财富水平和"门槛"远远不是阻碍个人投资者入市的全部原因。Guiso 和 Sodini 的研究显示，即使在财富水平很高的人群①中，奥地利、西班牙和希腊的个人投资者的股市参与度仍然不足 35%[1]。

投资者对于股市不感冒的原因可能是多方面的。现有的研究从各种不同的角度都找到了积极的证据。首先，投资者的风险偏好会影响其参与股市的倾向。直觉来讲，风险

① 本国财富水平分布前 5% 的人群。

厌恶程度高的投资者，会倾向于不参与股市。但请仔细想一下，仅仅考虑风险厌恶，真的能解释股市参与度低的问题吗？你购买股票这个行为本身并不会影响你其他的非股票投资的回报。对于大多数个人投资者来说，购买股票的风险与其他收入的风险（如房地产、工资收入）是无关的。投资股票意味着金融产品的投资分散，应当是更有吸引力且必要的。所以仅仅因为风险厌恶，个人投资者的股市参与度不会这么低。

Barberis 等人通过狭义框架来解释这一现象[4]。回顾狭义框架的内容，个人投资者在评估投资风险时，往往难以将所有的风险决策通盘考虑从而认识到投资股票对于整个投资组合风险分散的帮助。当个人投资者孤立地评估股票风险时，由于损失厌恶，很多人就选择不去投资股票。另一方面，从易得性的角度，单独评估股票投资是易得的，而将这笔投资与所有的收入风险联系在一起去思考是不易得的。比如，我现在问你要不要花 10 美元来跟我打赌，50%的可能得 30 美元，50%的可能一无所获。评估这个赌博的风险并做出回答是易得的，但如果要把这个赌博和你的其他投资、收入的风险联系起来，考虑你总财富的风险和收益此消彼长，你可能就无法继续思考了，因为这对你来说是一种负担。总之，不论是由于对于损失的厌恶，还是易得性，个人投资者都更倾向于持有狭义框架，进而降低他们参与股市的倾向。

此外，回顾模糊厌恶的内容，股票的回报对于个人投资者来说是模糊的，这让投资者更倾向于不参与股票投资。Dimmock 等人的实证研究明确证明了这点，他们在排除了可能的财富影响并且控制了风险厌恶的影响后，依然发现模糊厌恶程度高的投资者倾向于不参与股市投资[5]。

除了偏好，也有很多研究表明，信念也可以影响个人投资者的股市参与度。投资者对未来股市的预期收益越高，就越倾向于参与股市[6-7]。比如，对于那些经历了高股票回报的投资者，他们往往对股市的收益有更高的预期，也更倾向于参与股票投资[8]。

相反地，如果投资者对股市持有负面的看法，如心存畏惧，那他们往往不愿意参与股票投资[9]。比如，在很多散户之间流传的"庄家割韭菜"的传说，持有这样信念的散户，认为自己投入股市的资金会被其他"有实力的"投资者尤其是机构投资者以某种方法"骗取"。在这样的信念之下，个人投资者自然不愿意入市。

同时，低落的心情也可能影响投资者对于股市回报的信念。当人们的生活水平不高时，会出于较为低落的心情，因而更多关注负面的财经消息[10-11]。在这样的心情下，个人投资者对股市往往会产生相对消极的信念，进而阻碍他们参与股票投资。

最后，缺乏知识（如缺乏金融相关的知识、受教育程度不高或认知水平不足等），也是影响个人投资者远离股票的重要原因。一项研究表明，在控制了收入水平的影响后，学历较高的个人投资者要呈现出更高的股票投资参与度[12]。同时，高的股市参与程度往往伴随着高智商、更多的金融知识储备[13-14]。

6.2 风险分散之谜

诺贝尔经济学奖得主 Harry Markowitz 于 1952 年提出了投资组合理论，其核心思想是通过分散投资来消除投资组合中各资产间的异质性风险，进而在既定收益下降低投资组合的总风险[15]。这一思想也被我们在日常生活中叫做"鸡蛋不要放在一个篮子里"。然而，尽管前人在 20 世纪中期就为我们提供了"免费午餐"的范式，但直到今天，个人投资者的投资组合仍然呈现出明显的分散不足。研究显示，美国的股民平均仅仅持有 2 只股票[16]，并且这种集中持股的现象在之后的多次调查中仍然没有显著的改善[17]。股民除了单纯的数量上集中，还表现出本土偏好、集中投资于自己公司的股票或是集中于总部设于本地的公司的股票[18-19]。在中国，股民的投资也显著地集中，个人投资者的平均持股数仅有 3 只[20]。

你可能会认为，股民集中投资是因为只集中研究了某几只股票，他们对于自己研究了的股票更有信心，贸然去搞分散投资，去买那些自己不熟悉的股票很不靠谱。有研究显示，一些集中投资的资产组合可以带来更高的收益。例如，来自经纪商的数据，那些账户余额超过 100 000 美元且持股数不超过 2 只的个人投资者，他们的组合呈现正的异常回报[21]；投资于自己所熟知的，如地理或专业上更接近自己的股票，可以给个人投资者带来更高的收益[22]。

但这样的现象并不稳定，后续的研究也通过纠正前人的研究方法来澄清：那些熟知的股票并不能带来更高的收益[23]。此外，一份来自挪威股民的数据显示，那些专业上更为股民所熟知的股票，甚至会带来负的异常回报[24]。总而言之，这种所谓的"信息优势"无法成为股民不去分散风险的好借口。那些持股集中的投资组合往往"很不划算"——夏普比率①很低。既然利弊如此明显，为何股民们还是难以做好分散投资呢？根据 Goetzmann 和 Kumar 的研究，甚至很多股民明明知道分散投资的好处，但真正实施的时候，又完全做不到[25]。比如，尽管我知道分散投资，结果我还是都买了互联网金融行业的股票，看起来是分散投资了，但事实上，我还是把鸡蛋都放进了"互联网金融"这一个篮子里，我所选的股票之间有很强的相关性。

对于风险分散之谜，不少证据指向了股民的金融知识程度。一项调查针对美国、荷兰、日本、德国、智利以及墨西哥的股民进行提问，要求他们判断这句话正确与否："仅购买某个公司的股票通常要比购买一只股票型基金更安全"。研究结果显示，仅有

---

① 夏普比率为投资组合的超额收益除以该组合的标准差。低夏普比率的投资组合意味着，较低的超额收益，即，面对同样程度的风险，只能实现更低的超额收益；或是较高的投资组合风险，即，实现同样程度的超额收益，需要面对的风险更高。

大约一半的股民能正确地做出判断。在印度和印度尼西亚，这一比例仅有约 30%[26]。可见，股民的集中投资在很多时候是由于他们缺乏金融知识。大量的实证研究表明，"金融小白"更倾向于集中投资——更低的金融知识水平伴随着更低的投资组合分散程度[27-28]。

除了金融知识，狭义框架也是影响投资分散的重要因素。个人投资者在进行资产配置的时候，单独地评估个股是更为易得的，同时，受到可能的后悔产生的效用所影响，他们更倾向于将股票单独对待，而非通盘考虑整个投资组合的收益和风险。利用中国家庭金融调查（CHFS）的数据，谢寓心等人的研究表明，中国的股民普遍呈现出了狭义框架，并且狭义框架的程度越高，股民所持有的股票数量越少[20]。即便是在金融市场较为成熟的美国，那些受狭义框架影响的股民也更难以做好分散投资[29]。

回顾模糊厌恶的章节，由于模糊厌恶，股民往往选择购买自己熟知的几只股票、选择购买本国市场的股票、本人所在公司的股票等。不论出于怎样的熟知，最终都会导致风险分散的不足。但此外，也有证据显示，当投资者认为个股的模糊程度相较于市场而言更高时，他们往往呈现出更好的投资分散[5]。

此外，过度自信也可能影响投资分散。研究显示，个人投资者在股票投资中往往呈现出过度自信、过度交易，并伴随着较差的风险分散和较低的平均收益率[25]。

6.3　波动率之谜

我们应当如何"理性"地估计股票的价值？经典的股票贴现模型认为，我们可以将未来的所有现金流，也就是股息根据适当的贴现率进行贴现，再将贴现值求和，就能得到股票当前的公允价格。由于我们无法确切地知道未来全部的股息金额，但至少在当下的时点，我们可以基于现有的公开信息，通过未来股息的合理估计而得到股价的期望价格。

如果仅仅基于公开信息，尽管我们对于股价的估计不尽相同，但总归不会特别"离谱"。例如，我们来估计夏季昆明滇池的平均气温，尽管我们可能不熟悉那里的气候，但我们对地球的大致气候是有把握的，我们知道地球上绝对部分地区的夏季平均气温应该在 15℃~30℃ 这个范围，我们就可以据此给出一个大致的估计。这一估计并不会离我们常识中的气温区间太远，因此，我们可以猜 25℃ 或者 28℃，我们不会猜 0℃ 或者60℃。类似地，投资者对于股市的估计也应当是围绕着合理预期的估计，随着最新消息的公布而上下波动，并且这个波动不会特别剧烈，因为你估值的公司不可能每天都有上头版头条的新闻出现。

退一步讲，你可能会觉得股市的波动跟重大市场新闻有明显的关联。事实上，连这样的印象都是错的。一项针对美国的重大新闻事件和美股市场相关波动的研究表明，股市的波动的确会紧随一些重大事件而来[30]，如图 6.1 所示。例如，1941 年 12 月 8 日，美国珍珠港遇袭，标普 500 指数下跌了 4.37%；1950 年 6 月 25 日，朝鲜战争爆发，指数下跌了 5.38%。然而，该研究还显示，市场波动并非总能与新闻事件联系在一起：1946 年 9 月 3 日，股市下跌 6.73%；1987 年 10 月的股灾，全球主要股指绕着地球跌了一圈。但是这些时间段并没有什么大事件发生。由此可见，股票市场的波动并非总是"合理"的，并非总是有显而易见的原因。

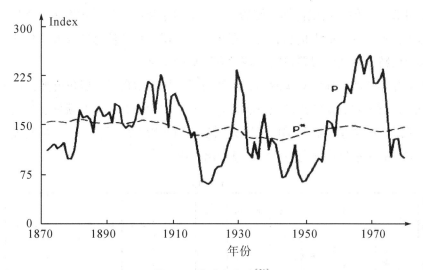

图 6.1　波动率之谜[31]

　　一项针对早期荷兰阿姆斯特丹证券交易市场的经济史的研究显示，即便是没有任何新的信息，股市仍会发生波动[32]。18 世纪 70 年代，人们在阿姆斯特丹证券交易市场可以买卖英国的股票，当时的金融市场与我们今天所熟悉的非常接近。受限于当时的信息传输水平，英国方面的财经消息无法实时抵达①，因此难免会出现这样的现象：对于同一只股票，当有关它的好（坏）消息公布，伦敦证券交易所的价格会立即做出反应，而阿姆斯特丹交易所的价格则在很多天之后才会相应地上涨（下跌）。

　　新的信息出现，市场做出反应，股价因此产生了波动，这是自然的。研究表明：当来自英国的船抵达阿姆斯特丹时，股价的波动非常明显。但有趣的是，当航运受阻，没有新信息到来时，股价仍然有非常明显的波动。

　　例如，根据 Koudijs[32]，在 1775 年年底到 1776 年年初，由于气候条件恶劣，往来英国与阿姆斯特丹的帆船屡受影响，因此，信息传输也出现了多次较为明显的滞后。当时正值美国独立战争，一名来自美国革命者阵营的特使携带秘密文件于 1775 年 12 月

————————

　　①　当时来自伦敦的财经信息通过往来两国的帆船传递，平均每周两次。当出现恶劣天气情况时，航运延期，财经信息也因此延迟抵达阿姆斯特丹证券交易所。

27 日抵达伦敦，这一行为被解读为美国南北两军要停战的信号。这个消息在次年 1 月 2 日传至阿姆斯特丹。受气候影响，此后的两周内帆船都无法抵达阿姆斯特丹，因此，在 1776 年 1 月 2 日到 1 月 15 日这段时间，阿姆斯特丹的投资者事实上没有获得任何关于停战的新消息。图 6.2 显示了这段时间东印度公司的股票在伦敦市场和阿姆斯特丹市场各自的价格走势，垂直的实线对应的日期代表帆船从伦敦起航以及到达阿姆斯特丹的日期。

在 12 月 27 日，特使抵达伦敦，由于此后人们了解到这一秘密文件是一份和平建议，这对于英国是好消息，因此随后的几天内股价上涨。但对于阿姆斯特丹的投资者而言，在 1 月 2 日，他们仅仅得知特使的到来，而对于秘密文件的内容还一无所知，并且此后就陷入了长达两周的无信息状态。那么，如果仅仅是新信息造成股票价格波动，这段时间阿姆斯特丹市场的股票价格应该没有明显的变化。

但事实并非如此，如图 6.2 所示，在经历了一周的横盘后，股价开始莫名其妙地上涨。要知道，对于阿姆斯特丹的投资者，1 月 8 日前后没有任何的新信息出现，并且在伦敦，由于最新的消息，股价都已经因为别动原因开始下跌了———而阿姆斯特丹市场要等到 1 月 18 日才开始对这一下跌信息做出反应。

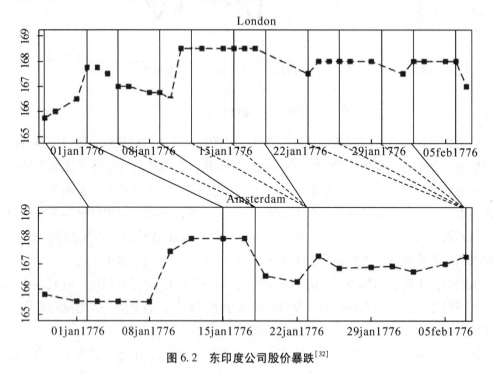

图 6.2　东印度公司股价暴跌[32]

由此可见，除了新的信息，显然还有其他的因素也能导致股市波动。Robert Shiller 的研究进一步说明：股票市场的确存在过度波动（excessive volatility）[31]。Shiller 提出了事后理性的股票价格———将实际发生的股息贴现求和，得到基于已知股息情况下的对应股价。如图 6.1 所示，$p*$ 代表事后理性的股价，p 代表标普 500 指数。我们可以很直观地看出波动率的差距：事后理性的股价存在波动但较为平缓———这与我们对"理性"估计的设想是一致的。但实际的市场指数 p 却波动频繁且剧烈。这显然是十分怪异的，因为对于一个变量的预测，不应该比这个变量本身波动还要剧烈，否则预测是毫无意义的。打个比方，比如我过去 5 天的体重分别为 71kg、70kg、70.5kg、71.5kg 和 71kg。那么现在我让你预测我未来 5 天的体重，如果你的预测是 60kg、70kg、75kg、65kg 和 90kg，我显然认为你在开玩笑，你没有认真对待这项预测工作。

同理，股息在平稳地支付，但作为股息的预测值，股价为何能波动得这么剧烈呢？

代表性偏误和外推偏误可以用来解释波动率之谜：投资者以市场近期的价格变动为代表，认为今后股市仍旧会上涨（下跌）。类似地，投资者可能过分依赖于股市的历史数据，并因此外推股市未来会进一步上涨（下跌）。代表性和外推引起的偏误使得投资者对于未来股市持有乐观（悲观）的态度，进而推高（压低）股价，引起额外的市场波动。

此外，代表性偏误和外推偏误还会让过度自信的投资者对于市场信息产生过度反应，进而进一步引发不必要的操作，带来新的价格波动。例如，一些投资者在看到相关的好（坏）消息后，会展开对新信息的"研究"，并因此变得过度自信，觉得"没有人比我更懂股市"，过分看重自己所在意的信息，进而推高（压低）股票价格。这样的趋势在他们的主观判断阶段性地被市场肯定的时候，会变得尤其强烈。

6.4 封闭式基金折价交易之谜

我们所熟知的基金通常是开放式基金（open-end fund）：通过将投资者的资金集中起来，由专业的基金经理投资到各种约定好的资产。开放式基金通常允许投资者在缴纳一定费用的前提下自由地申购和赎回，我们投资所得的收益或损失就来自赎回基金时单位份额的净值变化。当然，如果你不赎回，每日的浮亏浮盈也会每日结算。而封闭式基金（closed-end fund）的运作方式则不同，基金的份额通常是固定的，投资者无法赎回基金，而是需要在二级市场上向其他投资者出售基金份额来实现收益或损失。

我们来举个例子①：如果基金 A 为开放式基金，单位净值为 1 元；基金 B 为封闭式基金，单位净值为 1.2 元。现在你通过申购，持有了 100 元的基金 A。同时，在二级市场上以 1 元每股的价格购买了 100 元的基金 B。2 年后，你打算赎回基金 A，此时它的单位净值为 1.2 元，赎回后你实现了 20% 的收益。同时，基金 B 的封闭期结束，其单位净值还是 1.2 元，你按照这一净值赎回。尽管基金 B 的单位净值前后没有任何变化，但由于你在二级市场上的购买价格为 1 元，这笔投资你依然实现了 20% 的收益。你可

---

① 为了突出重点，我们这里不考虑管理费用和税收等因素。

能会说，净值是 1.2 元，你怎么可能用 1 元就买到基金 B 呢？这还真的能！

　　图 6.3 展示了 1960—1986 年美国封闭式股权基金的折价率。可以看出，尽管封闭式基金有时会呈现溢价，但大部分时候，相比其净值，封闭式基金都会折价 10% ~ 20%，并且折价会随着时间而波动，我们将这一违背直觉的金融现象称为封闭式基金折价交易之谜。那么，为什么封闭式基金不能像开放式基金那样，按照其持有的资产净值来形成价格呢？

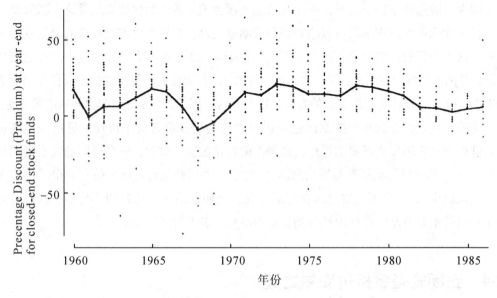

图 6.3　封闭式基金折价交易之谜[33]

　　尽管高额的管理费用和税收会使得封闭式基金有一定程度的折价，但我们要注意到，它们的影响是相对固定的——费率和税率不会随时间变动得如此频繁，不同时间和不同基金的折扣（和溢价）相差很大。这一点很重要，因为它排除了许多关于折扣存在的简单解释。其中一种解释认为，折价是必要的，以补偿基金收取费用或对投资组合管理不善这一事实的投资者。但如果这样的因素可以解释，为什么折扣会如此频繁地反弹？费用和管理都不会随时间变化太多？这意味着它无法解释折价率的波动。此外，流动性的解释似乎也站不住脚，对于一些大的封闭式基金，它们持有的股票都是流动性很强的，但这些基金仍然呈现出折价的情况。

　　行为金融的观点认为，折扣的变化跟噪声交易者的情绪变化有关。如果假设个人投资者是这个市场上的噪音交易者；他们会比专业投资者（如养老基金和捐赠基金）更加反复无常，因此他们的情绪会在乐观或悲观之间摇摆不定，我们称之为"投资者情绪"。我们推测，当个人投资者感到兴奋时，封闭式基金的折扣会缩水，但当他们感到沮丧或害怕时，折扣会变大。这种方法非常符合 Shiller 对社会动态的看法，而投资者情绪显然是"动物精神"的一个例子。问题是如何衡量投资者情绪？研究人员利用了一个事实，即个人投资者也比机构投资者更有可能持有小公司的股票。机构回避小公司的股票，因为这些股票的交易不足以提供足够的流动性来满足大投资者的需求。从这个角度说，"小盘股"的波动就更可能是来自散户投资者的情绪波动所致。实证研究也证明了这点："小盘股"表现不错的时候，散户的情绪高涨，封闭式基金的折价率变低；当"小盘股"表现不佳时，散户情绪低迷，封闭式基金的折价率升高[33]。换言之，封闭式基金的平均折让率与"小盘股"和"大盘股"的收益率差异相关。折扣率越大，这两种股票之间的收益差异就越大。

本章小结

1. 交易费用、投资者风险偏好、持有狭义框架、模糊厌恶、信念、心情、缺乏金融知识都是导致投资者股市参与程度低的重要原因。

2. 金融知识水平低、狭义框架、模糊厌恶和过度自信是导致投资者风险分散不足的重要原因。

3. 赌资效应、代表性偏误、外推偏误和过度自信可能引起市场的过度波动。

4. 散户情绪可以解释封闭式基金折价交易之谜。

问题与讨论

1. 什么是"股市参与度之谜"和"分散投资之谜"？除了模糊厌恶和狭义框架，还有哪些行为偏差可能解释这些现象？

2. 你是否投资了股票？如果没有，试着解释这样做的理由。如果投资了股票，试着分析你的投资组合是否分散，并解释如此配置资产的理由。

3. 列举可能影响股价波动的原因并试着解释哪些原因可能引起过度波动？

4. 股票和封闭式基金有哪些异同点？封闭式基金和开放式基金有哪些异同点？试着解释"封闭式基金折价之谜"。

参考文献

［1］GUISO L, SODINI P. Household finance：an emerging field［M］//Handbook of the Economics of Finance［S.l.］：Elsevier, 2013：1397-1532.

［2］VISSING-JORGENSEN A. Perspectives on behavioral finance：does "irrationality" disappear with wealth? evidence from expectations and actions ［J］. NBER Macroeconomics Annual, 2003, 18: 139-194.

［3］ BRIGGS J S, CESARINI D, LINDQVIST E, et al. Windfall gains and stock market participation ［R］. ［S.l.］: National Bureau of Economic Research, 2015.

［4］ BARBERIS N, HUANG M, THALER R H. Individual preferences, monetary gambles, and stock market participation: a case for narrow framing ［J］. American Economic Review, 2006, 96 (4): 1069-1090.

［5］ DIMMOCK S G, KOUWENBERG R, MITCHELL O S, et al. Ambiguity aversion and household portfolio choice puzzles: empirical evidence ［J］. Journal of Financial Economics, 2016, 119 (3): 559-577.

［6］ HURD M, VAN ROOIJ M, WINTER J. Stock market expectations of dutch households ［J］. Journal of Applied Econometrics, 2011, 26 (3): 416-436.

［7］ KÉZDI G, WILLIS R J. Household stock market beliefs and learning ［R］. ［S.l.］: National Bureau of Economic Research, 2011.

［8］ MALMENDIER U, NAGEL S. Depression babies: do macroeconomic experiences affect risk taking? ［J］. The Quarterly Journal of Economics, 2011, 126 (1): 373-416.

［9］ GUISO L, SAPIENZA P, ZINGALES L. Trusting the stock market ［J］. Journal of Finance, 2008, 63 (6): 2557-2600.

［10］ KUHNEN C M, MIU A C. Socioeconomic status and learning from financial information ［J］. Journal of Financial Economics, 2017, 124 (2): 349-372.

［11］ DAS S, KUHNEN C M, NAGEL S. Socioeconomic status and macroeconomic expectations ［J］. The Review of Financial Studies, 2020, 33 (1): 395-432.

［12］ COLE S, PAULSON A, SHASTRY G K. Smart money? the effect of education on financial outcomes ［J］. The Review of Financial Studies, 2014, 27 (7): 2022-2051.

［13］ GRINBLATT M, KELOHARJU M, LINNAINMAA J. IQ and stock market participation ［J］. Journal of Finance, 2011, 66 (6): 2121-2164.

［14］ VAN ROOIJ M, LUSARDI A, ALESSIE R. Financial literacy and stock market participation ［J］. Journal of Financial Economics, 2011, 101 (2): 449-472.

［15］ MARKOWITZ H. Portfolio selection ［J］. Journal of Finance, 1952 (7): 111-113.

［16］ BLUME M E, FRIEND I. The asset structure of individual portfolios and some implications for utility functions ［J］. Journal of Finance, 1975, 30 (2): 585-603.

［17］ BARBER B M, ODEAN T. Trading is hazardous to your wealth: the common stock investment performance of individual investors ［J］. Journal of Finance, 2000, 55(2): 773-806.

［18］ COOPER I, KAPLANIS E. Home bias in equity portfolios, inflation hedging, and

international capital market equilibrium [J]. The Review of Financial Studies, 1994, 7 (1):
45-60.

[19] IVKOVIĆ Z, WEISBENNER S. Local does as local is: information content of the geography of individual investors' common stock investments [J]. Journal of Finance, 2005, 60 (1): 267-306.

[20] XIE Y, TANG R, PANTELOUS A A, et al. Narrow framing and under-diversification: empirical evidence from chinese households [J]. Available at SSRN, 2020: 375.

[21] IVKOVIĆ Z, SIALM C, WEISBENNER S. Portfolio concentration and the performance of individual investors [J]. Journal of Financial and Quantitative Analysis, 2008: 613-655.

[22] MASSA M, SIMONOV A. Hedging, familiarity and portfolio choice [J]. The Review of Financial Studies, 2006, 19 (2): 633-685.

[23] SEASHOLES M S, ZHU N. Individual investors and local bias [J]. Journal of Finance, 2010, 65 (5): 1987-2010.

[24] DØSKELAND T M, HVIDE H K. Do individual investors have asymmetric information based on work experience? [J]. Journal of Finance, 2011, 66 (3): 1011-1041.

[25] GOETZMANN W N, KUMAR A. Equity portfolio diversification [J]. Review of Finance, 2008, 12 (3): 433-463.

[26] HASTINGS J S, MADRIAN B C, SKIMMYHORN W L. Financial literacy, financial education, and economic outcomes [J]. National Bureau of Economic Research, 2013, 5 (1): 347-373.

[27] ABREU M, MENDES V. Financial literacy and portfolio diversification [J]. Quantitative Finance, 2010, 10 (5): 515-528.

[28] VON GAUDECKER H M. How does household portfolio diversification vary with financial literacy and financial advice? [J]. Journal of Finance, 2015: 489-507.

[29] KUMAR A, LIM S S. How do decision frames influence the stock investment choices of individual investors? [J]. Management Science, 2008, 54 (6): 1052-1064.

[30] CUTLER D M, POTERBA J M, SUMMERS L H. What moves stock prices? [J]. Journal of Portfolio Management, 1989, 15 (3): 4.

[31] SHILLER R J. Do stock prices move too much to be justified by subsequent changes in dividends? [J]. The American Economic Review, 1981, 71 (3): 421-436.

[32] KOUDIJS P. The boats that did not sail: asset price volatility in a natural experiment [J]. Journal of Finance, 2016, 71 (3): 1185-1226.

[33] LEE C M, SHLEIFER A, THALER R H. Investor sentiment and the closed-end fund puzzle [J]. Journal of Finance, 1991, 46 (1): 75-109.

第七章　行为金融学的未来：
跨学科和学科融合

在科学发展的历史上，我们经常能看到不同门类的科学家通过互相合作开创新的学科，然后在本质上推进了人类的认知。例如，英国人 Rosalind Franklin 通过 X 射线衍射的方法（X-ray diffraction），揭示了 DNA 分子的三维结构，James Watson 和 Francis Crick 在此基础上提出了双螺旋模型，并且精确描述了遗传物质在生物层面是如何复制的。而在此之前，探寻 DNA 结构更多的是使用化学分析的方法：当时这方面的代表人物，加州理工大学的 Linus Pauling 就是在不依靠 X 射线衍射的情况下发现了蛋白质的 α 螺旋结构。

DNA 结构的发现来自人们成功地将物理学，化学和生物学的观测联系在了一起。这种联系有意无意地突破了学科的界限，加深了我们对于客观世界的理解，同时也带来了另一层疑问：那就是不同学科在本质上，是否拥有共同的解释框架？例如，科学家已经能够做到从原子的成分和结构出发（物理），预测出对应元素的性质来（化学）。无论是在发现 DNA 结构的例子中，还是将原子联系到分子的理论中，微观层面的规律（至少一部分）是可以用来推断出宏观层面的某些性质的。这引发了科学家更大胆的猜想：如果物理学可以完全替代化学对于世界的解释，那么我们在其他的学科看到的各种现象，是否也受到一个相同的，更底层的规律支配呢？是否存在一行不可思议的公式或者代码呢？毫无疑问，这种大一统的学科前景是非常诱人的，因为一旦人类掌握了这样的映射，我们就可以仅仅依靠数学和计算创造新的知识，做出准确的预言。

这样一种全局性的理论是否真的存在呢？这个问题像幽灵一样盘旋在近 100 年的科学家甚至哲学家的头顶。一个比较有代表性的顾虑是：统一的前提是不同层面的分析具有共同的逻辑主体。如果两套理论根本不存在公共的分析对象，那么我们不可能指望没有交集的、抽象的解释体系之间是可以被统一的。正如 Faruk Gul 和 Wolfgang Pesendorfer 在他们著名的论文 *The case for mindless economics* 中提出的观点："经济学的目标是预测人的偏好，而不是大脑的工作机制。只要经济学理论不包含任何类型的神经元工作过程，经济学层面的分析和神经科学层面的分析就不但肯定是独立的，也必须是独立的"。

这样的观点乍一听还真是挺唬人的，对吧？难道我喜欢吃五花肉是服从原子层面甚至量子层面的规律吗？这也太扯了。但是如果再往深了想，爱吃五花肉的偏好和微观层面粒子的规律看起来风马牛不相及，是因为他们的联系在根本上就不存在呢，还是我们对某种玄妙的连接尚不知晓？从这个角度来说，Gul 和 Pesendorfer 提出的批评在更多的意义上是承认了人类本身的认知可能存在局限性，而无法证明"喜欢五花肉"在原则上完全不受物理过程的支配。就像 3 000 年前解释暴雨雷电的主流是龙王和雷公电母，而这些神仙当然不属于任何意义上的物理层面解释，当时的"科学家"当然也会否定这些自然现象跟物理定律之间的连接。另外，非唯物主义的立场相当于要求我们彻底放弃探索关于人类行为规律的努力，因为这等于断言我们的知觉体验跟可观测的世界不存在明确的映射关系。然而，从近些年的神经科学的进展来看，目前尚没有任何证据支持这一点。此外，相信人类的精神活动不是物理规律的产物会带来一个悖论：由于人类的很多想法原本就是包含物质的，这些物质本身不可能不受到物质世界某些特性的支配。还是"爱吃五花肉"这个想法，五花肉总是物质的吧，五花肉的肥瘦，口感和香气也是可以测度的。如果全盘斩断了人类精神世界和物质世界的映射，那么"喜欢五花肉"就根本无从谈起了。所以，我们再次强调，要理解人类的行为，任何的理论都不可能不跟物质发生连接，因为人本身就是一种物质存在。而只要跟物质发生连接，用物理定律来描述人类的思维或者行为的努力就很可能是有益的。尽管在现阶段我们还面临诸多实际的限制。

综上所述，社会科学和自然科学之间存在融合的前景是毋庸置疑的。但是距离"大一统的"目标还非常遥远。这里面有两个主要的障碍。首先，从原理上能够还原不代表对于人类这种特定的物种来说可以还原。因为人类在探索的过程中无法跳出自身生物属性的限制，我们的认知一定是有上限的，这不是发展和时间可以解决的问题。正如你无法用一根黄瓜去切开另一根黄瓜，用人类的脑子去研究人类的脑子，这个事情能不能有突破还很难说。

第二个切实的障碍来自对于法国天文学家 Pierre-Simon Laplace 提出的决定论的否定。Laplace 的决定论提出的背景是牛顿力学大厦的落成，当时的人们已经可以在宏观上比较精确地预测物体的运动。因此，科学家群体中洋溢着似乎看到终极的乐观，例如当时的 Laplace 就写道：

"我们可以把宇宙现在的状态视为其过去的果以及未来的因。如果一个智者知道某一刻所有自然运动的力和所有物体的位置，假如他也有足够的算力来对这些数据进行分析，那宇宙中任何物体的运动对于这位智者来说就是可以预测的，并且，无论是过去，现在和未来，一切景象都将展现在这位智者眼前。"

在粒子层面，人们惊悚地发现连因果律很可能都是不成立的。因此，微观层面被反复验证的不确定性或者"真随机"，是怎么还原到宏观世界中我们种种确定性的生活体验的？这一点人类至今还无法完全回答。此外，由于我们身处的客观世界是一个包含很多变量的高度复杂的系统，即使我们掌握了输入和输出之间存在的数学关联（假如这真的存在），我们也无法预测任何事情。因为任何一个输入变量微小的差别都会显著改变最终输出的结果。当测量精度在本质上不可能无限提高，完全意义的精确输入就是不可能的，这也导致任何精确的预测是不可能的。如果学科还原的过程中也涉及类似的局限或者不确定性，世界在人类的眼前，恐怕就仍然是混沌的。

此外，我们还可以从对立的视角来讨论学科融合的可能性。比如，假设我们相信金融学，行为金融学和认知科学在解释人类的行为方面不具有任何关联，这会发生什么？这个假设等于在说，关于股票估值的原理，关于人们过度自信的原理，跟人们大脑运行的原理在解释层面是没有任何交集的。虽然我们无法排除这样的可能性，但是时至今日，只有那些非常极端的否定者才会认为，这些学科之间的映射和连接是子虚乌有的。这对于我们来讲也是不可思议的。如果针对一个人类的行为，不同学科给出的解释在理论框架上完全无法互相连接，我会非常、非常怀疑他们彼此的解释是不是有效且自洽的。在科学史上，也从未出现一门学科，跟其他任何一门学科的界限是泾渭分明的。更多的证据反而在表明，每一个曾经在还原性上面临质疑的学科，无论是在化学和生物学之间，在心理学和认知科学之间，都至少部分地存在被更加底层的原理所解释的范例。一个很好的例子便是，现今越来越多的心理学系会购置探测人类脑活动的设备来辅助研究。因此，从趋势上说，我们没有任何理由认为经济学或者金融学在学科还原上应该是完全绝缘的。

如果我们相信学科之间的联系本身就是现实世界的特征，这对学科发展有什么好处呢？毋庸置疑，仅仅做到部分的统一也将对认知的推进大有裨益。例如，记忆的相关研究可以帮助我们设置参考点是怎么随着过去的经验发生变化的；特定神经递质的活跃水平，或者脑区激活的确切机制也可以帮助我们知晓个体精确的风险偏好程度。换言之，了解大脑的工作原理能够向我们直接揭示个体绝对意义上的属性，而这些个体的异质性，在传统经济学的范畴是完全不可直接测度的，是极端稀缺的数据。

在之前的章节中，我们曾经介绍了兑现效用理论（realization utility theory）是如何跟特定脑区的激活存在关联的。在这里，我们介绍一个更具说服力的证据，尽管它不是来自经济学领域，但是这个例子更加明白无误地向我们展示了，人类的一项知觉体验是如何严丝合缝地建立在一个物理性质之上的。

假设在一个宁静的夜晚，一条偏僻的道路上发生了一起交通事故。司机撞人之后逃逸了。这个事故只有一个目击者。现场环境幽暗，只有转角一处单薄的路灯提供基本的照明。现在请读者假设，如果在三个完全平行的时空，路灯的颜色分别是蓝绿黄，再假设三种不同颜色的路灯发出的光线强度完全一样，也就是说，路灯射出的光子的数量完全相等，而平行时空保证了现场除了路灯颜色之外其他所有的环境变量都一致。观察者也是同一个人，同样的状态。我们的问题是，在不同颜色的光线下，目击者辨认车牌的能力是否会不同？或者在哪种颜色的光线下，目击者最可能辨认出稍纵即逝的肇事车辆的车牌号？

这个问题涉及一种生理现象：暗视觉。暗视觉是哺乳动物在光线非常黯淡的条件下激活的一种特殊的视觉模式。它显著的特点在于，为了获得暗处的视角，大脑选择关闭对于颜色的识别。也就是说，在暗处我们只能分辨光线的强度，但是再也无法分辨光线的颜色。为了回答目击者在哪种光线下最有可能识别出一个车牌号码，我们就需要研究，人类的暗视觉对于哪种颜色的光更为敏感。严格来说，由于暗视觉下人类的视觉已经无法分辨颜色，我们真正要解答的，是人的暗视觉对于何种波长的光最为敏感[1]。

根据 Wandell 1995 年的论文[2]，测度的实验具体步骤是这样的：首先我们让受试者身处一间暗房中，激发他的暗视觉。然后让受试观看一个循环播放的显示屏。在显示屏的左半部分，显示的是一盏白炽灯的灯光，他的强度（光子的数量）由实验人员精确控制。这里我们需要知道，典型的白炽灯并不是单色光，而是跟太阳光类似，是由不同波长（颜色）的光混合而成。图 7.1 和图 7.2 分别展示了阳光和白炽灯发出的光线典型的光谱分布。

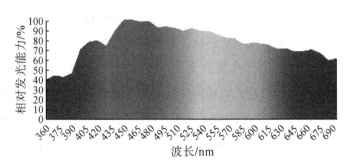

图 7.1 日光的光谱

① 事实上，我们知道，自然界并没有红色或者蓝色的光。不同颜色的光对应的是不同光子的波长，我们感知到的不同颜色仅仅是我们大脑后期加工的结果。而这是知觉体验的一个典型场景。我们的一切感受都是外部刺激转到精神感知的映射，这种映射在个体之间稳定得让人发指，因此全世界的人才会对很多外部刺激有一致的体验。设想一下，如果这种映射是不稳固的，那么关于什么是甜，什么是清新的空气，什么是悦耳的音乐，个体之间将不可能达成共识以及互相理解。

② Wandell, B. A. (1995). *Foundations of vision*. Sinauer Associates.

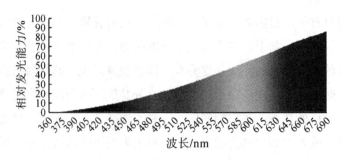

图7.2　典型白炽灯的光谱

接下来，显示屏的右边一半则是显示严格意义上的单色光，即从一个特殊装置射出一堆波长固定的光子。被试者的任务很简单，他需要利用一个旋钮来调整单色光的强度，直到他认为光的强度跟左半边白炽灯发出的光的强度完全相等。也就是说，左半边的光的亮度是给定的，受试者需要根据自己的主观感受，调整右半边光的亮度，直到他认为左右两边灯光的亮度是一致的。

一旦被试者调整完毕，实验人员就把右半边单色光源每秒发出的光子数量记录下来，这样就得到了一个主观亮度相等点，这个点表示在一个给定的白炽灯亮度下（X轴），被试者认为右边的单色光达到相同亮度时所对应的亮度（Y轴）。接下来，实验人员只需要调整白炽灯光源的亮度，然后让受试者重复上述操作从而得到新的主观相等点。等到我们积累了多个主观相等点，令人惊讶的结果出现了：你会发现几乎所有的点都落在了一条通过原点的直线上。接下来，如果我们改变单色测试光的波长，继续重复实验，我们会再次发现，所有的点仍然会全部落在一条通过原点的直线上。只不过，不同的单色光对应的直线将会有不同的斜率。直线的斜率越大，对于给定的白炽灯的光强度，受试者对于该单色光的感知强度会更大。换言之，要让受试者体验到相同的光强度，使用波长为520纳米的单色光消耗的能量要少于波长为420纳米和580纳米的单色光。图7.3（c）显示了580纳米测试光实验的假设结果。这条线的斜率表明，在580纳米时需要8.9个单位的能量才能达到510纳米时一个单位能量的效果。因此，520纳米光的单位能量效率是580纳米光的8.9倍。

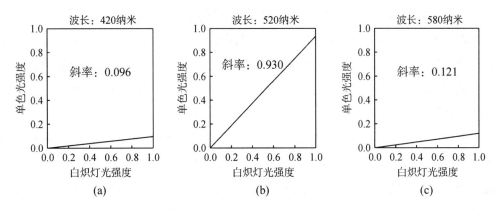

图7.3　白炽灯光线强度与受试者对单色光的感知强度比较①

　　实验的最后一步是测试不同波长的光子跟白炽灯提供的光的强度可以有效替代的定量分析。也就是说我们进一步测试并找出不同波长在图7.4中对应直线的斜率，并且把它们连成一条曲线。

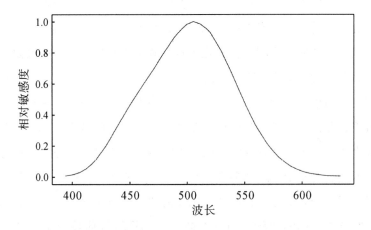

图7.4　暗视觉中针对不同波长的光敏感度曲线②

　　图7.4展示了一个典型的受试者对于不同波长的光强度敏感程度的曲线。我们可以看到，人类对于光强度的感知在波长510纳米左右达到顶峰，远远大于波长为400或者600纳米的单色光。后续科学家进一步的研究表明，这个发现适合于所有视力正常的人。我们只要检查一下光谱的分布图就能一眼得知，波长510纳米正好对应的是绿色光，而400和600纳米则分别对应了蓝色和黄色光的区域。基于这些发现，我们就可以很自信地回答我们在最开始的问题，那就是如果肇事现场的路灯是绿色的话，目击者将有最大的可能性成功辨识出肇事车辆的车牌。

---

① 改编自 Wandell（1995）。
② 改编自 Wandell（1995）。

对经济或者金融研究者来说，尽管受试者做出的感知判断非常简单，但是这个实验还是清晰地展示出，我们可以通过一个确定的函数，来描述外部刺激是如何映射到人的知觉体验上的。尤其，这个诱导出的函数居然是线性的！这种可重复性清晰地预示着，这样的机制背后一定受到某个确定的规律所支配，并且人的感知实现，确实存在机械或者数学的特征。

假设这个案例在这里结束，你的心中是否会有一丝遗憾？没错，因为我们尚未提及人类的暗视觉为什么会对不同波长的光产生不同的敏感度？尤其关键的是，这个解释是否能够像本文的主题一样，将我们的精神体验还原到物质层面的解释中去？答案是，我们不仅能够做到这样的还原，而且还能做得天衣无缝！即使我在写下这些内容的时候早已知晓后面的缘由，我依然会为接下来要讲的内容感到兴奋不已。

许多研究视觉机制的学者发现，在光子被视网膜捕捉然后引发后续神经动作电位冲动的过程中，需要一种名叫视紫红质的复合蛋白质的参与。这种化合物的分子会与光线中的每一个光子发生作用，产生相应的结构变性。并且，光子的数量越多，能够发生变性的视紫红质分子就越多。研究人员由此猜测，暗视觉对于不同颜色具备不同光敏的原因可能是由于视紫红质对于不同波长的光子吸收效率不同导致的。换言之，视紫红质分子可能更加"擅长"结合特定波长的光子。

为了证明这个猜想，实验人员在一块玻璃上涂上视紫红质，然后用不同波长的光子去轰击这块玻璃，并记录不同波长的光子被视紫红质吸收的效率。测量结果显示，视紫红质吸收波长在 425 纳米或者 650 纳米的光子的能力非常糟糕，但是却能够很好地吸收波长在 500 纳米左右的光子。通过多次反复测量，实验人员绘制了视紫红质结合特定波长效率的定量曲线。当我们把这条曲线跟图 4 的曲线进行比对的时候，惊人的结果出现了：从人的暗视觉中绘制的"感知敏感度曲线"和视紫红质捕获不同波长光子的"效率曲线"几乎是完全重合的！这一点在图 7.5 中一眼便知。白色的点给出的是视紫红质对于不同光谱的吸收效率曲线，黑色的点则是人类主观报告的对于不同光谱的敏感度曲线。很明显，如果不是巧合的话，视紫红质肯定就是帮助眼球吸收光子的关键，因为视紫红质吸收光子的物理特性跟人类报告的主观感觉几乎完全一致。另外，后续的研究还进一步发现，因为基因缺陷导致视网膜中没有视紫红质的人类不具备暗视觉。

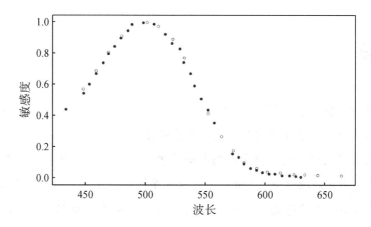

图 7.5　人类主观感知和视紫红质对于不同波长光子的敏感度①

对于认知科学和人的经济选择之间是否存在还原的讨论，上述案例就是一道照进现实的光。首先，人的精神感知，在这个例子中起码部分的，是一种蛋白质分子吸收光子所造成的直接后果，这无疑将人的知觉同物理层面的解释建立了明确的连接。其次，虽然心理学或者社会学在反复强调个体之间的异质性，暗视觉的实验部分地说明：我们的身体都能够对外界刺激做出极其同质化的映射，这一点至关重要，否则，被试口头报告的亮度很可能因为随机差异过大而无法支持实验的展开。

最后，我们需要特别指出，尽管这个例子几近完美地展示了学科融合的可能性，即，人们的主观体验和客观规律是可以在还原的意义上互相契合，甚至走向一个统一的理论的。但，我们不得不说，视紫红质的例子仅仅证明了这样的还原是部分可能的。"部分"的意思在于，尽管证据表明科学家对于学科融合的探索并非是天方夜谭，但是就目前来看，经济学，心理学或者生物学对于人类行为的解释大部分还是毫不相关的。但无论如何，我们完全有理由期待，随着神经经济学的发展，一定还有很多激动人心的发现在等着我们。

本章小结

1. 人类对于跨学科研究和学科融合的探索并非不切实际。

2. 行为金融学与金融学、认知科学之间存在密切的联系，而非完全独立的学科。

3. 即使个体之间存在差异，人类的身体可能对外界刺激做出非常一致的映射。

---

①　改编自 Wandell and Brown（1956）。

问题与讨论

1. 暗视觉的实验给了你哪些启发？

2. 你是否支持学科融合的理念？说明你的理由。

3. 在不同学科之间，我们常常看到相似的概念。例如，在哲学中，有"量变引起质变"的说法。而在物理学中，"相变"是物质在特定条件下，从一种状态转变为另一种状态的现象（如：水沸腾变为水蒸气）。在时下流行的人工智能领域，随着语言模型规模突破某个临界点，将展现出令人吃惊的"涌现能力"，给出与人类语言非常相似的表达。谈一谈你的思考，试着举出类似的例子。

参考文献

［1］ WANDELL B A. Foundations of Vision ［M］. Sunderland, MA：Sinauer Associates, 1995.

［2］ WALD G, BROWN P K. Synthesis and bleaching of rhodopsin ［J］. Nature, 1956, 177 (4500)：174-176.